Library of
Davidson College

Franz Kerff

Der Quadripartitus
Ein Handbuch der karolingischen Kirchenreform
Überlieferung, Quellen und Rezeption

Quellen und Forschungen
zum Recht im Mittelalter

Herausgegeben von
Raymund Kottje und Hubert Mordek

Band 1

Jan Thorbecke Verlag Sigmaringen
1982

Franz Kerff

Der Quadripartitus

Ein Handbuch
der karolingischen Kirchenreform

Überlieferung, Quellen und Rezeption

Jan Thorbecke Verlag Sigmaringen
1982

CIP-Kurztitelaufnahme der Deutschen Bibliothek

Kerff, Franz:
Der Quadripartitus: e. Handbuch d. karoling. Kirchenreform; Überlieferung, Quellen u. Rezeption / Franz Kerff. – Sigmaringen: Thorbecke, 1982.
  (Quellen und Forschungen zum Recht im Mittelalter; Bd. 1)
  ISBN 3-7995-6050-5
NE: GT

Gedruckt mit Hilfe der Geschwister Boehringer Ingelheim Stiftung für Geisteswissenschaften in Ingelheim am Rhein

D 82 (Diss. T. H. Aachen)

© 1982 by Jan Thorbecke Verlag GmbH & Co., Sigmaringen

Alle Rechte vorbehalten. Ohne schriftliche Genehmigung des Verlages ist es nicht gestattet, das Werk unter Verwendung mechanischer, elektronischer und anderer Systeme in irgendeiner Weise zu verarbeiten und zu verbreiten. Insbesondere vorbehalten sind die Rechte der Vervielfältigung – auch von Teilen des Werkes – auf photomechanischem oder ähnlichem Wege, der tontechnischen Wiedergabe, des Vortrags, der Funk- und Fernsehsendung, der Speicherung in Datenverarbeitungsanlagen, der Übersetzung und der literarischen oder anderweitigen Bearbeitung.

Gesamtherstellung: M. Liehners Hofbuchdruckerei GmbH & Co., Sigmaringen
Printed in Germany · ISBN 3-7995-6050-5

Inhaltsverzeichnis

Geleitwort der Herausgeber 3

Vorwort 5

Verzeichnis der abgekürzt zitierten Werke 6

Abkürzungsverzeichnis 8

Einleitung 9

   I. Der Text und seine Überlieferung 15

      1. Die Handschriften 15
      2. Die bisherigen Teildrucke 35
      3. Der ursprüngliche Textumfang 38
      4. Zur Gruppierung der Handschriften 46

  II. Die Quellen 54

      1. Werke der Kirchenväter 56
      2. Mönchsregeln und Regelkommentare 60
      3. Kirchenrechtliche Sammlungen 61
      4. Bußbücher 62
      5. Zum Arbeitsverfahren des Verfassers 64

 III. Verbreitung und Rezeption 67

      1. Handschriftliche Verbreitung 67
      2. Rezeption in kirchenrechtlichen und anderen Sammlungen 69
         a) Die zweite Sammlung der Handschrift Mailand, Ambr. A 46 inf. 70
         b) Das Sendhandbuch Reginos von Prüm 71
         c) Die Excerptiones Ps.-Egberti 72
         d) Die Collectio Sinemuriensis 73
         e) Die Collectio Tripartita 74
         f) Die kirchenrechtliche Sammelhandschrift Trier, Stadtbibl. 1098/14 74
         g) Die Traktate der Handschrift Paris, Bibl. Nat. n. a. l. 352 75

 IV. Zeit und Ort der Entstehung. Verfasserfrage 77

      1. Entstehungszeit und Entstehungsort 77
      2. Verfasserschaft 78

  V. Ergebnisse 82

Register
- Verzeichnis der Vorlagen für die einzelnen Kapitel des Quadripartitus 85
- Verzeichnis der unmittelbar in spätere Sammlungen übernommenen Kapitel des
  Quadripartitus 102
- Verzeichnis der zitierten Handschriften 115
- Personen-, Orts- und Sachregister 116

Geleitwort

Die mittelalterliche Rechtsgeschichte war lange Zeit eine Domäne der Juristen. In Deutschland gliederte sie sich entsprechend den drei Überlieferungssträngen des Rechts in deutsche, römische und kirchliche Rechtsgeschichte. Diese strenge Trennung des Rechts in drei große Gebiete scheint in neuerer Zeit zunehmend überholt. Vor allem im Bereich der historischen Mittelalter-Forschung, die sich früher, soweit sie rechtshistorisch orientiert war, vornehmlich mit der Verfassungsgeschichte beschäftigte, wird immer mehr die Einheit des Rechts als eines Elements der Kultur und damit unserer Geschichte gesehen.

Nicht zu unterschätzen sind die neuen Möglichkeiten zur Erforschung der rechtshistorischen Überlieferung, die durch paläographische Erkenntnisse eröffnet worden sind. So werden Handschriften nicht mehr nur als Textzeugen, sondern auch als Quellen der Geschichte des Rechts und von Rechtstexten bewertet. Überdies sind alte, aber noch nicht ersetzte Editionen als unzureichend erkannt, manche auf ihnen fußende Untersuchungen daher ihrer Stütze beraubt. Auch konzentriert sich das Interesse der Forschung jetzt verstärkt auf die Frage nach den Quellen der Rechtsgeschichte, ihrer Überlieferung, Rezeption und Wirkung.

Im Hinblick auf diese und andere aktuelle Fragen und Aufgaben der Erforschung des Rechts im Mittelalter soll die neue Reihe allen quellenorientierten Arbeiten, die das Recht im Mittelalter zum Gegenstand haben, offenstehen: Studien und Editionen ohne Beschränkung auf nur *einen* Strang der Rechtsgeschichte, auf *eine* Nation oder *eine* Epoche des Mittelalters, gegebenenfalls unter Einschluß der nachmittelalterlichen Geschichte mittelalterlichen Rechts.

Die Reihe wird eröffnet mit der Untersuchung von Quellen, Überlieferung und Rezeption eines frühmittelalterlichen Werkes, das zur Gattung der in der deutschen Forschung lange nicht mehr beachteten Bußbücher gerechnet werden kann: des Quadripartitus. Band 2 der Reihe bringt eine umfassende Analyse und kritische Edition des Traktats »De misericordia et iustitia« Algers von Lüttich, der sich in seiner Konkordanzmethode als wichtiger Vorläufer Gratians erwiesen hat. Diese und weitere vorgesehene Arbeiten veranschaulichen in ihrem Rahmen erneut, wie belangvoll paläographische Befunde auch für die rechtshistorische Forschung sein können.

Die Herausgeber danken Herrn Verleger Georg Bensch, Jan Thorbecke Verlag, Sigmaringen, für sein sachliches wie persönliches Interesse am Zustandekommen der Reihe; ohne sein verständnisvolles Bemühen wären die Probleme des Anfangs gewiß nicht so reibungslos zu überwinden gewesen.

Bonn–Freiburg i. Br., im August 1982

Raymund Kottje *Hubert Mordek*

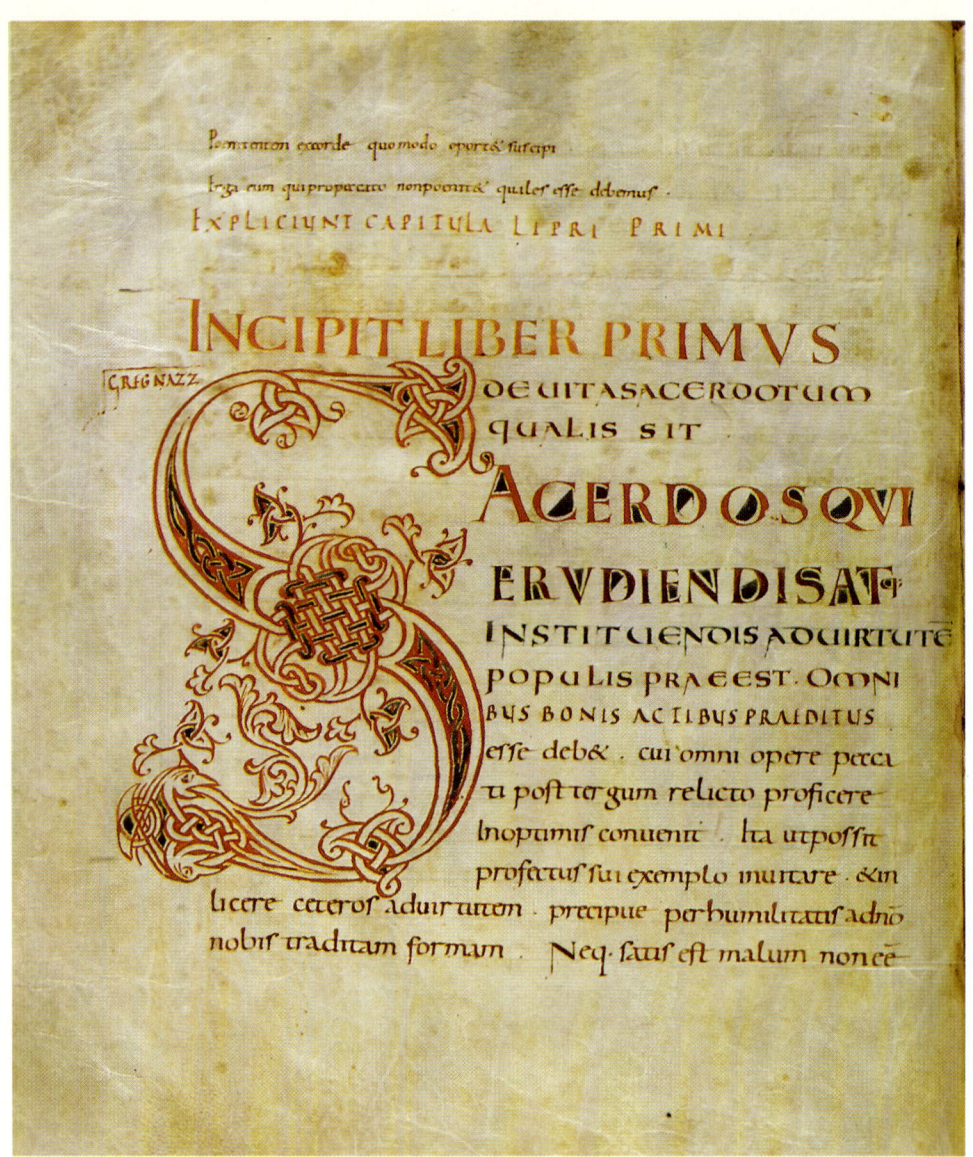

Stuttgart, Württemberg. Landesbibl., Hs. HB VII 62, fol. 3^v, saec. IX^{ex}, Bodenseegebiet (wahrscheinlich Reichenau). Initiale des Quadripartitus I, 1 (zur Hs. vgl. unten S. 24f.)

Vorderseite und Umschlagbild
St. Paul i. Lavanttal, Hs. 4/1, Anfg. 9. Jhdt., fol. 1^v, oberitalienisch, viell. aus Aquileja. Inhalt: germ. Volksrechte

Vorwort

Die vorliegende Untersuchung ist im Mai 1979 von der Philosophischen Fakultät der Rheinisch-Westfälischen Technischen Hochschule Aachen als Dissertation angenommen und anschließend für den Druck revidiert worden. Das Werk von R. Kottje über die Bußbücher Halitgars und des Hrabanus Maurus konnte seinerzeit aufgrund freundlichen Entgegenkommens des Autors bereits im Manuskript benutzt werden; deshalb ist die hier herangezogene gedruckte Fassung in den Anmerkungen nicht am chronologisch korrekten Ort aufgeführt. Die für die kritische Edition erarbeitete, wegen der Länge vieler Kapitel notwendige Einteilung des Quadripartitus-Textes in Paragraphen als kleinste Gliederungseinheit wird schon in den Verweisen dieser Untersuchung zitiert. In lateinischen Zitaten aus Handschriften ist e mit Cauda zu ae normalisiert worden.

Zahlreiche dankenswerte Hinweise und Ratschläge habe ich erhalten von Dr. Peter Brommer (Koblenz), Dr. Linda Fowler-Magerl (Regensburg), Prof. Dr. Gérard Fransen (Louvain-la-Neuve), Prof. Dr. Allen J. Frantzen (Chikago), Anne-Veronique Gilles (jetzt Paris), Priv.-Doz. Dr. Wilfried Hartmann (München), Prof. Dr. Hans-D. Meyer (Aachen), Rudolf Pokorny (München) und Dr. Karl-Georg Schon (z.Z. Aden), insbesondere auch von Dr. Ludwig Falkenstein und Prof. Dr. Maximilian Kerner (beide Aachen). Für intensive Hilfe vielfältiger Art sei den Herausgebern, den Professoren Dr. Raymund Kottje (Bonn) und Dr. Hubert Mordek (Freiburg i. Br.), herzlich gedankt. Vor allem aber bin ich zu Dank verpflichtet meinem verehrten Lehrer Prof. Dr. Hans-Martin Klinkenberg (Aachen), der die vorliegende Untersuchung angeregt und mit großem Interesse gefördert hat.

Freundliches Entgegenkommen haben die Leiter und Mitarbeiter der Bibliotheken in Antwerpen, Berlin, Bern, Brüssel, Gent, Köln, Mailand, Monte Cassino, Oxford, Stuttgart, Trier, Vatikan, Vendôme und Wien bei Besuchen und bei der Beschaffung von Mikrofilmen gezeigt.

Der Geschwister-Boehringer-Stiftung für Geisteswissenschaften (Ingelheim am Rhein) und der Rheinisch-Westfälischen Technischen Hochschule Aachen verdanke ich großzügige Druckkostenzuschüsse, dem Jan Thorbecke Verlag (Sigmaringen) die sorgfältige Herstellung des Drucks.

Auch weiterhin gilt für den Verfasser der vorliegenden Untersuchung das Motto des Kardinals und Präfekten des Vatikanischen Archivs Giovanni Mercati (1866-1957): *Paratus semper doceri.*

Bonn, im Mai 1982   *Franz Kerff*

VERZEICHNIS DER ABGEKÜRZT ZITIERTEN WERKE

Achery, L. d'-La Barre, L. F. J. de (ed.): *Spicilegium* sive collectio veterum aliquot scriptorum, Bd. 1, Paris 1723 (Nachdr. Farnborough 1967)

Altaner, B.-Stuiber, A.: *Patrologie*, Freiburg ⁸1978

Aronstam, R. A. (ed.): The Latin Canonical Tradition in Late Anglo-Saxon England: The *Excerptiones Egberti*, Columbia University Dissertation 1974

Autenrieth, J.: *Die kanonistischen Handschriften* der Dombibliothek Konstanz, in: J. Autenrieth-R. Kottje, Kirchenrechtliche Texte im Bodenseegebiet (Vorträge und Forschungen, Sonderband 18), Sigmaringen 1975, S. 5–21

Ballerini, P. u. G.: *De antiquis* tum editis, tum ineditis *collectionibus* et collectoribus canonum ad Gratianum usque tractatus in quatuor partes distributus, in: Appendix ad sancti Leonis Magni opera III, Venedig 1757, S. I–CCCXXX (= Migne, PL 56, Sp. 11–354 B)

Bateson, M.: The Supposed *Latin Penitential* of Egbert and the Missing Work of Halitgar of Cambrai, in: English Historical Review 9 (1894), S. 320–326

Brunhölzl, F.: Geschichte der *lateinischen Literatur* des Mittelalters, Bd. 1, München 1975

Clavis: s. unter Dekkers, É.-Gaar, E.

Colvener, G. (ed.): Magnentii *Hrabani Mauri* ... *opera*, quae reperiri potuerunt, omnia, Bd. 6, Köln 1627

Dekkers, É.-Gaar, E.: Clavis patrum latinorum (Sacris erudiri Bd. 3), Steenbrugge ²1961

Fournier, P.: Les *collections canoniques* attribuées à Yves de Chartres, in: Bibliothèque de l'École des Chartes 57 (1896), S. 645–698

– *Études* sur les pénitentiels IV, in: Revue d'histoire et de littérature religieuses 8 (1903), S. 528–553

– *Un groupe* de recueils canoniques inédits du Xᵉ siècle, in: Annales de l'Université de Grenoble 11 (1899), S. 345–402

– -Le Bras, G.: *Histoire* des collections canoniques en Occident depuis les Fausses Décrétales jusqu'au décret de Gratien, 2 Bde., Paris 1931–1932 (Nachdr. Aalen 1972)

Fuhrmann, H.: *Einfluß* und Verbreitung der pseudoisidorischen Fälschungen von ihrem Auftauchen bis in die neuere Zeit (Schriften der Monumenta Germaniae Historica XXIV,1–3), 3 Bde., Stuttgart 1972–1974

Garcia y Garcia, A.: *Historia* del Derecho Canónico 1: El primer milenio (Instituto de Historia de la Theologia Española, Subsidia 1), Salamanca 1967

Haddan, A. W.-Stubbs, W. (ed.): *Councils* and Ecclesiastical Documents Relating to Great Britain and Ireland, 3 Bde., Oxford 1869–1871

Hartmann, W.: Das *Konzil von Worms* 868. Überlieferung und Bedeutung (Abh. d. Akademie d. Wissenschaften in Göttingen, phil.-hist. Klasse, 3. Folge Nr. 5), Göttingen 1977

– *Neue Texte* zur bischöflichen Reformgesetzgebung aus den Jahren 829/31. Vier Diözesansynoden Halitgars von Cambrai, in: DA 35 (1979), S. 368–394

Kottje, R.: Eine *Antwerpener Handschrift* des Quadripartitus 1. IV, in: BMCL 6 (1976) S. 65–67

– Die *Bußbücher* Halitgars von Cambrai und des Hrabanus Maurus. Ihre Überlieferung und ihre Quellen (Beiträge zur Geschichte und Quellenkunde des Mittelalters Bd. 8), Berlin–New York 1980

– *Einheit* und Vielfalt des kirchlichen Lebens in der Karolingerzeit, in: Zeitschrift für Kirchengeschichte 76 (1965), S. 323–342

– *Kirchenrechtliche Interessen* im Bodenseeraum vom 9. bis 12. Jahrhundert, in: J. Autenrieth-R. Kottje, Kirchenrechtliche Texte im Bodenseegebiet (Vorträge und Forschungen, Sonderband 18), Sigmaringen 1975, S. 23–41

Landau, P.-Fowler, L.: Bericht über das *Forschungsprogramm* ›Vorgratianische Kanonessammlungen‹, in: BMCL 6 (1976), S. 91–94

Le Bras, G.: *Manuscrit vendômois* du ›Quadripartitus‹, in: Revue des sciences religieuses 11 (1931), S. 266–269

Maassen, F.: *Bibliotheca latina* iuris canonici manuscripta. Erster Theil: Die Canonensammlungen vor Pseudoisidor, in: Sitzungsberichte der kaiserlichen Akademie der Wissenschaften, phil.-hist. Klasse 53 (1867), S. 373–427 (Teil I,1); 54 (1867), S. 157–288 (Teil I,2); 56 (1867), S. 157–212 (Teil I,3–6)

– *Geschichte der Quellen* und der Literatur des canonischen Rechts im Abendlande 1: Die Rechtssammlungen bis zur Mitte des 9. Jahrhunderts, Graz 1870 (Nachdr. Graz 1956)

Mansi, G. D.: Sacrorum conciliorum nova et amplissima collectio, Bd. 12, Paris 1901 (Nachdr. Graz 1960)
Martène, E.-Durand, U. (ed.): Veterum scriptorum et monumentorum *amplissima collectio*, Bd. 1, Paris 1724
McNeill, J. T.-Gamer, H. M.: Medieval *Handbooks of Penance* (Records of Civilization. Sources and Studies Bd. 29), New York 1938 (Nachdr. New York 1965)
Mordek, H.: Zur handschriftlichen Überlieferung der *Dacheriana*, in: Quellen und Forschungen aus italienischen Archiven und Bibliotheken 47 (1967), S. 574–595
– *Kirchenrecht* und Reform im Frankenreich. Die Collectio Vetus Gallica, die älteste systematische Kanonessammlung des fränkischen Gallien. Studien und Edition (Beiträge zur Geschichte und Quellenkunde des Mittelalters Bd. 1), Berlin–New York 1975
Richter, E. L. (ed.): *Antiqua canonum collectio* qua in libris de synodalibus causis compilandis usus est Regino Prumiensis, Marburg 1844
Sauer, H.: Zur Überlieferung und Anlage von Erzbischof *Wulfstans »Handbuch«*, in: DA 36 (1980), S. 341–384
– *Theodulphi Capitula* in England (Münchener Universitätsschriften Bd. 8), München 1978
Schmitz, H. J.: *Die Bussbücher* und die Bussdisciplin der Kirche, Bd. 1, Mainz 1883 (Nachdr. Graz 1958)
– Die *Bussbücher* und das kanonische Bussverfahren = Die Bussbücher und die Bussdisciplin der Kirche, Bd. 2, Düsseldorf 1898 (Nachdr. Graz 1958)
Selborne, R. P. (Roundell Palmer, Earl of Selborne): *Ancient Facts* and Fictions Concerning Churches and Tithes, New York–London ²1892
Spelman, H. (ed.): *Concilia*, Decreta, Leges, Constitutiones, in re ecclesiarum orbis britannici, Bd. 1, London 1639
Stickler, A. M.: *Historia* iuris canonici latini I: Historia fontium, Turin 1950 (Nachdr. Rom 1974)
Theiner, A.: *Disquisitiones criticae* in praecipuas canonum et decretalium collectiones, Rom 1836
Van Hove, A.: *Prolegomena* ad codicem iuris canonici (Commentarium Lovaniense in codicem iuris canonici I,1), Mecheln–Rom ²1945
Vogel, C.: Les ›*Libri paenitentiales*‹ (Typologie des sources du moyen âge occidental 27), Turnhout 1978
Wasserschleben, F. G. A.: *Beiträge* zur Geschichte der vorgratianischen Kirchenrechtsquellen, Leipzig 1839
– (ed.): Die *Bußordnungen* der abendländischen Kirche, Halle 1851 (Nachdr. Graz 1958)
– (ed): *Reginonis* abbatis Prumiensis *libri* duo de synodalibus causis et disciplinis ecclesiasticis, Leipzig 1840

ABKÜRZUNGEN UND SIGLEN

BMCL	Bulletin of Medieval Canon Law
CC SL	Corpus Christianorum, Series Latina
CSEL	Corpus Scriptorum Ecclesiasticorum Latinorum
DA	Deutsches Archiv für Erforschung des Mittelalters
JK	Jaffé-Kaltenbrunner
JE	Jaffé-Ewald
JL	Jaffé-Löwenfeld
LThK	Lexikon für Theologie und Kirche
MG	Monumenta Germaniae Historica
Cap.	Capitularia
Conc.	Concilia
Epp.	Epistolae
SS	Scriptores
NA	Neues Archiv der Gesellschaft für ältere deutsche Geschichtskunde
PL	Patrologia Latina
ZRGKan	Zeitschrift der Savigny-Stiftung für Rechtsgeschichte, Kanonistische Abteilung

ABKÜRZUNGEN LATEINISCHER WORTE

a.	anno
add.	addidit, addidunt
cod.	codex
codd.	codices
om.	omittit, omittunt
praem.	praemittit, praemittunt
saec.	saeculum

Einleitung

Als ein Reformwerk des 9. Jahrhunderts wird der Quadripartitus herkömmlich bezeichnet; zusammen mit den Bußbüchern Halitgars von Cambrai, des Hrabanus Maurus und des sogenannten Pseudo-Theodor bilde er die Gruppe der »pénitentiels issus de la réforme carolingienne«[1]. Friedrich Maassen, der Aufbau, Inhalt und Quellen erstmals auf der Grundlage mehrerer Handschriften beschrieben hat, zählte den Quadripartitus zu den gallischen Sammlungen der systematischen Ordnung und schrieb dem 4. Buch der Sammlung »den Character einer eigentlichen Canonensammlung« zu[2]. Gabriel Le Bras charakterisierte das Werk als »l'un des derniers et l'un des plus expressifs témoins de la réforme des collections canoniques, avant l'ouverture de l'atelier isidorien«, und als »important recueil« ist es in der Histoire des collections canoniques en occident von Fournier-Le Bras bezeichnet[3]. Unbestritten scheinen also Bedeutung und Reformtendenz, ungeklärt jedoch das Genus des Werkes: Bußbuch oder – zumindest teilweise – Kanonessammlung?

Die Sammlung ist anonym; weder der Name des Verfassers noch der des Auftraggebers sind in den bisher bekannten Handschriften des Quadripartitus oder in sonstigen Quellen genannt[4]. Zudem ist der in einigen Handschriften überlieferte Titel *De vita sacerdotum* wahrscheinlich nicht der des Originals[5]. Für das derart vollständig anonyme Werk hat Wasserschleben nach dem Aufbewahrungsort zweier ihm bekannter Handschriften den Namen Collectio Vaticana, Maassen hingegen nach der charakteristischen Einteilung des Werkes die Bezeichnung Collectio quadripertita gewählt[6]. Von Mary Bateson zu Quadripartitus verkürzt, wird dieser Name heute zumeist verwendet[7].

Der Quadripartitus beginnt mit einem Widmungsbrief, in dem der Verfasser seinem Auftraggeber mit den üblichen Topoi der Demut und Bescheidenheit erläutert, wie er das

---

1 Vgl. zuletzt KOTTJE, Bußbücher S. 3f.; VOGEL, Libri paenitentiales S. 80–83 (ebd. S. 80 das Zitat); vgl. des weiteren die Handbücher von VAN HOVE, Prolegomena S. 296; STICKLER, Historia S. 113; GARCÍA Y GARCÍA, Historia S. 296.
2 Vgl. MAASSEN, Geschichte der Quellen S. 852–863.
3 Vgl. LE BRAS, Manuscrit vendômois S. 266–269; FOURNIER-LE BRAS, Histoire I S. 110.
4 S. unten S. 43, 77.
5 S. unten S. 43.
6 Vgl. WASSERSCHLEBEN, Beiträge S. 4; DERS., Reginonis libri S. X; MAASSEN, Geschichte der Quellen S. 868.
7 Vgl. BATESON, Latin Penitential S. 322, deren Bezeichnung ebenfalls verwendet worden ist von FOURNIER-LE BRAS, Histoire I, II, passim; VAN HOVE, Prolegomena S. 296; STICKLER, Historia S. 113, 147, 150; R. BUCHNER, Die Rechtsquellen. Beiheft zu: WATTENBACH-LEVISON, Deutschlands Geschichtsquellen im Mittelalter. Weimar 1953, S. 70 Anm. 298; C. MUNIER, Les sources patristiques du droit de l'Église du VIIIe au XIIIe siècle, Mulhouse 1957, S. 33, 132; KOTTJE, Bußbücher S. 4, 183f., 254 Anm. 8; DERS., Kirchenrechtliche Interessen S. 32; DERS., Antwerpener Handschrift S. 65ff.; AUTENRIETH, Die kanonistischen Handschriften S. 13f.; GARCÍA Y GARCÍA, Historia S. 296; MORDEK, Kirchenrecht S. 172 Anm. 356; LANDAU-FOWLER, Forschungsprogramm S. 91–94; zu weiteren Quadripartiti vgl. MORDEK, a. a. O. S. 172 Anm. 356; HARTMANN, Konzil von Worms S. 114; GARCÍA Y GARCÍA, a. a. O. S. 317; STICKLER, a. a. O. S. 176; F. LIEBERMANN, Die Gesetze der Angelsachsen I, Halle 1903, S. 483ff., 529–546.

Mandat ausgeführt habe[8]. Es schließt sich an ein Autoritätenkatalog in Gestalt einer Liste von vierundzwanzig namentlich genannten kirchlichen Schriftstellern und Päpsten, aus deren sowie aus den Werken anderer *doctores* und schließlich aus den *instituta sacrorum canonum* der Verfasser die Zitate seiner Sammlung zusammengestellt zu haben angibt[9]. Wiederum deutlich abgesetzt – eine Schlußformel beendet den Widmungsbrief und trennt diesen damit von dem Autoritätenkatalog – beginnt mit den Worten *In nomine dei summi incipit praefatio operis subsequentis* die Generalpraefatio der Sammlung, in der der Verfasser die Leitthemen der vier folgenden Bücher vorstellt.

Dem ersten wie auch den folgenden Büchern gehen Capitulationes voraus, die offenbar in Anlehnung an die Kapitelrubriken formuliert worden sind und dem Leser einen raschen Überblick über die Kapitelinhalte verschaffen. Den Capitulationes und Corpora des 2., 3. und 4. Buches hat der Verfasser eigene Praefationes vorausgeschickt, in denen wie in der Generalpraefatio die Themen des folgenden Buches genannt werden. Sehr unterschiedlich sind die Kapitelzahlen der Bücher: Von den 540 Kapiteln der Sammlung entfallen 19 auf das 1., 55 auf das 2., 84 auf das 3. und 382 auf das 4. Buch. Ein Epilog, der im wesentlichen Topoi des Widmungsbriefes wiederholt, beschließt die Sammlung.

Die Kapitel besitzen nahezu alle eine Rubrik, in der mehr oder minder ausführlich der Inhalt umschrieben wird. Unterschiedlich hingegen ist das beobachtete Verfahren, die Herkunft der aus den Vorlagen übernommenen Texte nachzuweisen: In den ersten drei Büchern findet man am Rande die auch von anderen Schriftstellern verwendeten Autorensiglen, also die meist auf drei oder vier Majuskelbuchstaben abgekürzten Namen der Autoren, aus deren Werken das jeweilige Zitat stammt[10]. Im 4. Buch hingegen folgt wie auch in vielen Kirchenrechtssammlungen auf die Rubrik eine Inskription mit Angabe des Konzilsortes, Papstnamens oder sonst eines Verfassernamens und bisweilen auch des zitierten Werkes[11].

Die Kapitel der ersten drei Bücher unterscheiden sich weiterhin in Konzeption, Aufbau und Umfang deutlich von denen des 4. Buches. Aus umfangreichen Zitaten eines oder mehrerer Kirchenväter kompiliert, bilden jene zumeist längere moraltheologische Traktate, während in das 4. Buch fast ohne Ausnahme kurze, auf den dispositiven Teil der Konzilskanones, Papstbrief- oder Klosterregelkapitel beschränkte Exzerpte aufgenommen worden sind[12]. Das

---

8 Der Verfasser bezeichnet seine Sammlung als *pauca deflorata, pauperrima excerptio* und als *exigua dicta*, die er *domino largiente* zusammengestellt habe (RICHTER, Antiqua canonum collectio S. 2). Neben diesen topischen Hinweisen auf den geringen Wert des Werkes sowie Demutsformeln finden sich außerdem in allen Praefationes, im Epilog wie auch in Kommentarbemerkungen am Ende von Kapiteln folgende weitere Topoi: Unzählbarkeit der *dicta patrum*, abkürzende Zusammenstellung zwecks einfacherer Lektüre und leichteren Transports, Bedeutungslosigkeit und Unwissenheit des Verfassers, Übernahme des Auftrags nicht aus eigenem Willen, sondern nur aus Gehorsam und Erledigung nicht im Sinne des Empfängers, sondern gemäß dem eigenen unzureichenden Vermögen. Nahezu dieselben Topoi hat der anonyme Autor eines einem Abt Alagus gewidmeten Vier-Bücher-Werkes in seiner Widmungsvorrede verwendet, vgl. A. WILMART, Lettres de l'époque carolingienne, in: Revue Bénédictine 34 (1922) S. 235 ff.
9 Zum Autoritätenkatalog s. ausführlich unten S. 43, 54.
10 S. unten S. 65.
11 S. unten S. 44 zur Eigentümlichkeit der Inskriptionen des 4. Buches, weder Kanon- noch Kapitelzahlen von Väterschriften oder Papstbriefen anzugeben.
12 Zu Umfang, Inhalt und Kompilationsverfahren der ersten drei Bücher vgl. z. B. die bereits in einem Druck vorliegenden Kapitel des 3. Buches bei MIGNE, PL 112, Sp. 1337 B–1398 C, dem allerdings die Vorlage COLVENER, Opera Hrabani Mauri VI S. 130–155, wegen größerer Vorlagentreue vorzuziehen ist, s. dazu unten S. 38. Lediglich die Kapp. II, 16–51 weichen in Umfang und Aufbau von den anderen Kapiteln

4. Buch ist deshalb trotz der Zahl von 382 Kapiteln nur wenig umfangreicher als das 84 Kapitel umfassende 3. Buch und nur etwa doppelt so stark wie die ersten beiden Bücher[13].

Eine Vorstellung vom Gesamtumfang des Quadripartitus kann die Handschrift Vat. Lat. 1347 vermitteln, die zwar allein das 4. Buch der Sammlung überliefert, aber auch, von gleichzeitiger Hand mit derselben Zeilenzahl und -länge geschrieben, die Collectio Dacheriana[14]. Errechnet man aufgrund des vorgestellten Verhältnisses der Buchumfänge zueinander den Raum, welchen der gesamte Quadripartitus in dieser Handschrift eingenommen hätte, so ergäbe sich nahezu der doppelte Textumfang gegenüber der Dacheriana.

Die Leitthemen der vier Bücher umschreibt der Verfasser in der Generalpraefatio: *Primus denique de vita et praedicatione ac discretione nec non et sollicitudine sacerdotis enarrando brevitatis studio percurrit. Secundus de modis poenitentiae levioribusque delictis ac satisfactione eorum; tertius de mortalibus peccatis eorumque poenitudine ac satisfactione nec non et de octo principalium vitiorum origine et vexatione ac curatione eorum eloquitur. Quartus de diversis peccatis ac criminibus eorumque iudiciis ac satisfactionibus ... terminatur*[15]. Die Kapitel I,1–11 beinhalten Ratschläge für eine moralisch einwandfreie Lebensweise und Amtsführung des Priesters, der die Gläubigen durch seine Predigt mahnen und bessern, vor allem aber durch sein moralisches und intellektuelles Niveau in jeder Hinsicht vorbildlich wirken soll. Die übrigen Kapitel (I,12–19) enthalten Ratschläge und Erläuterungen zur Verwaltung des Bußsakraments; sie leiten mit dieser in der Inhaltsübersicht nicht erwähnten Thematik über zu dem Generalthema des 2. und 3. Buches: die verschiedenen Arten und Gruppen von Sünden, ohne deren genaue Kenntnis der *sacerdos* das Bußsakrament nicht verwalten kann.

Auch das 2. Buch besteht – dem Aufbau des 1. Buches entsprechend und so bereits in der Praefatio vorgestellt – aus einem allgemeinen und einem thematisch enger begrenzten Teil. Die ersten elf Kapitel handeln von den verschiedenen Arten der Sündenvergebung, die Kapitel II,12–55 von den leichten und alltäglichen Sünden und deren Buße, wobei im wesentlichen nur die durch eine Zwischenüberschrift eingeleiteten kurzen Kapitel II,16–51 konkrete *peccata levia* mit entsprechendem Bußmaß vorstellen[16]; ansonsten werden in teilweise sehr umfangreichen Kapiteln leichte Sünden zwar beschrieben, aber die Beschreibung oft wortreich eingekleidet und mit Bibelzitaten zusätzlich belegt.

Hauptthema des den schweren und Todsünden gewidmeten 3. Buches bildet der Oktonar, der Acht-Laster-Katalog mit *superbia, inanis gloria, invidia, ira, tristitia, avaritia, gastrimargia* und *fornicatio*[17]. Nach einem allgemein über die schweren Sünden handelnden Kapitel, dem bei

---

der ersten drei Bücher insofern ab, als sie nahezu alle nur aus einem Satz bestehen und syntaktisch wie Bußbuchbestimmungen konstruiert sind (*Si quis ... peccat, ... paeniteat:* konditionale Formulierung eines Vergehens und – im anschließenden Hauptsatz – Angabe der aufzuerlegenden Buße). Zum Umfang der Kapitel des 4. Buches vgl. die Edition von RICHTER, Antiqua canonum collectio S. 2–43, zum beobachteten Exzerpierungsverfahren s. unten S. 64f.
13 Zum Platzbedarf der einzelnen Bücher s. die Übersicht über den Inhalt der alle vier Bücher überliefernden Stuttgarter Handschrift unten S. 24f.
14 Zur Vaticana-Handschrift s. unten S. 27–30; zum Umfang der Collectio Dacheriana vgl. die Edition von d'ACHERY-de LA BARRE, Spicilegium I (Quart-Format) S. 510–564.
15 WASSERSCHLEBEN, Beiträge S. 4.
16 Der Verfasser hat die Kurzkapitel des 2. Buches (s. oben Anm. 12) wohl aufgrund ihrer Beschaffenheit durch die Überschrift *Abhinc diversa ex diversis excessibus capitula* von den vorhergehenden Kapiteln abgetrennt (SPELMAN, Concilia I S. 276; MANSI XII, Sp. 459; MIGNE, PL 89, Sp. 431 B).
17 Vgl. KOTTJE, Bußbücher S. 176, mit weiterführender Literatur.

weitem umfangreichsten des gesamten Vier-Bücher-Werkes[18], beschreibt der Verfasser ausführlich die beiden auf Cassian (†430) und Papst Gregor I. (†604) zurückgehenden Fassungen des Acht-Laster-Katalogs, erläutert die seiner Meinung zufolge unerheblichen Unterschiede und gelangt zu dem Schluß, daß Gregor und Cassian über den Oktonar gleicher Ansicht gewesen seien; die Hauptsünden wolle er im folgenden nach dem Vorbild von Gregors Moralia *(beato papa Gregorio in expositione Iob)* anordnen. Dies trifft auch für die Kapitel III,3–48 zu, in denen die Hauptsünden nach einem wohl selbstentworfenen, in die Punkte *natura et origo, vexatio, indicia, increpatio* und *remedia* gegliederten Schema abgehandelt werden; die entsprechenden Zitate sind allerdings nicht den Moralia, sondern in weit überwiegender Mehrzahl den Instituta sanctorum patrum Cassians entnommen[19]. Wohl in der Absicht, den Leser ausgewogen und ausführlich zu informieren, beschreibt der Verfasser in den Kapiteln III,49–61 die acht Laster in der Abfolge und mit Zitaten Cassians; konsequent wird in diesem Katalog die in Gregors Oktonar fehlende und deshalb noch nicht vorgestellte *acedia* sehr ausführlich, nämlich mit Hilfe des erwähnten Fünf-Punkte-Schemas, erklärt. In den folgenden Kapiteln werden wiederum sehr ausführlich Möglichkeiten erläutert, die Hauptsünden innerhalb des Oktonars zu Gruppen zusammenzufassen (III,62–73), und mit einem systematischen, reich gegliederten Überblick über die verschiedenen Weisen des Sündigens (III,74–84) schließt das 3. Buch.

Die Themenfolge des 4. Buches hat bereits Wasserschleben als ungeordnet und verwirrend gekennzeichnet, der insofern zutreffend geurteilt hat, als eine Reihe von Themen an verschiedenen Stellen dieses Buches behandelt werden[20]. Nun ist es nicht die Absicht des Verfassers gewesen, ein nach Themen geordnetes Buch vorzulegen, sondern vielmehr Texte zu einem handlichen Werk zusammenzustellen, die man ansonsten in verschiedenen Büchern hätte nachlesen müssen[21]. Zudem hat er sich um eine gewisse Ordnung bemüht, indem er zumeist Exzerpte mit gleicher oder ähnlicher Thematik blockweise zusammenstellte[22]. Bemerkenswert ist eine Reihe von Themen, welche für ein Werk *de diversis peccatis et criminibus eorumque iudiciis ac satisfactionibus* nicht einschlägig sind, wie Empfang der Kommunion (Kap. IV,1,2)

---

18 Dieses Kapitel erstreckt sich in der beispielhaft herausgegriffenen Stuttgarter Handschrift über 22 Seiten (foll. 41ʳ–51ᵛ); vgl. auch den Druck bei Migne, PL 112, Sp. 1337 B–1347 D.
19 S. unten S. 85–102 die Übersicht zur Provenienz der Zitate und Paraphrasen der Sammlung. Bei der Erläuterung der nur in Gregors, nicht aber in Cassians Schema vorkommenden *invidia* hat der Verfasser sich mit der Übernahme von modifizierten Zitaten aus Cyprians De zelo et livore beholfen, s. dazu unten S. 59 Anm. 31.
20 Vgl. Wasserschleben, Beiträge S. 6.
21 Es gehörte offenbar mit zu dem erteilten Auftrag, ein – im Verhältnis zu den Vorlagen – sehr kurzgefaßtes Werk zu erstellen, denn der Verfasser betont in Widmungsbrief, Autoritätenkatalog, Vorwort des 2. und 4. Buches sowie Epilog fast stereotyp, die *dicta patrum succinctim breviterque* zusammengestellt zu haben; vgl. beispielhaft zu dem hier nicht nur rhetorisch zu verstehenden Topos, aus verschiedenen Werken ein handliches Buch zum höheren Nutzen des Auftraggebers zusammengestellt zu haben *(quaedam ex divinis constitutionibus breviter et succinctim excerperem, ut mens in cuncta deo familiariter dedita non per multiplices et densissimas librorum fatigetur silvas),* den Druck des *Prologus* des 4. Buches bei Wasserschleben, Beiträge S. 4. Dieses Abfassungsargument führt auch Regino in der Widmungsvorrede zu seinen Libri duo de synodalibus causis an, vgl. Wasserschleben, Reginonis libri S. 1 f. Der Verfasser des Quadripartitus verweist andererseits nirgendwo darauf, eine bestimmte Themenfolge beobachtet zu haben, wie dies zum Beispiel der Autor der Dacheriana tut, vgl. d'Achery-de La Barre, Spicilegium I S. 512.
22 So sind zum Beispiel die Delikte Eid und Meineid in den Kapp. IV,110–118, Ehebruch, Bigamie und Unkeuschheit von Laien in den Kapp. IV,52–73 und das Klosterwesen in den Kapp. IV,206–224 behandelt.

Oblati (Kap. IV,225–227) und Taufe, Krankengebet, Begräbnis (Kap. IV,374–382). Es überwiegen allerdings bei weitem die Kapitel, in denen Bußtatbestände, d. h. Sünden und Vergehen von Klerikern, Mönchen, Nonnen und Laien vorgestellt werden.

Ad corrigendos vel instruendos mores humanos[23] hat der Verfasser die Sammlung kompiliert; Besserung und Belehrung war also der von dem Auftraggeber vorgeschriebene und vom Verfasser zugrundegelegte Verwendungszweck. Der Auftrag, aus den Werken der *patres sancti* Sentenzen zusammenzustellen, entsprang demnach nicht allgemeinem Interesse, sondern offenbar der gegebenen Notwendigkeit, über das Thema Sünde und Buße Belehrung erfahren sowie Sünder bessern und belehren zu müssen. Da im Widmungsbrief nur der Auftraggeber angesprochen wird und von anderen Adressaten nicht die Rede ist, dürften die Ratschläge für Lebensweise und Amtsführung des *sacerdos* zu Beginn des Werkes wie auch die folgenden Ausführungen über das Generalthema der Sünden und Bußen vor allem zu dessen Belehrung bestimmt gewesen sein[24]. Besserung hingegen scheint vorrangig die Aufgabe des 4. Buches gewesen zu sein in dem Sinne, daß dem Auftraggeber *ad corrigendos vel instruendos tuorum mores subditorum*[25] die entsprechenden Sentenzen bestimmter Autoritäten in die Hand gegeben werden sollten. Welche Personen oder Gruppen man unter den *subditi* zu verstehen hat, zeigt der im 4. Buch behandelte Personenkreis: die »Untergebenen« sind Kleriker der verschiedenen Ordines sowie Ordensleute und Laien beiderlei Geschlechts – mithin alle diejenigen, welche in der Diözese einem Bischof untergeordnet sind.

Der Gang der Untersuchung ist durch die eingangs formulierte Frage nach dem Genus des Quadripartitus und den sich sachlich daraus ergebenden Untersuchungsschritten vorgegeben: Aufbauend auf der Zusammenstellung und eingehenden Beschreibung der bisher bekannten Handschriften und Teildrucke, wird die erschließbare Erstform der Sammlung bestimmt und das Verwandtschaftsverhältnis der Textzeugen erläutert, um den von diesen gebotenen Wortlaut klassifizieren und werten zu können. Dann werden, nach Quellengruppen geordnet, die Vorlagen ausführlich vorgestellt, denen der Verfasser die Zitate für seine Sammlung entnommen hat; dieser Blick in die Bibliothek des Verfassers wird ergänzt durch eine Beschreibung des von ihm beobachteten Arbeitsverfahrens. Anschließend wird der Einfluß des Quadripartitus skizziert, der sich zum einen in der zeitlichen und räumlichen Verbreitung seiner Handschriften und zum anderen darin ausdrückt, daß er von mehreren Autoren kirchenrechtlicher und moraltheologischer Sammlungen als Vorlage herangezogen worden ist. Wegen der vollständigen Anonymität der Überlieferung gilt ein eigener Untersuchungsschritt der Frage, wann und an welchem Ort der Quadripartitus entstanden sein könnte; des weiteren werden die Quellenzeugnisse erörtert, welche Rückschlüsse auf die Person des Verfassers erlauben. Abschließend werden die Ergebnisse der Untersuchungen zusammengefaßt, und es wird, zum Teil auf ihnen aufbauend, versucht, die Frage zu beantworten, in welchem Zusammenhang der Quadripartitus mit der karolingischen Kirchenreform gestanden und inwieweit er ein Bußbuch ebendieser Reform dargestellt haben kann.

---

23 THEINER, Disquisitiones criticae S. 334 Anm. 3; WASSERSCHLEBEN, Beiträge S. 4 f.; SELBORNE, Ancient Facts S. 330 f.
24 Der vom Verfasser im Widmungsbrief ausgesprochene Wunsch, Abschreiber des Werkes möchten die marginal geschriebenen Autorensiglen mitübernehmen (vgl. RICHTER, Antiqua canonum collectio S. 2), deutet darauf hin, daß Verfasser und Auftraggeber auch an eine weitere Verbreitung gedacht haben.
25 WASSERSCHLEBEN, Beiträge S. 4.

I. Der Text und seine Überlieferung

1. Die Handschriften

In der folgenden Übersicht werden alle bisher bekannten Handschriften des Quadripartitus, welche zumindest eines der vier Bücher vollständig überliefern, in der alphabetischen Folge ihrer heutigen Bibliotheksorte vorgestellt[1]. Die Überlieferung eines oder mehrerer Bücher in unterschiedlich engem Zusammenhang mit anderen Werken wird nicht der Rezeption, sondern der handschriftlichen Tradition des Quadripartitus zugerechnet, auch wenn möglicherweise die Kompilatoren dieser Codices neue Sammlungen haben schaffen wollen; der Grund liegt in dem formalen Kriterium, daß die in Umfang, Abfolge und Wortlaut ihrer Kapitel nicht veränderten Bücher für Form und Inhalt des jeweiligen Teils des Quadripartitus als Textzeugen herangezogen werden können.

Den Zielen der nachfolgenden Untersuchungen entsprechend ist die Handschriftenübersicht sehr ausführlich gehalten; neben einem vollständigen Verzeichnis des ursprünglichen Inhalts eines jeden Codex sind auch die für die Überlieferungsgeschichte wichtigen Angaben zur Datierung, Provenienz und Geschichte in die Beschreibung aufgenommen worden. Auf diese Weise sollen zum einen detailliert die Überlieferung des Quadripartitus in ihrem heutigen Umfang und nicht zuletzt auch die in den Handschriften mitüberlieferten Texte vorgestellt, zum anderen sollen die nachfolgenden Untersuchungsschritte möglichst von Einzelangaben zu den Handschriften entlastet werden. Wenn also Handschriften des Quadripartitus ohne Nennung von Datierung, Provenienz und Inhalt erwähnt oder wenn andere Einzelinformationen ohne Beleg angeführt werden, so sei auf die Angaben der Übersicht stillschweigend verwiesen. Um die Verweise möglichst einfach zu gestalten, werden die Handschriften mit den Siglen genannt, die jeweils den Einzelbeschreibungen vorangestellt sind und auch in der vorbereiteten Gesamtedition des Quadripartitus verwendet werden sollen[2].

An = Antwerpen, Museum Plantin-Moretus, M 82 (66), aus mehreren Teilen bestehend, die saec. XI/XII und saec. XII[1], XII geschrieben worden sind[3]. Bibliotheksheimat zumindest des

---

1 Jüngst noch zusammengestellt bei MORDEK, Kirchenrecht S. 172 Anm. 356 mit den auf Autopsie beruhenden paläographischen Daten (dankenswerte briefliche Mitteilung vom 11. 2. 1976). Zu der einzigen dort noch nicht berücksichtigten Handschrift vgl. KOTTJE, Antwerpener Handschrift S. 65 ff.
2 Die Edition des gesamten Textes des Quadripartitus auf der Grundlage aller bekannten Handschriften ist vorgesehen in der Reihe der ›Continuatio Mediaevalis‹ des ›Corpus Christianorum‹ in Verbindung mit den Editionen aller frühmittelalterlichen kontinentalen Bussbücher; zu dem Forschungsvorhaben, in dessen Rahmen die Bußbücher ediert werden, vgl. R. KOTTJE, Die frühmittelalterlichen kontinentalen Bußbücher: Bericht über ein Forschungsvorhaben an der Universität Augsburg, in: BMCL 7 (1977) S. 108–111. Weil für alle in diesen Editionen herangezogenen Handschriften einheitliche Siglen verwendet werden, sind die Siglen der Handschriften des Quadripartitus aufwendiger als von ihrer Gesamtzahl her erforderlich.
3 Vgl. KOTTJE, Antwerpener Handschrift S. 65, dem zufolge die Handschrift »im wesentlichen aus zwei zu verschiedenen Zeiten geschriebenen Teilen« besteht: 1. »fol. 1ᵛ–43ᵛ, s. XI/XII mit antiker Literatur«,

letzten Teils war vor dem Jahr 1584 die Kartause S'Coningsdale bei Gent; Schriftheimat dürfte Nordostfrankreich sein[4]. Im Jahr 1650 hat die Handschrift in ihrer heutigen Gestalt zur Bibliothek des Balthasar Moretus (1574–1641) gehört[5] und ist bis zum Verkauf der gesamten Bibliothek (1876 an die Stadt Antwerpen) im Besitz der Familie Moretus geblieben[6]. Der hier allein interessierende letzte Teil der Handschrift überliefert das 4. Buch des Quadripartitus sowie mehrere kirchenrechtliche Texte geringen Umfangs[7].

2. »fol. 50^r–95^v, s. XII[1] mit fast ausschließlich kirchenrechtlichen Texten, denen fol. 95^v–100^r von verschiedenen Händen s. XII weitere diverse kanonistische Exzerpte angefügt sind«. Aufgrund der Lagenanordnung können vier wohl ursprünglich nicht zusammengehörige Teile unterschieden werden: I. foll. 1–35 (2 IV+III+IV+[III–1]), saec. XI/XII, mit Dares Phrygius, Descriptio bellorum Graecorum et Troianorum sowie Homer, Ilias Latina. II. foll. 36–49 (IV+III), saec. XI/XII, mit Persius, Satyrae; fol. 49^r Runen mit lateinischer Erläuterung, fol. 49^v leer bis auf einige Federproben. III. fol. 50, 51 (Bifolio), unter der Überschrift *He sunt sententiae de corpore et sanguine domini. Andree apostoli* zwölf Exzerpte aus den Werken Gregors des Großen, des Ambrosius, Hieronymus und Augustinus; anschließend ein neumierter Text. IV. foll. 52–100 (6 IV+1), mit dem 4. Buch des Quadripartitus sowie kanonistischen und patristischen Exzerpten. Dieser letzte Teil besteht in der Hauptsache aus sechs Quaternionen, die mit den Buchstaben B–G »in Majuskelschrift s. XII/XIII« (KOTTJE, a. a. O. Anm. 4) gekennzeichnet werden. Zwischen fol. 2 und 68, d. h. zwischen den Quaternionen C und D, fehlt keine Lage, wie Kottje (a. a. O.) angibt; vielmehr finden sich die Quadripartitus-Kapitel IV,154–244 auf Quaternio E (foll. 76–83). Die Lagen D und E sind folglich bereits vor ihrer Zählung falsch eingeordnet worden; die korrekte Textfolge ergibt sich bei der Lagenanordnung B–C–E–D–F–G. Rückschlüsse auf den Inhalt der verlorengegangenen ersten Lage A sind nicht möglich, weil auf der ersten Seite des Quaternio B der Text mit dem Prolog des 4. Buches des Quadripartitus einsetzt. Fol. 100 ist von derselben Hand saec. XII beschrieben wie die drei vorhergehenden Seiten, gehörte also von Anfang an zum letzten Teil der Handschrift.

[4] Auf die 1584 aufgegebene Kartause S'Coningsdale (Val Royal) bei Gent weist der Besitzvermerk von einer Hand des 15. Jhs. *Liber vallis regalis iuxta Gandavum* (?) *ordinis Cartusiensis* hin, doch bezieht sich dieser am Schluß von Teil IV (fol. 100^v) eingetragene Vermerk möglicherweise nur auf ebendiesen Teil. Aus dem um 1020 gestifteten Benediktinerkloster St-André du Cateau bei Cambrai (Dép. Nord) stammt ein Vermerk fol. 1^r von einer Hand des 12./13. Jhs. *Liber sancti Andree apostoli de Castello* mit Anathemandrohung für Diebe, der von einer jüngeren Hand noch einmal wiederholt worden ist, sowie ein offenbar mißverstandener Zusatz zu der Überschrift fol. 50^r. *He sunt sententiae de corpore et sanguine domini sancti Andree apostoli*; der Zusatz *sancti Andree apostoli* ist wohl in der Vorlage ein Besitzvermerk gewesen. Die beiden das Andreas-Patrozinium erwähnenden Vermerke können sich zwar ebenfalls nur auf die Teile der Handschrift beziehen, in denen sie eingetragen sind, doch kann der Schriftheimat von Teil IV zufolge (nördliches Frankreich: Vgl. die Handschriften Paris, Bibl. Nat., lat. 1918, geschrieben in dem Kloster Saint-Amand-en-Pevèle, Dép. Nord, zwischen 1107–1121, bei Ch. SAMARAN-R. MARICHAL, Catalogue des manuscrits en écriture latine portant des indications de date, de lieu ou de copiste, Bd. 2, Paris 1962, S. 95 mit Tafel XIII; Paris, Bibl. Nat., lat. 2500, geschrieben in Notre-Dame de Nogent-sous-Coucy, Dép. Oise, zwischen 1113–1124, a. a. O. S. 123 mit Tafel XII; Reims, Bibl. Munic. 673, geschrieben in Reims vor 1106, a. a. O. Bd. 5, S. 275 mit Tafel IX) auch dieser Teil in St-André du Cateau geschrieben worden sein.
[5] Vgl. Nr. 71 bei H. STEIN, Les manuscrits du Musée Plantin-Moretus (Messager des sciences historiques de Belgique LX), Gent 1886, S. 218–230 edierten *Catalogus manuscriptorum bibliothecae Balthasaris Moreti in officina Plantiniana, Antverpie, 11 Julii 1650*; wie aus der Inhaltsangabe der Handschrift in diesem Katalog hervorgeht, waren Teil I und IV zum damaligen Zeitpunkt bereits miteinander verbunden. Im *Index Bibliothecae Plantini* (ediert a. a. O. S. 214–218) vom Jahr 1592 ist die Handschrift nicht aufgeführt, also wohl erst später in den Besitz der Familien Plantin-Moretus gelangt.
[6] Vgl. S. DE RICCI, Inventaire sommaire des manuscrits du Musée Plantin à Anvers, in: Revue des Bibliothèques 20 (1910), S. 217.
[7] Auf diese Überlieferung des 4. Buches hat erstmalig hingewiesen KOTTJE, Antwerpener Handschrift S. 65 ff. Zu den übrigen Texten s. unten Anm. 9–13.

Der letzte Teil der Handschrift enthält im einzelnen:

fol. 52^r	den Prolog des 4. Buches des Quadripartitus (*Incipit prologus. Magnopere karissime rector* – verbessert in: *rogar* – ... *libris uel institutis* – verbessert in: *statutis* –);
foll. 52^r–90^v	das Corpus des 4. Buches des Quadripartitus (*De his qui cotidie... ferant et sepeliant. Item definit*)[8];
fol. 90^v	den Epilog des Quadripartitus (*Ecce haec sunt... semper ualere in domino. Expliciunt canones*);
foll. 90^v–93^r	den zweiten Brief des Papstes Clemens an den Bischof Jakob von Jerusalem in der vorpseudoisidorischen Rezension (*Incipit epistola Clementis papae missa ad Iacobum apostolum. Clemens Iacobo karissimo... sibi dampnationem accipiet*)[9];
fol. 93^{rv}	die Capitula Antwerpiensia (*Admoneantur primo presbyteri... et consensu obtineat*)[10];
foll. 93^v–94^v	vier Kapitel aus dem Bischofskapitular Ruotgers von Trier (*Ut infantes ad confirmandum... se peccata sua*)[11];
foll. 94^v–95^v	das 1. Kapitel des 10. Konzils von Toledo a. 656 (*In decimo concilio Toletano capitulo I. De celebritate festiuitatis... in omnibus habeatur*)[12];
foll. 95^v–100^r	kanonistische und patristische Exzerpte von zwei Händen saec. XII[13].

Kat.: S. DE RICCI, Inventaire sommaire des manuscrits du Musée Plantin à Anvers, in: Revue des Bibliothèques 20 (1910), S. 224; J. DENUCÉ, Catalogue des manuscrits Musaeum Plantin Moretus, Antwerpen 1927, S. 58ff.
Lit.: G. H. PERTZ, Handschriftenverzeichnisse, in: Archiv 8 (1843), S. 566; F. VANDERHAEGHEN, Notice sur la Bibliothèque Plantinienne, Gent 1875, S. 6f.; H. STEIN, Les manuscrits du

---

8 Zwischen Prolog und Corpus des 4. Buches fehlen die Capitulatio und der Titel (*In nomine sanctae... succinctim breviterque excerptus:* RICHTER, Antiqua canonum collectio S. 3); das Corpus besitzt keine Kapitelzählung und ist durch folgende Eigentümlichkeiten gekennzeichnet: 1. Auf die Rubrik von IV,190 folgen Rubrik und Inskription von IV,191, dann der Text von IV,190 und schließlich der Text von IV,191; 2. Der Text der Kapp. IV,76, 79, 80, 194 fehlt (zu den ersten drei dieser Kapp. s. unten S. 50f.); 3. Die Kapp. IV,73, 101, 285 fehlen; 4. Auf Rubrik und Inskription von IV,290 folgt der Text von IV,291; der Text von IV,290 sowie Rubrik und Inskription von IV,291 fehlen.
9 JK†11; MIGNE, PL 56, Sp. 893B–896A. Ein Teil des Briefes ist noch auf Quaternio F von derselben Hand eingetragen worden wie der vorhergehende Quadripartitus-Text, hingegen der auf Quaternio G geschriebene Teil sowie die folgenden Exzerpte von mindestens zwei weiteren Händen, ohne daß jedoch Beginn und Ende eines Exzerpts mit einem Handwechsel zusammenfallen.
10 Vgl. dazu jüngst R. POKORNY, Zwei unerkannte Bischofskapitularien des 10. Jahrhunderts, in: DA 33 (1979), S. 487–513.
11 Aufgeführt werden die Kapitel 23, 24, 27, 28; vgl. die Edition bei M. BLASEN, Die Canonessammlung des Erzbischofs Routger von Trier vom Jahre 927. Ein Beitrag zur Rechtsgeschichte der Diözese Trier, in: Pastor Bonus 52 (1941), S. 61–72, nach der Handschrift Leiden, Bibliotheek der Rijksuniversiteit, Vulcanus 94B.
12 MIGNE, PL 84, Sp. 441A–D; J. VIVES, Concilios Visigóticos e Hispano-Romanos (España cristiana, Textos 1), Barcelona–Madrid 1963, S. 308ff.
13 Vgl. KOTTJE, Antwerpener Handschrift S. 65; POKORNY (wie oben Anm. 10), S. 492 Anm. 18.

Musée Plantin-Moretus (catalogues de 1592 et de 1650), (Messager des sciences historiques de Belgique LX) Gent 1886, S. 225; KUTTNER, in: Traditio 14 (1958) S. 509; KOTTJE, Antwerpener Handschrift S. 65ff.; R. POKORNY, Zwei unerkannte Bischofskapitularien des 10. Jahrhunderts, in: DA 33 (1979), S. 487–513.

Mc= Monte Cassino, Archivio dell'Abbazia, Cod. 541 (ext. 541) saec. XI^{in}, Süditalien (1022–1035 in Monte Cassino?)[14]. Die Handschrift ist wahrscheinlich unmittelbar von V_{10} abgeschrieben worden und enthält deshalb lediglich Prolog, Capitulatio und Corpus des 4. Buches des Quadripartitus. Textkritisch ist diese Quadripartitus-Überlieferung bedeutungslos, weil mit V_{10} die Vorlage erhalten ist; jedoch ist Mc offenbar zu einem Zeitpunkt abgeschrieben worden, als bestimmte Teile des ursprünglichen Textbestandes von V_{10} noch nicht durch Rasur und Blattverlust verlorengegangen waren. Mc überliefert folglich den gesamten ursprünglichen Textbestand von V_{10}[15]. Aus diesem Grund wird der Inhalt der Handschrift Mc im folgenden detailliert aufgeführt[16]; ist ein Text auch in der wahrscheinlichen Vorlage, der Handschrift V_{10}, überliefert, so ist nach der Seitenangabe der Handschrift Mc die entsprechende Folioangabe von V_{10} angegeben.

Der ursprüngliche Textbestand der Handschrift umfaßt im einzelnen:

pp. 9^a–123^b	die Concordia canonum des Cresconius *(Hic habetur concordia…*
(V_{10} foll. 1^r–63^v)	*Christianos catholicos fecerint)*[17];
pp. 123^b–124^a	die Definitio fidei des Konzils von Chalcedon *(Incipit expositio fidei*
(V_{10} foll. 63^v–64^r)	*concilii Calcidonense. CL. Dominus noster et salvator… apostolicae nostrae fidaei)*;
p. 124^{ab}	das Symbol des Konzils von Nicäa *(Apud Nicenum. Credimus in unum*
(V_{10} fol. 64^r)	*deum… catholica et apostolica ecclesia)*;
pp. 124^b–126^b	Symbol und Definitio fidei des Konzils von Konstantinopel *(Simbolum*
(V_{10} foll. 64^r–65^r)	*. Cl. sanctorum patrum apud Constantinopolim. Credimus in unum deum… laici fuerint anathematizari)*;

---

14 Vgl. MORDEK, Kirchenrecht S. 172 Anm. 356, S. 262; E. A. LOEW, The Beneventan Script. A History of the South Italian Minuscule, Oxford 1914, S. 352. Nach MORDEK, a. a. O. S. 100 Anm. 15, dürfte wohl unter der *concordia canonum*, welche zusammen mit anderen Handschriften unter Abt Theobald (1022–1035) in Monte Cassino angefertigt worden ist, die vorliegende Handschrift zu verstehen sein.
15 Vgl. MORDEK, Kirchenrecht S. 262, dessen Feststellung, Mc sei eine Kopie von V_{10}, durch meine eigene Kollation bestätigt wird.
16 Der Textbestand von V_{10} findet sich in Mc wieder mit Ausnahme der in Beneventana geschriebenen Texte, an deren Stelle Mc eine kleine Breviatio canonum bietet; des weiteren ist das Synonymenglossar, welches in V_{10} auf die Beneventana-Texte folgt, in Mc umfangreicher. Die Texte auf den pp. 1–8 sind in der Inhaltsbeschreibung nicht berücksichtigt worden, weil sie nicht zum ursprünglichen Bestand der Handschrift gehören, vgl. MAASSEN, Bibliotheca latina I,1 S. 12 unter Berufung auf Montfaucon und Blume. Zu der Beschreibung bei M. INGUANEZ, Codicum Casinensium Catalogus, Bd. 3, Monte Cassino 1940, S. 200, ist nachzutragen, daß die Inskriptionen p. 126^b *(Concilium Cartaginense, Concilium Calcidonense)* von anderer, wohl späterer Hand nachgetragen worden sind. – Zur Entlastung des Anmerkungsapparates wird in der folgenden Beschreibung dann auf Erläuterungen und weiterführende Hinweise verzichtet, wenn der jeweilige Text auch in V_{10} überliefert ist. Auf die Anmerkungen zum Inhalt von V_{10} sei also stillschweigend verwiesen.
17 Die Concordia canonum Cresconii ist hier, im Unterschied zur defekten Überlieferung in V_{10}, vollständig mit Titel, Praefatio, Capitulatio und Corpus tradiert.

p. 126ᵇ (V₁₀ fol. 65ʳᵛ)	*Ut si maior ad inferiorem negotium habuerit stantes uterque dent uel accipiant. Concilium Cartaginense. Item placuit ut si quis senior... equalem debet habere stadium);*
p. 126ᵇ (V₁₀ fol. 65ᵛ)	*Ex cognitione quarte synodi titulo XVIII. Si quis episcopus cum presbitero... in Christo unum sumus);*
pp. 126ᵇ–130ᵇ (V₁₀ foll. 65ᵛ–67ᵛ)	den Brief Leos I. an den Bischof Anastasius von Thessalonich *(Incipit epistola decretalis pape Leonis ad Anastasium episcopum et salonicensem (!). Quanta fraternitati tuae... auctores noluerit custodire);*
pp 130ᵇ–134ᵃ (V₁₀ foll. 67ᵛ–69ⱽ)	den Brief des Hieronymus an Lucianus *(Incipit epistola Hieronimi ad Lucianum Buticum. Nec opinanti mihi subito... litterarum uicissitudine sentiamus);*
pp. 134ᵃ–137ᵃ (V₁₀ foll. 69ᵛ–71ᵛ)	den Brief des Bischofs Mansuetus von Mailand an den Kaiser Constantinus *(Incipit epistola Mansueti episcopi ad Constantinum imperatorem. Domino serenissimo atque... fides continet adnectere);*
pp. 137ᵃ–139ᵃ (V₁₀ foll. 71ᵛ–72ᵛ)	das Symbol der Mailänder Synode a.680 *(Incipit expositio fidei. Profitemur nos credere... cuius regni non erit finis);*
p. 139ᵃᵇ (V₁₀ fol. 72ᵛ)	*Incipit expositio sancti Augustini de secreto gloriose incarnationis domini nostri Iesu Christi. Inter cetera et ad locum... secrete est exponendum;*
pp. 139ᵇ–140ᵇ (V₁₀ fol. 72ᵛ–73ʳ)	*In expositione euangelii beati Gregorii pape omelia VII. Cuius non sum dignus... uentus elationis tollat;*
pp. 140ᵇ–143ᵇ	eine Breviatio canonum in der Art der Sammlung des Fulgentius Ferrandus *(I. De ordinatione episcopi... reordinationibus uel translationibus)*[18];
pp. 143ᵇ–147ᵇ (V₁₀ foll. 77ʳ–78ᵛ)	ein Synonymenglossar zur Benediktregel, den Canones apostolorum und kleinasiatischen sowie afrikanischen Konzilien *(Alumnus – discipulus... largior – tribuo)*[19];
pp. 147ᵇ–235ᵇ (V₁₀ foll. 80ʳ–143ᵛ)	die Collectio Dacheriana der Form B *(Incipit de utilitate penitentiae... greca elementa significant);*
pp. 235ᵇ–236ᵃ (V₁₀ fol. 143ᵛ)	einen Briefwechsel Hincmars von Reims mit Aeneas von Paris *(Hincmarus nomine non merito... partibus quondam missus);*
pp. 236ᵃ–285ᵇ	Prolog, Capitulatio und Corpus des 4. Buches des Quadripartitus sowie

---

[18] Die Breviatio canonum ist nicht wie die Breviatio des Fulgentius Ferrandus systematisch nach Themen geordnet, sondern anhand einer historisch geordneten Kanonessammlung zusammengestellt worden. Der Autor hat einer Sammlung der historischen Ordnung die ihn interessierenden Lemmata in der vorgegebenen Abfolge entnommen, wie deren Reihenfolge (Canones apostolorum, Nicäa, Ancyra, Neocäsarea, Antiochia, Laodicea, Chalcedon, Sardika, Karthago) zeigt, und jeweils im Anschluß an Rubrik und Inskription der Kanones die Inskriptionen derjenigen Konzilskanones und Papstbriefkapitel eingetragen, die dasselbe Thema behandeln. Die Reihenfolge der Konzilskanones und das beobachtete Zählverfahren lassen auf die zweite Redaktion der Collectio Dionysiana als Vorlage schließen; da auch auf Kapitel aus Papstbriefen verwiesen wird, ist neben der Konziliensammlung des Dionysius Exiguus möglicherweise auch dessen Dekretalensammlung benutzt worden. Auf Eigenständigkeit gegenüber der Breviatio des Fulgentius Ferrandus deutet auch die Verwendung des Wortes *canon* statt des für Fulgentius typischen *titulus*.

[19] Das in V₁₀ nicht mehr vollständig vorhandene Glossar ist hiernach ediert in: Spicilegium Casinense complectens analecta sacra et profana, Bd. 1, Monte Cassino 1888, S. 349–353.

(V_{10} foll. 144^r–180^v) den Epilog der Sammlung *(Magnopere poposcisti ac precepisti... bene ualere in domino);*

pp. 285^b–296^b Exzerpte zum Thema Taufe *(Ex concilio Toletano... inlicita displiceant osten...)*[20].

Kat.: M. INGUANEZ, Codicum Casinensium Catalogus, Bd. 3, Monte Cassino 1940, S. 199–203.
Lit.: F. BLUME, Bibliotheca librorum manuscriptorum italica, Göttingen 1834, S. 221f.; THEINER, Disquisitiones criticae S. 334ff.; WASSERSCHLEBEN, Beiträge S. 4; DERS., Reginonis libri S. XI Anm.*; MAASSEN, Bibliotheca latina I,1 S. 383; DERS., Geschichte der Quellen S. 853; SCHMITZ, Bussbücher I S. 718; E. A. LOWE, The Beneventan Script. A History of the South Italian Minuscule, Oxford 1914, S. 352; MORDEK, Dacheriana S. 589 Anm. 38; R. BERGMANN, Verzeichnis der althochdeutschen und altsächsischen Glossenhandschriften (Arbeiten zur Frühmittelalterforschung 6), Berlin-New York 1973, S. 55; MORDEK, Kirchenrecht S. 172 Anm. 356, S. 262.

O= Oxford, Bodl. Library, Ms. Bodl. 718 (2632), saec. X–XI[21], aus Exeter (Bibliotheksheimat)[22]. Die Handschrift, in quadratischer angelsächsischer Minuskel geschrieben[23], ist sicherlich in England entstanden[24]; Exeter ist als Schriftheimat nicht ausgeschlossen[25], doch läßt sich die Behauptung, die Handschrift sei zusammen mit anderen Codices von Bischof Leofric (1046–1073)[26] der Kathedralkirche von Exeter geschenkt worden, nicht beweisen[27].

---

20 Vgl. INGUANEZ (wie oben Anm. 16) S. 202.
21 Vgl. MORDEK, Kirchenrecht S. 172 Anm. 356. Saec. X datiert N. R. KER, Medieval Libraries of Great Britain, London ²1964, S. 85, saec. XI ARONSTAM, Excerptiones Egberti S. 35 sowie SAUER, Wulfstans »Handbuch« S. 345. Gegen saec. XI sprechen zum einen die Ähnlichkeit, wenn nicht Identität der Schrift mit derjenigen der Handschrift Paris, Bibl. Nat., lat. 943 (saec. X², nach 960, vgl. N. R. KER, A Catalogue of Manuscripts Containing Anglo-Saxon, Oxford 1957, S. 437ff.; zur möglichen inhaltlichen Abhängigkeit dieser Handschrift von O s. unten Anm. 33). Zweitens hat der Autor der zu Beginn des 11. Jhs. entstandenen Excerptiones Ps.-Egberti sehr wahrscheinlich O als Vorlage herangezogen, s. dazu unten S. 72f.
22 Vgl. F. MADAN–H. H. E. CRASTER, A Summary Catalogue of Western Manuscripts in the Bodleian Library at Oxford, Bd. 2, Oxford 1922, S. 461.
23 Vgl. KER, Catalogue (wie oben Anm. 21) S. 437. Neben rundem und insularem s ist auch das lange s der karolingischen Minuskel verwendet worden; die Rubriken sind in Capitalis Rustica ausgeführt.
24 Indizien sind neben der Schrift die angelsächsischen Invokationen der Litanei fol. 16^r–17^v (vgl. HADDAN–STUBBS, Councils I S. XV; ARONSTAM, Excerptiones Egberti S. 35) und der in dieser Litanei genannte Name *aetheldrytha* (vgl. LThK² Bd. 3 [1959] Sp. 1120).
25 Aufgrund des Briefes Leos IX. an König Edward den Bekenner (JL 4208 *Si bene habes*) fol. 180^v kann Exeter lediglich bereits für das 11. Jh. als Bibliotheksheimat angenommen werden, da dieser Brief offensichtlich nicht zum ursprünglichen Bestand der Handschrift gehört; vgl. auch BATESON, Latin Penitential S. 321, 326. MADAN-CRASTER (wie oben Anm. 22) S. 460f. nennen als mögliche Entstehungsorte Exeter, Dorchester und Sherborne; da jedoch die Texte von fol. 179 an nicht zum ursprünglichen Bestand gehören, scheidet Dorchester aus.
26 Zu Leofric vgl. die bei SAUER, Theodulphi Capitula S. 32 zusammengestellte Literatur.
27 Erstmalig behauptet von HADDAN–STUBBS, Councils I S. XVI, III S. 414; von SELBORNE, Ancient Facts S. 235 übernommen, jedoch von BATESON, Latin Penitential S. 321 zurückgewiesen. Auch der Hinweis Selbornes auf das bei W. DUGDALE, Monasticon Anglicanum, 6 Bde., London 1817–1830, App. IV S. 527f. gedruckte Verzeichnis *De Terris, Ornamentis, Vestimentis, atque Libris huic Ecclesiae a Leofrico Loci Episcopo datis* führt nicht weiter, da keine O auch nur annähernd ähnliche Handschrift aufgeführt ist.

O überliefert eine Sonderform des Quadripartitus, bestehend aus dem 1. Bischofskapitular Ghärbalds von Lüttich, dem Paenitentiale Ps.-Egberti in einer um Bußtexte erweiterten Fassung und den letzten drei Büchern des Quadripartitus[28].

Die Handschrift enthält in ihrem ursprünglichen Teil:

fol. I[rv]	die Capitulatio des Paenitentiale Ps.-Egberti (*Incipiunt capitula libri paenitentialis. I. Quae sint capitula* (korr. zu *capitalia*) *crimina… XX. De confessione sacerdotum et omnium clericorum. Expliciunt capitula libri primi*)[29];
fol. I[v]	den Titel des Paenitentiale Ps.-Egberti (*Incipit excerptio de canonibus catholicorum patrum paenitentialis libri ad remedium animarum Ecgberhti archiepiscopi Eburacae civitatis*)[30];
foll. 1[r]–3[r]	den Prolog des Paenitentiale Ps.-Egberti (*Institutio illa quae fiebat… alii timorem habeant*)[31];
foll. 3[r]–5[r]	das 1. Bischofskapitular Ghärbalds von Lüttich (*II. Haec sunt iura sacerdotum quae tenere debent. Ut unusquisque sacerdos… orationibus diligenter unguatur*)[32];

---

28 In der Literatur ist der Inhalt der Handschrift häufig ungenau oder irreführend angegeben, vgl. zuletzt D. BETHURUM, Archbishop Wulfstan's Commonplace Book, in: Publications of the Modern Language Association 57 (1942), S. 916–929, ebd. S. 916 (»Penitentials«); R. FOWLER (ed.), Wulfstan's Canons of Edgar (Early English Text Society 266), London 1972, S. LVIII (»Excerptiones Pseudo-Egberti«); MORDEK, Kirchenrecht S. 172 Anm. 356 (»nur die ersten drei Bücher« sc. des Quadripartitus).

29 Die Capitulatio, von HADDAN–STUBBS, Councils III S. 414 ff. nicht als vorhanden gekennzeichnet, stimmt weder in der Anzahl noch in der Folge ihrer Rubriken mit der Capitulatio der Überlieferung in Vat. Pal. lat. 485 (ed. SCHMITZ, Bussbücher II S. 661) oder auch der der Überlieferung in Wien, Österreich. Nationalbibl., lat. 2223 (ed. WASSERSCHLEBEN, Bußordnungen S. 233) überein.

30 Der Titel kann sich aufgrund seiner Anordnung zwischen Capitulatio und Prolog des Paenitentiale nur auf ebendieses, nicht aber auf die in O überlieferte Vier-Bücher-Form beziehen. Er hat SPELMAN, Concilia I S. 278 veranlaßt, Egbert von York ein Werk in vier Büchern zuzuschreiben. Zu den unterschiedlichen Titeln der bisher gedruckten Überlieferungen vgl. HADDAN–STUBBS, Councils III S. 416 Anm. 1; SCHMITZ, Bussbücher II S. 661.

31 Zum Wortlaut des Prologs vgl. die Lesarten bei HADDAN–STUBBS, Councils III S. 416 ff. Zum Inhalt vgl. SELBORNE, Ancient Facts S. 239.

32 Ed. MG Cap. I S. 106 f. ohne Berücksichtigung dieser Überlieferung. Auf die Überlieferungen in O und in den Handschriften Cambridge, Corpus Christi College 265, London, British Museum, Cotton Nero A 1 und Paris, Bibl. Nat., inter suppl. lat. 138 (jetzt Paris, Bibl. Nat., lat. 10575) ist MG Cap. II S. XIV Anm. 1 hingewiesen. Vgl. zuletzt P. BROMMER, Capitula episcoporum. Bemerkungen zu den bischöflichen Kapitularien, in: Zeitschrift für Kirchengeschichte 91 (1980), S. 213 ff., der für die bisher sogenannten *Capitula a sacerdotibus proposita* die Bezeichnung »Ghärbald I« (1. Kapitular des Bischofs Ghärbald von Lüttich) vorgeschlagen hat. Das Kapitular ist ebenfalls überliefert in den Handschriften 1. Paris, Bibl. Nat., lat. 943; vgl. ARONSTAM, Excerptiones Egberti S. 43; 2. Oxford, Bodl. Library, Barlow 37; vgl. ebd., S. 44; 3. Rouen, Bibl. Munic., Ms. 368 (A. 27); vgl. ebd. S. 43; KER, Catalogue (wie oben Anm. 21) S. 447 f.; 4. Rouen, Bibl. Munic., Ms. 1382 (U. 109); vgl. ARONSTAM, Excerptiones Egberti S. 215; 5. Vendôme, Bibl. Munic., Ms. 55 (= Handschrift Vd des Quadripartitus, s. unten S. 32 ff.). Eine englische Übersetzung bietet J. JOHNSON, A Collection of All the Ecclesiastical Laws, Canons, Answers, or Rescripts, hg. von J. BARON, Bd. 1, Oxford 1850, S. 185 ff. Unrichtig ist die Behauptung von LE BRAS, Manuscrit vendômois S. 268, der Autor der Excerptiones Ps.-Egberti habe das Kapitular der Quadripartitus-Handschrift Vd entnommen. Die aufgrund ihrer Lesarten sehr nahe miteinander verwandten Kapitular-Handschriften O, Cambridge, Corpus Christi College 265 und London, British Museum, Cotton Nero A 1

foll. 5ʳ–14ᵛ   das Corpus des Paenitentiale Ps.-Egberti *(Quae sint capitalia crimina I. Nunc igitur capitalia… confiteri cum lacrimis)* ³³;

foll. 14ᵛ–21ʳ   einen Beicht- und Rekonziliationsordo, der als 19. Kapitel des Paenitentiale bezeichnet ist *(XIX. Qualiter sacerdos suscipere debet poeniten-*

(vgl. SELBORNE, Ancient Facts S. 317–323), von denen die letzten beiden auch die Excerptiones Ps.-Egberti überliefern, stellen die Sentenzen in der Art des Martène-Durand-Drucks (vgl. MG Cap. I S. 105ff.) um, Vd hingegen nicht, so daß ein Zusammenhang zwischen letzterer und den Excerptiones Ps.-Egberti ausgeschlossen werden kann. Vielmehr hat der Autor dieser Sammlung sowohl seine Ghärbald- wie auch seine Quadripartitus-Zitate wahrscheinlich der Handschrift O entnommen, s. unten S. 72f. mit Anm. 35. Auch die übrigen Kapitular-Handschriften englischer Herkunft (oben Nr. 3 und die in der folgenden Anm. aufgeführten Nr. 1, 6, 7, 9, 10, 11), die nahezu alle jünger sind als O, könnten von dieser abhängig sein (bedeutsames Indiz: O, Cambridge, London und Paris 10575 bieten in der 7. Sentenz jeweils die sinnlose Lesart *timentibus* statt der korrekten *testibus*; vgl. SELBORNE, Ancient Facts S. 241).

33 Ed. HADDAN-STUBBS, Councils III S. 418–431 mit den Lesarten von O und Hinweisen auf deren wesentlich abweichende Kapiteleinteilung (18 statt 14 Kapitel); ed. WASSERSCHLEBEN, Bußordnungen S. 233–247; ed. SCHMITZ, Bussbücher I S. 575–587, II S. 661–674. Die älteren Editionen und Nachdrucke von Spelman, Morin, Martène-Durand, Wilkins, Thorpe, Labbé-Cossart und Mansi können hier unerwähnt bleiben. Zum Paenitentiale Ps.-Egberti vgl. zuletzt KOTTJE, Bußbücher S. 120. Das Paenitentiale scheint im 9., 10. und 11 Jh. weit verbreitet gewesen zu sein, wie die folgende Liste der mir bekannten Textzeugen zeigt: 1. Cambridge, Corpus Christi College 265 (saec. XI, England, Bibliotheksheimat Worcester nach KOTTJE, Bußbücher S. 18; saec XI^med, Schriftheimat eines Teils der Handschrift Worcester nach KER, Catalogue [wie oben Anm. 21] S. 92ff.); 2. Florenz, Bibl. Medicea-Laurenziana, Ashburnham 82 (saec. IX^{3/4}, Westfrankreich nach MORDEK, Kirchenrecht S. 22 Anm. 12, S. 200 Anm. 525); 3. Mailand, Bibl. Ambrosiana, G. 58 sup. (saec. IX^ex, Bobbio nach KOTTJE, Bußbücher S. 121 Anm. 133); 4. München, Bayer. Staatsbibl., Clm 6311 (saec. IX^in, »eher nordostfranzösischer Ursprung wahrscheinlich« nach B. BISCHOFF, Die südostdeutschen Schreibschulen und Bibliotheken in der Karolingerzeit. Teil I, Wiesbaden ³1974, S. 143f.); 5. München, Bayer. Staatsbibl., Clm 12673 (saec. X, »Salzburger Provenienz?« nach KOTTJE, Bußbücher S. 40, 121 Anm. 133); 6. Oxford, Bodl. Library, Barlow 37; nur Prolog (saec. XII^ex oder XIII^in, England nach SAUER [wie oben Anm. 21] S. 345); 7. Paris, Bibl. Nat., lat. 943; nur Prolog (saec. XI, Sherborne nach KER, Catalogue [wie oben Anm. 21] S. 437f.); 8. Paris, Bibl. Nat., lat. 2341 (saec. IX^{2/4}, Orléans nach KOTTJE, Bußbücher S. 50f.); 9. Paris, Bibl. Nat., lat. 3182 (saec. X, bretonisch nach MORDEK, Kirchenrecht S. 153); 10. Paris, Bibl. Nat., lat. 10575; nur Prolog (saec. X–XI, England, Bibliotheksheimat um 11. Jh. Évreux nach KER, Catalogue [wie oben Anm. 21] S. 441f.); 11. Rouen, Bibl. Munic., Ms. 1382 (U. 109); nur Prolog (saec. XI, teils in England, teils in der Normandie geschrieben nach ARONSTAM, Excerptiones Egberti S. 23); 12. St. Gallen, Stiftsbibl., Cod. 677 (Saec. X nach MORDEK, Kirchenrecht S. 236); 13. Vatikan, Bibl. Apost. Vat., Vat. Pal. lat. 294 (der Teil mit dem Paenitentiale saec. XI^in, Lorsch nach R. KOTTJE, Zu Geschichte und Inhalt einer rheinischen Handschrift in der Vatikanischen Bibliothek, in: Römische Quartalschrift 59 [1964] S. 79–87, ebd. S. 83); 14. Vatikan, Bibl. Apost. Vat., Vat. Pal. lat. 485 (sec. IX² [vor 875], Lorsch nach B. BISCHOFF, Lorsch im Spiegel seiner Handschriften [Münchener Beiträge zur Mediävistik und Renaissance-Forschung. Beiheft], München 1974, S. 112); 15. Vatikan, Bibl. Apost. Vat., Vat. Pal. lat. 554 (foll. 1–4: saec. IX¹, Lorsch[?]; foll. 5–13: saec. VIII–IX, deutsch-angelsächsisches Gebiet [England?] nach BISCHOFF, a. a. O.). Bei dem von KER, Catalogue (wie oben Anm. 21) S. 71 erwähnten *Penitentialis Egberti archiepiscopi* in Teil A der Handschrift Cambridge, Corpus Christi College 190 handelt es sich nicht um das Paenitentiale, sondern um die erste Rezension der Excerptiones Ps.-Egberti, vgl. ARONSTAM, Excerptiones Egberti S. 14–18. Die englischen Handschriften Nr. 1, 6, 7, 10, die Handschrift Nr. 9 und der von Martène-Durand benutzte *Codex Andaginensis monasterii S. Huberti in Arduenna* (vgl. MG Cap. I S. 105) des Paenitentiale Ps.-Egberti überliefern ebenfalls das 1. Kapitular Ghärbalds von Lüttich und dürften deshalb wohl mit O verwandt sein. Zu darüber hinausgehenden Hinweisen auf eine Abhängigkeit der Handschriften Nr. 1 und 6 s. unten S. 69 Anm. 16. Zu einigen dieser Handschriften, welche in der Literatur als »commonplace books« bezeichnet werden, vgl. jüngst SAUER (wie oben Anm. 21) S. 341–384.

	tem. *Primum quidem cum... custodiens mandata sacerdotis. Finit liber paenitentialis Ecgberhti archiepiscopi*)³⁴;
fol. 21ᵛ	leer;
foll. 22ʳ–50ʳ	Capitulatio und Corpus des 2. Buches des Quadripartitus *(Incipiunt capitula libri secundi. I. Quibus modis cuncta... animas sanare languidas. Explicit liber secundus)*³⁵;
foll. 50ʳ–121ʳ	Praefatio, Capitulatio und Corpus des 3. Buches des Quadripartitus *(Incipit prefatio libri tertii. De mortalibus peccatis... simplicioribus prodesse poterunt. Explicit liber tertius)*³⁶;
foll. 121ʳ–178ʳ	Prolog, Capitulatio und Corpus des 4. Buches des Quadripartitus *(Incipit prologus libri quarti. Magnopere poposcisti ac precepisti... ferant et sepeliant. Explicit liber quartus)*³⁷;
fol. 178ʳ	den Epilog des Quadripartitus *(Ecce haec sunt... semper valere in domino);*
fol. 178ʳᵛ	Kanones- und Patresexzerpte *(Africani concilii XLIII... homicidium faciunt nonnullae)*³⁸.

Kat.: F. MADAN-H. H. E. CRASTER, A Summary Catalogue of Western Manuscripts in the Bodleian Library at Oxford, Bd. 2, Oxford 1922, S. 459 ff.
Lit.: SPELMAN, Concilia I S. 276 ff.; WASSERSCHLEBEN, Beiträge S. 4; DERS., Reginonis libri S. XI Anm. *; J. JOHNSON, A Collection of the Laws and Canons of the Church of England, From

---

34 Der Ordo für die Privatbuße ähnelt in seinem 1. Teil sehr dem der Handschrift Wien, Österreich. Nationalbibl., Cod. 2171, in seinem 2. Teil dem in der erweiterten Chrodegang-Regel überlieferten Ordo (freundl. Mitteilung von Herrn Allen J. Frantzen, Chikago). Der Ordo stimmt weiterhin bis zur Bitte des Sünders an den Priester um Fürsprache (fol. 20ʳ: *Supplico te dei sacerdos*) weitgehend überein mit dem Beicht- und Rekonziliationsordo, den J. MORIN, Commentarius historicus de disciplina in administratione sacramenti poenitentiae XIII primis seculis in ecclesia occidentali et huc usque in orientali observata, Paris 1651, S. 15–22 ediert hat. Zu den anschließenden Gebeten vgl. A. WILMART, Precum Libelli IV Aevi Karolini, Rom 1940, S. 65 ff.
35 Die Praefatio des 2. Buches ist wohl wegen des in ihr enthaltenen Rückverweises auf den Inhalt des 1. Buches des Quadripartitus ausgelassen worden. Mißverständlich ist die Aussage von SELBORNE, Ancient Facts S. 329, das hier überlieferte 2. Buch unterscheide sich von dem in Vat. lat. 1352 (= Quadripartitus-Handschrift V₁₁) durch »the omission of the Vatican lists of titles, preceding the text of the articles or chapters of each book«; die Capitulationes sind offensichtlich vorhanden.
36 Unrichtig die Behauptung SELBORNES, a. a. O. S. 330 Anm. 5, daß die Capitulatio fehle.
37 Unrichtig wiederum die Angabe von SELBORNE, a. a. O. S. 331 Anm. 5, daß die Capitulatio nicht vorhanden sei. Das 4. Buch ist hier mit folgenden Eigentümlichkeiten überliefert: Kapp IV,11,12 und IV,192,193 sind jeweils zu einem Kapitel zusammengefaßt; Kap. IV,263 folgt auf IV,264.
38 Zu BATESON, Latin Penitential S. 326 und MADAN–CRASTER (wie oben Anm. 22) S. 460 ist nachzutragen: Bei dem Exzerpt *Placuit quottiens quod* handelt es sich wohl um eine überarbeitete Fassung des Kap. 76 der Registri Ecclesiae Carthaginis Excerpta (CC SL 149 S. 202 f.). Das folgende Exzerpt *Si iudicium dei... equaliter cremarentur* habe ich bisher nicht identifizieren können. Es folgt Kap. 12 des Konzils von Braga a. 563 (zu den Daten und der unterschiedlichen Kanoneszählung der Concilia Bracarensia vgl. MAASSEN, Geschichte der Quellen S. 218) *Placuit ut hii qui*. Anschließend sind in englischer karolingischer Minuskel die Sentenzen XLV,4 *Augustinus ait. Quaecumque*, XLV,4 *Hieronymus dicit. Quaecumque* und XLV,3 *Hieronymus ait. Pudet* der Collectio Hibernensis eingetragen, vgl. H. WASSERSCHLEBEN (ed.), Die irische Kanonensammlung, Leipzig ²1885, S. 180 f.

its First Foundation to the Conquest, and from Conquest to the Reign of King Henry VIII, Translated into English with Explanatory Notes. In Two Volumes. 2. Ed. by J. BARON, Oxford 1850, Bd. I, S. 185, 187 Anm. *, S. 223 Anm. *; WASSERSCHLEBEN, Bußordnungen S. 45; MAASSEN, Bibliotheca latina I, 4 S. 185 f.; DERS., Geschichte der Quellen S. 852, 862; HADDAN-STUBBS, Councils I S. XVf., III S. 413 ff.; SCHMITZ, Bussbücher I S. 718; SELBORNE, Ancient Facts S. 230, 235–241, 327–331; BATESON, Latin Penitential S. 320–326; DIES., A Worcester Cathedral Book of Ecclesiastical Collections, Made C. 1000 A.D., in: English Historical Review 10 (1895), S. 712–731, ebd., S. 712, 714, 721; T. P. OAKLEY, English Penitential Discipline and Anglo-Saxon Law in their Joint Influence, New York 1923, S. 122; FOURNIER-LE BRAS, Histoire I S. 317 Anm. 1; McNEILL-GAMER, Handbooks of Penance S. 447; D. BETHURUM, Archbishop Wulfstan's Commonplace Book, in: Publications of the Modern Language Association 57 (1942), S. 916–929, ebd. S. 916, 919, 928; N. R. KER, Medieval Libraries of Great Britain. A List of Surviving Books, London ²1964, S. 85; R. FOWLER (ed.), Wulfstan's Canons of Edgar (Early English Text Society 266), London 1972, S. LVIII; ARONSTAM, Excerptiones Egberti S. 10, 35 f.; MORDEK, Kirchenrecht S. 172 Anm. 356; SAUER, Theodulphi Capitula S. 60; DERS., Wulfstans »Handbuch« S. 341–384.

St = Stuttgart, Württemberg. Landesbibl., Hs. HB VII 62, saec. IX^{ex}, Bodenseegebiet (wahrscheinlich Reichenau)[39]. Die Handschrift überliefert alle vier Bücher des Quadripartitus; sie zählt nicht nur zu den ältesten bekannten Textzeugen[40], sondern überliefert auch den Text der Sammlung am vollständigsten[41]. Außerdem ist St mit erheblich größerer Sorgfalt als die übrigen Textzeugen angefertigt und auch aufwendig ausgeschmückt worden, wie die saubere Minuskelschrift, die Verwendung sorgfältig geschriebener mehrfarbiger Capitalis Quadrata sowie anderer Auszeichnungsschriften und die Ausstattung mit großformatigen Rankeninitialen beweisen[42]. Die Vorlage der Handschrift ist möglicherweise im Westen (Frankreich, Belgien) entstanden, da häufiger die mit ›h‹ anlautenden Worte vokalisch und umgekehrt die vokalisch anlautenden Worte mit einem vorangestellten ›h‹ geschrieben sind[43].

Die Handschrift enthält im einzelnen:

foll. 1^v–2^r	den Widmungsbrief *(Haec pauca beatitudo uestra ... semper ualere in domino)*[44];
fol. 2^{rv}	den Autoritätenkatalog *(Haec sunt sanctorum ... excerptae sunt sententiae)*;
foll. 2^v–3^r	die Generalpraefatio *(In nomine dei summi incipit praefatio operis subsequentis. Ex diuersis sanctorum ... piissimusque intercessor exsistat. Explicit praefatio)*;

---

39 Vgl. MORDEK, Kirchenrecht S. 172 Anm. 356; zur Abtei Reichenau als wahrscheinlicher Schriftheimat vgl. AUTENRIETH, Die kanonistischen Handschriften S. 13.
40 Lediglich Vat. lat. 1347 (= Quadripartitus-Handschrift V$_{10}$) ist ebenfalls im 9. Jh. entstanden.
41 S. unten S. 47.
42 Vgl. AUTENRIETH, Die kanonistischen Handschriften S. 13.
43 Vgl. z. B. fol. 10^v, 11^r: *exortatio, erbae*; fol. 36^r: *hodio*.
44 Der Titel fol. 1^r *Liber Augustini de uita sacerdotum* stammt aus dem 14. Jh., vgl. J. AUTENRIETH, Die Handschriften der Württembergischen Landesbibliothek Stuttgart II: Die Handschriften der ehemaligen Königlichen Hofbibliothek, Bd. 3: Codices iuridici et politici. Patres, Wiesbaden 1963, S. 219.

foll. 3ʳ–14ʳ	Capitulatio und Corpus des 1. Buches *(Incipiunt capitula libri primi. I. De uita sacerdotum ... quam tradidimus uobis. Explicit liber primus)*;
foll. 14ʳ–38ᵛ	Praefatio, Capitulatio und Corpus des 2. Buches *(Incipit praefatio libri secundi. Post primum namque libellum ... animas sanare languidas. Explicit liber secundus)*;
foll. 39ʳ–106ᵛ	Praefatio, Capitulatio und Corpus des 3. Buches *(Incipit praefatio libri tertii. De mortalibus peccatis ... simplicioribus prodesse poterunt. Explicit liber tertius)*[45];
foll. 106ᵛ–175ʳ	Prolog, Capitulatio und Corpus des 4. Buches *(Incipit prologus libri IIII. Magnopere poposcisti ac precepisti ... ferant et sepeliant)*;
foll. 175ʳ–176ʳ	den Epilog *(Ecce haec est ... ualere in domino. Explicit liber quartus)*;
foll. 175ᵛ–176ʳ	Patresexzerpte *(Hieronimi presbiteri ... Tuam segregare amen)*.

Kat.: J. AUTENRIETH, Die Handschriften der Württembergischen Landesbibliothek Stuttgart II: Die Handschriften der ehemaligen Königlichen Hofbibliothek, Bd. 3: Codices iuridici et politici. Patres, Wiesbaden 1963, S. 219f.

Lit.: G. SWARZENSKI, Reichenauer Malerei und Ornamentik im Übergang von der karolingischen zur ottonischen Zeit, in: Repertorium für Kunstwissenschaft 26 (1903), S. 408 Anm. 60; A. MERTON, Die Buchmalerei in St. Gallen vom neunten bis zum elften Jahrhundert, Leipzig ²1923, S. 20; K. LÖFFLER, Romanische Zierbuchstaben und ihre Vorläufer, Stuttgart 1927, S. 44f.; AUTENRIETH, Die kanonistischen Handschriften S. 13f.

Tr = Trier, Stadtbibl., Ms. 1084/115, saec. XI[46], zum Teil aus dem Kloster St. Eucharius/St. Matthias, zum Teil aus dem Stift St. Paulin in Trier (jeweils Bibliotheksheimat)[47].

---

45 Eine Eigentümlichkeit: Rubrik und Inskription von Kap. III,31 sind nicht eingetragen worden.
46 Vgl. MORDEK, Kirchenrecht S. 172 Anm. 356.
47 Die Handschrift besteht aus drei ursprünglich selbständigen Teilen: I. foll. 1–46 (III+1+ 5 IV), tatsächlich 47 Blätter, da zwei Blätter dieselbe Zahl tragen, mit Sallust, Bellum Catilinae und Bellum Jugurthinum; *Septem sunt miracula mundi*. Die ursprüngliche Selbständigkeit dieses Teils wird bewiesen durch den Besitzvermerk *Libellus sancti Eucharii primi Trevirorum archiepiscopi* auf der letzten Seite, der vor der Auffindung der Matthias-Reliquien im Jahr 1127 eingetragen worden sein muß. Nach dem Fund und der Erhebung zum Titelheiligen im Jahr 1148 hat man auf der ersten Seite den Besitzvermerk *Codex monasterii sancti Eucharii sanctique Mathie apostoli extra muros Treverorum* hinzugefügt. II. foll. 47–102 (7 IV), mit *Cycli paschales* sowie einem Werk *de argumentis lunae*, das den Libellus calculatoriae des Helperic von Auxerre fast vollständig enthält, vgl. G. KENTENICH, Beschreibendes Verzeichnis der Handschriften der Stadtbibliothek zu Trier, 10. Heft: Die philologischen Handschriften, Trier 1931, S. 11 f. Die ursprüngliche Selbständigkeit dieser Zusammenstellung chronologischer Texte ergibt sich aus einem Besitzvermerk auf der letzten Seite dieses Teils *Libellus sancti Eucharii primi Trevirorum archiepiscopi* mit Anathemformel. KENTENICH, a. a. O. S. 11 nimmt an, daß Teil II aus St. Paulin stammt, da in dem Kalendar foll. 86ʳ–91ʳ das Fest des Heiligen Paulinus durch die Schrift hervorgehoben sei. III. foll. 103–128 (3 IV+2) mit der Quadripartitus-Überlieferung. Die Besitzvermerke auf den ansonsten leeren fol. 103ʳ (*Liber sancti Eucharii sanctique Mathie liber de vita sacerdotum;* die folgenden Worte sind selbst mit der Quarzlampe nicht mehr zu lesen) und fol. 128ᵛ (*Codex sancti Eucharii primi Treuirorum archiepiscopi*) beweisen die Selbständigkeit dieses Teils. Teil III unterscheidet sich von den beiden vorhergehenden Teilen durch die Qualität und Größe der Pergamentblätter. Eine spätere Hand hat den Text häufig wohl nach grammatischen Gesichtspunkten korrigiert und die Zeichensetzung geändert. Die Marginaleintragungen foll. 103ᵛ, 104ʳ, 105ʳ–106ʳ beziehen sich nicht auf den Quadripartitus-Text. Alle drei Teile gehörten vor 1127 zur Bibliothek

Teil III der Handschrift überliefert Lib. I–III,10 des Quadripartitus[48]. Der hier allein interessierende Teil III enthält im einzelnen:

fol. 103[r]	zweimal den Titel *Liber de vita sacerdotum – Liber sancti Eucharii sanctique Mathie. Liber de uita sacerdotum*;
fol. 103[vab]	den Widmungsbrief des Quadripartitus *(Haec pauca beatitudo ... ualere in domino)*;
fol. 103vb	den Autoritätenkatalog *(Haec sunt sanctorum ... excerptae sunt sententie)*;
fol. 104ra	die Generalpraefatio *(In nomine dei summi incipit praefatio operis subsequentis. Ex diuersis sanctorum ... piissimusque intercessor existat. Explicit)*;
foll. 104ra–108vb	Capitulatio und Corpus des 1. Buches *(Incipiunt capitula libri primi. I. De uita sacerdotum ... quam tradidimus uobis. Explicit liber primus)*;
foll. 108[vb]–119[rb]	Praefatio, Capitulatio und Corpus des 2. Buches *(Incipit praefatio libri secundi. Post primum namque libellum ... animas sanare languidas. Explicit liber secundus)*;
foll. 119[rb]–128[rb]	Praefatio, Capitulatio und die Kapitel 1–10 des 3. Buches *(Incipit praefatio libri tertii. De mortalibus peccatis ... creator et medicus deus)*[49];
fol. 128[v]	leer bis auf den Besitzeintrag in Urkundenschrift saec. XII: *Codex sancti Eucharii primi Treuirorum archiepiscopi. Si quis eum abstulerit anathema sit amen.*

---

der Abtei St. Eucharius, wie die Besitzvermerke allein mit dem Namen dieses Titelheiligen zeigen. In der ersten Hälfte des 16. Jhs. müssen sie bereits zu einem Codex zusammengebunden gewesen sein, da der um 1530 entstandene Bibliothekskatalog von St. Matthias sie unter einer Handschriftensignatur bietet, vgl. die nach diesem Katalog zusammengestellte Handschriftenliste bei J. MONTEBAUR, Studien zur Geschichte der Bibliothek der Abtei St. Eucharius-Matthias zu Trier, Freiburg i. Br. 1931, S. 101, Nr. 512; dazu die verbessernden und ergänzenden Rezensionen von LEHMANN (Historische Vierteljahresschrift 26 [1931], S. 605–610) und REDLICH (Studien und Mitteilungen des Benediktinerordens N. F. 18 [1931], S. 448–464) sowie den Beitrag von P. BECKER, Notizen zur Bibliotheksgeschichte der Abtei St. Eucharius, in: Armaria Trevirensia. Beiträge zur Trierer Bibliotheksgeschichte, hg. von H. SCHIEL, Trier 1960, S. 39–56 (die von Becker S. 48 als vermißt bezeichnete Handschrift mit dem Computus ecclesiasticus des Helperic muß nicht mit Montebaurs Nr. 591, sondern kann auch mit Nr. 512, also mit Teil II der Handschrift Tr, identifiziert werden).

48 Der *Codex S. Mathiae Trevirensis*, von MARTÈNE-DURAND, Amplissima collectio I Sp. 70–76 als Druckvorlage für Widmungsbrief, Autoritätenkatalog, Generalpraefatio sowie Praefationes und Capitulationes der Bücher I–III des Quadripartitus herangezogen, ist identisch mit Tr, da der Widmungsbrief in beiden Handschriften dieselbe, durch eine abgeschnittene Blattecke in Tr bedingte Textlücke aufweist; vgl. auch RICHTER, Antiqua canonum collectio S. 1 mit Anm. 4. Wahrscheinlich unmittelbare Vorlage dieser Teilüberlieferung war eine vollständige Quadripartitus-Handschrift, da die Verweise im Widmungsbrief und in der Generalpraefatio auf vier folgende Bücher vorhanden sind. Ein Überlieferungsdefekt der Handschrift liegt ebenfalls nicht vor, denn der Text endet nicht auf einer Rückseite, sondern mit der letzten Zeile der b-Kolumne auf fol. 128[r].

49 Der Text endet mitten in Kap. III,10 (COLVENER, Opera Hrabani Mauri VI S. 137; MIGNE, PL 112, Sp. 1354C).

Kat.: G. KENTENICH, Beschreibendes Verzeichnis der Handschriften der Stadtbibliothek zu Trier, 10. Heft: Die philologischen Handschriften, Trier 1931, S. 11 ff.
Lit.: MARTÈNE-DURAND, Amplissima collectio I Sp. 70–76; WASSERSCHLEBEN, Reginonis libri S. XI Anm. *; G. H. PERTZ, Handschriftenverzeichnisse, in: Archiv 8 (1843), S. 599; MAASSEN, Geschichte der Quellen S. 852; J. MONTEBAUR, Studien zur Geschichte der Bibliothek der Abtei St. Eucharius-Matthias zu Trier, Freiburg i. Br. 1931, S. 101; P. BECKER, Notizen zur Bibliotheksgeschichte der Abtei St. Eucharius, in: Armaria Trevirensia. Beiträge zur Trierer Bibliotheksgeschichte, hg. von H. SCHIEL, Trier 1960, S. 39–56, ebd. S. 51; MORDEK, Kirchenrecht S. 172 Anm. 356.

V_{10} = Vatikan, Bibl. Apost. Vat., Vat. lat. 1347, saec. $IX^{med\ -3/4}$, Reims (freundliche Mitteilung von Prof. B. Bischoff)[50], zu Beginn des 11. Jahrhunderts in Süditalien (wohl Monte Cassino)[51], von 1594 an in der Vaticana[52]. V_{10} überliefert neben kürzeren dogmatischen und kirchenrechtlichen Texten die Concordia canonum des Cresconius und die Collectio Dacheriana sowie das 4. Buch des Quadripartitus.

Die Handschrift enthält im einzelnen:

foll. 1^r–63^v die – zu Beginn defekte – Concordia canonum Cresconii *(CCLX. Ut qui episcopi ... Christianos catholicos fecerint)*[53];

---

[50] Vgl. auch MORDEK, Kirchenrecht S. 172 Anm. 356, S. 263.
[51] Zu V_{10} als Vorlage von Mc s. oben Anm. 15. Möglicherweise auf Monte Cassino, zumindest jedoch auf ein süditalienisches Kloster als Aufbewahrungsort von V_{10} während des 11. Jhs. deuten die foll. 73^v–74^v eingetragenen Texte in Beneventana.
[52] Der 1613 von Aemilio FLORIO fertiggestellte 3. Band des *Inventarium librorum latinorum manuscriptorum Bibliothecae Vaticanae* beschreibt pp. 65ff. kursorisch den Inhalt der Handschrift; dieses Inventar ist die Reinschrift des 1594–1596 von den Bibliothekskustoden Rainaldi verfaßten Katalogs der damaligen Vaticana, vgl. F. EHRLE, Zur Geschichte der Katalogisierung der Vaticana, in: Historisches Jahrbuch 11 (1890), S. 718–727. Möglicherweise hat die Handschrift zur Bibliothek Antonio Agustins (1517–1586) gehört: C. BARONIO, Annales Ecclesiastici, 12 Bde., Venedig 1705–1711, ebd. Bd. 10, S. 682f. hat erstmalig den Briefwechsel zwischen Hincmar von Reims und Aeneas von Paris (s. V_{10} fol. 143^v) aus einem nicht näher beschriebenen Codex der Vaticana gedruckt. Seine Vorlage war möglicherweise V_{10}, weil das Antwortschreiben des Aeneas hier wie auch bei Baronio mit demselben Wort abbricht. Auf Agustin als Besitzer dieser Vorlage weist die Bemerkung Baronios, den Briefwechsel in *scripto codice Antonii Augustini* gefunden zu haben. In dem edierten Handschriftenkatalog der Bibliothek Agustins (vgl. dessen Opera omnia, 8 Bde., Lucca 1765–1774, ebd. Bd. 7, S. 31–161) kann V_{10} allerdings nicht identifiziert werden. Die Handschrift ist, wie Stempel der Bibliothèque Nationale foll. 1^r, 180^v beweisen, 1797 oder 1808 beschlagnahmt, 1815 jedoch von der Vaticana wieder zurückerworben worden.
[53] MIGNE, PL 88, Sp. 829B–942D. Die Sammlung ist nicht mehr vollständig vorhanden, sondern setzt mitten in der Capitulatio mit der Rubrik von Kap. 260 ein. Da in der Abschrift Mc die Sammlung vollständig überliefert ist (u. a. auch mit der metrischen Vorrede des Konzils von Nicäa in der Interpretatio Isidori), handelt es sich hier um einen Überlieferungsdefekt, der erst nach der Abschrift eingetreten ist. Als ein Zentrum der Cresconius-Überlieferung hat KOTTJE, Einheit S. 339 Oberitalien aufgewiesen, doch sind auch aus Nordostfrankreich, dem Entstehungsraum von V_{10}, sowie aus angrenzenden Gebieten Cresconius-Handschriften für das 9. und das beginnende 10. Jh. gut bezeugt, wie sich aus folgender Aufstellung ergibt:
– Oxford, Bodl. Library, Laud. Misc. 436 (SC 882) (saec. $IX^{1/3}$, Würzburg nach KOTTJE, a. a. O.)
– Vatikan, Bibl. Apost. Vat., Vat. Pal. lat. 579 (saec. $IX^{2/4}$, westdeutsch nach KOTTJE, a. a. O.)
– Paris, Bibl. Nat., lat. 3840 (saec. IX^2, östliches Frankreich nach KOTTJE, a. a. O.)
– Vatikan, Bibl. Apost. Vat., Vat. Reg. lat. 423 (saec. IX^2, Weißenburg nach MORDEK, Kirchenrecht S. 254)

foll. 63ᵛ–64ʳ	die Definitio fidei des Konzils von Chalcedon *(Incipit expositio fidei concilii Calcidonense. CL. Dominus noster et saluator ... apostolicae nostrae fidei)*⁵⁴;
fol. 64ʳ	das Symbol des Konzils von Nicäa *(Apud Nicenum. Credimus in unum deum ... catholica et apostolica ecclesia)*⁵⁵;
fol. 64ʳᵛ	das Symbol des Konzils von Konstantinopel *(Simbolum CL sanctorum patrum apud Constantinopolim. Credimus in unum deum... futuri saeculi amen)*⁵⁶;
foll. 64ᵛ–65ʳ	die Definitio fidei des Konzils von Konstantinopel *(Suffecerat quidem ad plenam ... laici fuerint anathematizari)*⁵⁷;
fol. 65ʳᵛ	*Ut si maior ad inferiorem negotium habuerit stantes uterque dent uel accipiant. Item placuit ut si quis senior ... aequalem debet habere stadium)*⁵⁸;
fol. 65ᵛ	*Ex cognitione quartae synodi titulo XVIII. Si quis episcopus cum presbitero ... in Christo unum sumus*⁵⁹;
foll. 65ᵛ–67ᵛ	der Brief Leos I. an Bischof Anastasius von Thessalonich *(Incipit epistola decretalis papae Leonis ad Anatasium (!) episcopum Tesalonicensem. Quanta fraternitati tuae ... auctores noluerit custodire)*⁶⁰;
foll. 67ᵛ–69ᵛ	den Brief des Hieronymus an Lucianus *(Incipit epistola Hieronimi ad Lucianum Buticum. Nec opinanti mihi subito ... litterarum uicissitudine sentiamus)*⁶¹;

– Paris, Bibl. Nat., lat. 3851 (saec. IX¹, Lorsch nach Bischoff [wie oben Anm. 33] S. 41, 102)
– Köln, Dombibl., Cod. 120 (Darmst. 2119) (saec. Xⁱⁿ, »wahrscheinlich aus dem heute ostfranzösischen oder gar belgischen Raum« nach Kottje, Bußbücher S. 30)
– Vatikan, Bibl. Apost. Vat., Vat. Reg. lat. 849 (saec. Xⁱⁿ, Frankreich nach Mordek, Kirchenrecht S. 263). Zudem sei verwiesen auf den »gallischen Cresconius«, überliefert in der Handschrift Paris, Bibl. Nat., lat. 4280A, saec. IX² oder X¹, Reims nach Mordek, a. a. O. S. 255. Für die Überlieferungsgeschichte der Concordia canonum Cresconii wie auch der hier folgenden zehn Texte einschließlich der *Expositio sancti Augustini* dürfte von Bedeutung sein, daß auch die Cresconius-Handschriften Oxford, Bodl. Library, Laud. Misc. 436 (s. o.) und Einsiedeln, Stiftsbibl., Cod. 196 (saec. XI nach Maassen, Geschichte der Quellen S. 807) acht von ihnen fast in derselben Abfolge tradieren; vgl. Maassen, Bibliotheca latina I,4 S. 181ff., I,6 S. 200f. Da die Oxforder Handschrift aus dem 1. Drittel des 9. Jhs. stammt, ist der Überlieferungszusammenhang der Concordia mit einer Reihe dogmatischer und kirchenrechtlicher Texte sicherlich älter als V₁₀.

54 Spicilegium Casinense complectens analecta sacra et profana e codicibus casinensibus aliarumque bibliothecarum collecta, Bd. 1, Monte Cassino 1888, S. 347; Mansi VII, Sp. 726D–727C.
55 Spicilegium (wie Anm. 54) S. 347f.; Mansi II, Sp. 666AB.
56 Spicilegium (wie oben Anm. 54) S. 348; Mansi III, Sp. 566A–C; VII, Sp. 111A–C.
57 Spicilegium (wie oben Anm. 54) S. 348f.; Mansi VII, Sp. 111C–118A.
58 Aus der Cresconius-Handschrift Einsiedeln, Stiftsbibl., Cod. 196 gedruckt bei Maassen, Bibliotheca latina I,6 S. 200f.
59 Aus derselben Handschrift gedruckt bei Maassen, a. a. O. S. 201.
60 JK 411; Migne, PL 54, Sp. 668A–677A (Handschrift überliefert nur die Kapp. 1, 2, 5, 6, 10, 11); vgl. Maassen, Geschichte der Quellen S. 259. Kap. 11 stimmt mit der edierten Überlieferung nur bis *et humilis corde* überein.
61 Migne, PL 22, Sp. 669–672. Vgl. Maassen, Geschichte der Quellen S. 354.

foll. 69ᵛ–71ᵛ	den Brief des Bischofs Mansuetus von Mailand an den Kaiser Constantinus *(Incipit epistola Mansueti episcopi ad Constantinum imperatorem. Domino serenissimo atque ... fides continet adnectere)*[62];
foll. 71ᵛ–72ᵛ	das Symbol der Mailänder Synode a. 680 *(Incipit expositio fidei. Profitemur nos credere ... cuius regni non erit finis)*[63];
fol. 72ᵛ	*Incipit expositio sancti Augustini de secreto gloriosae incarnationis domini nostri Iesu Christi. Inter cetera et ad locum ... secrete est exponendum)*[64];
foll. 72ᵛ–73ʳ	*In expositione euangelii beati Gregorii papae omelia VII. Cuius non sum dignus ... uentus elationis tollat*[65];
fol. 73ᵛ	*Quam sit necessarium ... monachi non debeant*[66];
fol. 74ʳ	*Nonnullo stulti dogmate ... tanto plus potentior*[67];
fol. 74ᵛ	den Brief Leos IX. an die Bischöfe Italiens vom Jahr 1052 *(Relatum est auribus ... gladio anathematis subiaceat)*[68];
foll. 75ʳ–76ᵛ	leer; radiert;
foll. 77ʳ–78ᵛ	ein lateinisches (z. T. auch lateinisch-althochdeutsches) Synonymenglossar, welches zu Beginn lateinische Glossen zur Regula Sancti Benedicti bietet und im folgenden den Canones apostolorum sowie kleinasiatischen und afrikanischen Konzilien zugeschrieben ist *(Alumnus – discipulus ... destinari – mittentes)*[69];
fol. 79ʳᵛ	den Titel und die ersten vier Kapitel des 4. Buches des Quadripartitus *(In nomine sanctae et indiuiduae trinitatis ... communionis gratia denegetur)*[70];
foll. 80ʳ–143ᵛ	die Collectio Dacheriana der Form B *(Incipit de utilitate paenitentiae ... greca elementa significant)*[71];

---

[62] MIGNE, PL 87, Sp. 1261C–1265B.
[63] Ed. A. HAHN, Bibliothek der Symbole und Glaubensregeln der alten Kirche, Breslau ³1897, S. 248ff.
[64] Vgl. MAASSEN, Bibliotheca latina I,4 S. 182; DERS., Geschichte der Quellen S. 349.
[65] MIGNE, PL 76, Sp. 1101B–1102B (Handschrift überliefert nur einen Teil von Kap. 3 und den Anfang von Kap. 4).
[66] Das gefälschte Privileg Gregors I. JE † 1366. Dieser wie auch die beiden folgenden Texte sind von mehreren Händen saec. XI in Beneventana geschrieben, also spätere, süditalienische Nachträge (Monte Cassino?). Da Mc diese Texte nicht bietet, sondern an dieser Stelle eine Breviatio canonum überliefert, dürfte diese Handschrift damit den ursprünglichen Textbestand von V_{10} wiedergeben.
[67] Der unidentifizierte Text verteidigt den Standpunkt, daß Mönchtum und Priestertum durchaus in einer Person vereinigt sein können; als Beispiele werden Gregor I., Augustinus von Canterbury und Martin von Braga genannt.
[68] JL 4269. Vgl. ausführlich W. HOLTZMANN, Kanonistische Ergänzungen zur Italia pontificia, Tübingen 1959, S. 146f.
[69] Spicilegium (wie oben Anm. 54) S. 349–353. Die Begriffe sind den Zwischenüberschriften zufolge zumeist den Canones apostolorum und kleinasiatischen wie auch afrikanischen Konzilien entnommen (Dionysiana?). Das Glossar ist nicht mehr vollständig vorhanden, da Mc eine längere Liste bietet. Die althochdeutschen Glossen sind nicht erfaßt bei R. BERGMANN, Verzeichnis der althochdeutschen und altsächsischen Glossenhandschriften (Arbeiten zur Frühmittelalterforschung 6), Berlin–New York 1973.
[70] RICHTER, Antiqua canonum collectio S. 3 f. Fol. 79 ist falsch eingebunden und gehört zwischen fol. 150 und 151.
[71] D'ACHERY-de LA BARRE, Spicilegium I S. 510–564. Zur Vollständigkeit der Überlieferung ist zu bemerken: Zwischen fol. 104 und 105 ist ein Blatt herausgeschnitten worden, auf dem sich die Kapp.

fol. 143ᵛ   einen Briefwechsel Hincmars von Reims mit Aeneas von Paris *(Hincmarus nomine non merito ... partibus quondam missus)*⁷²;
foll. 144ʳ–180ᵛ   Prolog, Capitulatio und Corpus (beginnend mit cap. 5) des 4. Buches des Quadripartitus sowie den Epilog des Quadripartitus *(Magnopere poposcisti ac precepisti ... bene ualere in domino)*⁷³.

Kat.: –. Handschriftliche Inventare in der Bibliotheca Vaticana: Aemilio FLORIO, Inventarium librorum latinorum manuscriptorum Bibliothecae Vaticanae, Bd. III (1613), S. 65ff.; MARTINELLI, Index Inventarii Codd. Mss. Bibliothecae Vaticanae, Pars I (1636), fol. 121ᵛ.

Lit.: BALLERINI, De antiquis collectionibus (Migne, PL 56, Sp. 301A–302A); MANSI XII, Sp. 411f.; WASSERSCHLEBEN, Beiträge S. 4; DERS., Reginonis libri S. XI Anm. *; MAASSEN, Bibliotheca latina I,1 S. 395f.; DERS., Geschichte der Quellen S. 852f.; J. MERKEL, Varia aus italienischen Bibliotheken, in: NA 1 (1876), S. 569–575, ebd. S. 570; SCHMITZ, Bussbücher I S. 718, 720, II S. 472; SELBORNE, Ancient Facts S. 230; G. LE BRAS, Notes pour servir à l'histoire des collections canoniques: IV. A propos de la Dacheriana, in: Revue historique de droit français et étranger, 4ᵉ sér., 9 (1930), S. 518–524, ebd. S. 519; MCNEILL-GAMER, Handbooks of Penance S. 448; MG Epp VIII, S. 203; C. MUNIER, Les sources patristiques du droit de l'Église du VIIIᵉ au XIIIᵉ siècle, Mulhouse 1957, S. 15; KOTTJE, Bußbücher S. 183f.; MORDEK, Dacheriana S. 577, 582, 585f., 589, 592; DERS., Kirchenrecht S. 172 Anm. 356, S. 263.

V_{11} = Vatikan, Bibl. Apost. Vat., Vat. lat. 1352, saec. XI², italienisch⁷⁴, spätestens seit 1594 in der Vaticana⁷⁵. Die Handschrift enthält den Quadripartitus sowie Exzerpte aus dem Decretum Burchardi in beträchtlichem Umfang⁷⁶.

II,93–102 befunden haben; das Blatt ist vor der Abschrift von Mc verlorengegangen, da diese Handschrift p. 180ᵇ dieselbe Textlücke aufweist. Hingegen sind die in der Edition von d'Achery-de La Barre fehlenden Kapp. II,90–94 hier fol. 120ʳᵛ überliefert. Zu den verschiedenen Formen der Dacheriana vgl. neben G. LE BRAS, Les deux formes de la Dacheriana, in: Mélanges Paul Fournier, Paris 1929, S. 395–414, vor allem MORDEK, Dacheriana S. 574–595. Die vorliegende Dacheriana-Überlieferung gehört nicht nur zu der kleinen Gruppe der Handschriften der B-Form (vgl. MORDEK, Kirchenrecht S. 261ff., 667), sondern ist auch eine der ältesten heute bekannten Handschriften dieser Gruppe neben Metz, Bibl. Munic. 236, und Paris, Bibl. Nat., lat. 7561 pp. 33–46 + lat. 4287 (vgl. DERS., a. a. O.). Daß der Einfluß der Form B – wohl der frühesten Rezeption Pseudoisidors in eine systematische Sammlung, vgl. MORDEK, Dacheriana S. 593; FUHRMANN, Einfluß II S. 425 Anm. 5 – dennoch nicht gering eingeschätzt werden darf, zeigen die Korrekturen von A nach B (vgl. MORDEK, Kirchenrecht S. 261ff.) und die Rezeption dieser Form durch Regino von Prüm (vgl. LE BRAS, a. a. O. S. 409f.).

72 MG Epp. VIII S. 203. J. MERKEL, Varia aus italienischen Bibliotheken, in: NA 1 (1876), S. 569–575, ebd. S. 570, hält die Briefe für Nachträge des 11. Jhs., was durch die Schrift widerlegt wird.

73 Bedeutsamste Eigentümlichkeit dieser Überlieferung ist eine Abirrung am Ende der Inskription des Kap. IV,380 zum Textbeginn von IV,381, vgl. RICHTER, Antiqua canonum collectio S. 43.

74 Vgl. MORDEK, Kirchenrecht S. 172 Anm. 356.

75 Der Quadripartitus-Text der Handschrift ist ebenfalls in dem Inventar des Aemilio Florio kursorisch beschrieben (s. oben Anm. 52). Es ist unwahrscheinlich, daß V_{11} schon zur päpstlichen Bibliothek der Avignoneser Zeit gehört hat, da der in die Vaticana übergegangene Teil noch 1604 im Palast zu Avignon aufgestellt war und später in den Besitz der Familie Borghese übergegangen ist, somit heute einen Teil des Fondo Borghese bildet, vgl. A. MAIER, Der letzte Katalog der päpstlichen Bibliothek von Avignon (1594) (Sussidi eruditi 4), Rom 1952, S. 7f.

76 Die Handschrift besteht aus 14 Lagen (Quaternionen, Binionen, Ternionen), von denen die ersten zwölf gezählt sind. In die 9. Lage ist ein Blatt hineingebunden worden (fol. 62), auf dem ein *Arbor*

Die Handschrift enthält im einzelnen:

fol. 1ʳ	den Widmungsbrief des Quadripartitus *(Haec pauca beatitudo ... ualere in domino)*[77];
fol. 1ʳᵛ	die Generalpraefatio des Quadripartitus *(In nomine dei summi. Incipit praefatio operis subsequentis. Ex diuersis sanctorum ... piissimusque intercessor existat. Explicit praefatio)*;
foll. 1ᵛ–4ᵛ	Capitulatio und Corpus des 1. Buches des Quadripartitus *(Incipiunt capitula libri I. ... quam tradidimus uobis. Explicit liber I)*[78];
foll. 4ᵛ–16ʳ	Praefatio, Capitulatio und Corpus des 2. Buches des Quadripartitus *(Incipit praefatio libri II. Post primum namque libellum ... animas sanare languidas. Explicit liber II)*[79];
foll. 16ʳ–52ʳ	Praefatio, Capitulatio und Corpus des 3. Buches des Quadripartitus *(Incipit praefatio libri III. De mortalibus peccatis ... simplicioribus prodesse poterunt. Explicit liber III)*[80];
foll. 52ʳ–55ᵛ	den Prolog *(Incipit prologus libri IIII. Magnopere poposcisti ac praecepisti ... libris uel institutis. Explicit prologus)* und die Capitulatio des 4. Buches des Quadripartitus;
fol. 56ʳᵛ	eine kleine Exzerptreihe aus dem 17. und 19. Buch des Decretum Burchardi mit der Überschrift *Ex penitentiali romano*; im einzelnen handelt es sich um eine Reihe von Interrogationes aus DB XIX,5, eingeleitet mit der Inskription *De libro XVIIII. qui corrector uocatur et medicus*, sowie um die Kapitel DB XVII,32, 34 unter der Überschrift *In libro XVII*[81];
foll. 57ʳ–84ʳ	das Corpus des 4. Buches des Quadripartitus *(In nomine sancte et individue trinitatis. Incipit liber IIII ... ferant et sepeliant)*[82];
fol. 84ʳ	den Epilog des Quadripartitus *(Ecce haec sunt ... mihi reddere procuretis)*;

consanguinitatis nebst Erläuterung eingetragen ist. Zum ursprünglichen Textbestand gehören wohl ebenfalls nicht die fol. 56ᵛ, 89ᵛ, 90ʳ marginal eingetragenen Texte.
77 Der fehlende Autoritätenkatalog ist nicht vermerkt bei RICHTER, Antiqua canonum collectio S. 2.
78 Wegen eines fehlenden Bifolio zwischen fol. 3 und 4 sind Kap. I,7 nur noch teilweise und die Kapp. I,8–13 nicht mehr vorhanden; vgl. SELBORNE, Ancient Facts S. 329.
79 Wegen eines verlorengegangenen Blattes zwischen fol. 6 und 7 sind die Kapp. II,3, 5 nur teilweise und das Kap. II,4 nicht mehr vorhanden. Der Hinweis von SCHMITZ, Bussbücher I S. 718, dieses Buch enthalte »zwei Kapitel weniger als Cod. 1347«, ist rätselhaft, da V₁₀ nur das 4. Buch des Quadripartitus überliefert.
80 In der Capitulatio fehlen die Rubriken der Kapp. III, 24–26.
81 Zu den ausgewählten Interrogationes, die in der Reihenfolge des Decretum Burchardi übernommen worden sind, vgl. MIGNE, PL 140, Sp. 952B–970D, zu DB XVII,32, 34 ebd. Sp. 925A–C. Unzutreffend ist die Exzerptreihe beschrieben bei SCHMITZ, Bussbücher I S. 718, II S. 385, 399.
82 Auf Kap. IV,302 (unrichtig RICHTER, Antiqua canonum collectio S. 34: IV,301) folgt ein Exzerpt aus Codex Iustinianus IIII, LXVI,2 *De emphyteutico iure* (Corpus iuris civilis, Bd. 2, rec. P. KRÜGER, Berlin ¹⁰1929, S. 191). Nach Kap. IV,335 ist die Sentenz LXVI,17 der Collectio Hibernensis eingeschoben (ed. H. WASSERSCHLEBEN, Die irische Kanonensammlung, Leipzig ²1885, S. 239). Beide Kapitel gehören nicht zum ursprünglichen Textbestand, weil sie in der Capitulatio nicht aufgeführt sind.

foll. 84ᵛ–96ᵛ   weitere Auszüge aus dem 17. und 19. Buch sowie – deutlich davon abgesetzt – Exzerpte aus dem 1., 2., 3., 5., 6., 9., 10., 12., 16., 17. und 19. Buch des Decretum Burchardi[83].

Kat.: –. Handschriftliches Inventar in der Biblioteca Vaticana: Aemilio FLORIO, Inventarium librorum latinorum manuscriptorum Bibliothecae Vaticanae, Bd. III (1613), S. 77f.
Lit.: MANSI XII, Sp. 411f.; BALLERINI, De antiquis collectionibus (Migne, PL 56, Sp. 301A–302A); WASSERSCHLEBEN, Beiträge S. 4; DERS., Reginonis libri S. XI Anm.*; MAASSEN, Bibliotheca latina I,1 S. 396; DERS., Geschichte der Quellen S. 852; SCHMITZ, Bußbücher I S. 718, II S. 385, 391, 399, 472; SELBORNE, Ancient Facts S. 230, 236, 327–331; MCNEILL-GAMER, Handbooks of Penance S. 448; C. MUNIER, Les sources patristiques du droit de l'Église du VIIIᵉ au XIIIᵉ siècle, Mulhouse 1957, S. 15; P. BROMMER, Die bischöfliche Gesetzgebung Theodulfs von Orléans, in: ZRG Kan. 60 (1974), S. 1–120, ebd. S. 114; MORDEK, Kirchenrecht S. 172 Anm. 356.

Vd = Vendôme, Bibl. Munic., Ms. 55, saec. XI[84], aus dem Kloster S. Trinité in Vendôme (Bibliotheksheimat)[85]. Die Handschrift besteht aus drei ursprünglich selbständigen Teilen[86].

---

83 Die beträchtliche Zahl der hier übernommenen Kapitel erlaubt wohl, V₁₁ auch als ein Zeugnis für die frühe Rezeption des Decretum Burchardi in Italien zu betrachten; vgl. dazu FUHRMANN, Einfluß II S. 453–456.
84 Vgl. MORDEK, Kirchenrecht S. 172 Anm. 356.
85 Der hier allein interessierende Teil II der Handschrift läßt sich im 15. Jh. in der Bibliothek von S. Trinité nachweisen, da er damals schon mit Teil III zusammengebunden gewesen ist, der wiederum einem ergänzten Besitzvermerk saec. XIII/XIV zufolge spätestens im 15. Jh. der Bibliothek angehört hat, s. folgende Anm. Die Besitzvermerke in Teil II sind späteren Datums. Fol. 1ᵛ hat eine Hand saec. XVIII den Vermerk *Veteris bibliothecae monasterii Vindocinensis*, fol. 2ʳ eine andere Hand saec. XVIII zwischen den Kolumnen den Vermerk *Monasterii Vindocinensis Congregationis Sancti Mauri* eingetragen.
86 Teil I wird gebildet von einem Quaternio, der beim Binden der heutigen Handschrift derart um die Teile II und III herumgelegt worden ist, daß die ersten vier Blätter vor Teil II und die übrigen vier nach Teil III angeordnet sind. Die erste und die letzte Seite sind mit den Buchdeckeln verklebt worden. Von den übrigen Teilen unterscheidet sich Teil I durch seinen von einer Hand saec. XIII geschriebenen und später marginal glossierten Text sowie durch sein ursprünglich größeres Blattformat. Auf dem zweiten Blatt ist von einer Hand saec. XVIII der Besitzvermerk *Congregatio sancti Mauri Monasterii Vindocinensis* eingetragen worden. – Teil II (foll. 1–55) bildete ursprünglich einen eigenen Codex, wie die unbeschriebene, stark nachgedunkelte erste und die bis auf zwei Kolophone ebenfalls unbeschriebene letzte Seite zeigen. Von den Kolophonen fol. 55ᵛ ist das ältere radiert worden (schwach erkennbar die Worte *Ego frater*); das zweite *Ego frater Gofridus scripsi* stammt sicherlich nicht von der Hand, die Teil II geschrieben hat, sondern von einer Hand saec. XII. Letzteres ist nicht aufgeführt bei BÉNÉDICTINS DU BOUVERET, Colophons de manuscrits occidentaux des origines au XVIᵉ siècle, Bd. 2, Fribourg 1967. Aufgrund der beiden Besitzvermerke (s. vorhergehende Anm.) kann Teil II erst seit dem 18. Jh. in S. Trinité nachgewiesen werden, doch kann aufgrund einer weiteren Eintragung dieser Terminus in das 15. Jh. zurückverlegt werden. Fol. 1ᵛ hat eine Hand saec. XV eingetragen: *Post huius tractatum ponitur tripartita hystoria ecclesiastica*; dieser Verweis bezieht sich eindeutig auf die in Teil III überlieferte Historia ecclesiastica tripartita Cassiodors, die folglich bereits im 15. Jh. mit Teil II zusammengebunden gewesen ist. Teil III wiederum gehörte wohl spätestens im 15. Jh. zur Bibliothek von S. Trinité, s. dazu die Ausführungen zu Teil III. – Teil III (foll. 56–84) verrät seine ursprüngliche Selbständigkeit durch das stark nachgedunkelte erste Blatt und durch die bis auf einen Besitzvermerk und zwei Gebetszeilen unbeschriebene letzte Seite.

Teil II überliefert eine Sonderform des Quadripartitus sowie eine kleine, wohl für katechetische Zwecke zusammengestellte Sammlung. Die Sonderform des Quadripartitus wird gebildet durch die Kombination des 1., 2. und 4. Buches mit dem 1. Bischofskapitular Ghärbalds von Lüttich und der Collectio 53 titulorum[87].

Teil II der Handschrift umfaßt im einzelnen:

fol. 1^{vab}	den Widmungsbrief des Quadripartitus *(Incipit praefatio huius libri. Haec pauca beatitudo ... ualere in domino)*,
fol. 1vb	den Autoritätenkatalog *(Haec sunt sanctorum ... excerptae sunt sententiae)*;
foll. 1vb–2ra	die Generalpraefatio *(Ex diuersis sanctorum ... piissimusque intercessor existat. Explicit praefatio)*[88];
foll. 2ra–6rb	Capitulatio und Corpus des 1. Buches *(Incipiunt capitula libri primi. I. De uita sacerdotum ... quam tradidimus uobis. Explicit liber primus)*;
foll. 6rb–17ra	Praefatio, Capitulatio und Corpus des 2. Buches *(Incipit praefatio libri secundi. Post primum namque libellum ... animas sanare languidas. Explicit liber secundus)*[89];
foll. 17ra–41vb	Capitulatio und Corpus des 4. Buches *(Incipiunt capitula libri III. I. De his qui cotidie ... quolibet modo compendium)*[90];
fol. 41vb	den Epilog *(Ecce haec sunt ... ualere in domino. Explicit liber tertius)*;
foll. 41vb–42rb	das 1. Bischofskapitular Ghärbalds von Lüttich *(Haec sunt capitula quae electi sacerdotes custodienda atque adimplenda mandauerint. Ut cuncti sacerdotes ... cum orationibus diligenter unguatur. Expliciunt capitula)*[91];

Überliefert sind hier Buch I und Buch II, 1–17 von Cassiodors Kirchengeschichte; der Text endet mitten in Kap. II, 17 mit *Arrii consentire noluerunt* (CSEL 71 S. 112). Die Kapiteleinteilung weicht durchgängig von der der Edition ab. Fol. 84^v hat eine Hand saec. XIII *Rainaldus dei gratia abbas* eingetragen, dem von einer Hand saec. XV das Attribut *Vindocinensis* hinzugefügt worden ist. Ein im 15. Jh. verfaßtes Obituar von S. Trinité verzeichnet zwei Äbte mit Namen Rainald, deren jeweiliges Todesjahr in das 13. Jh. fällt, vgl. Obituaires de la province de Sens Bd. 2, publ. par A. MOLINIER (Recueil des Historiens de la France), Paris 1906, S. 202 F–G. Teil III hat somit wohl schon im 13., sicherlich aber im 15. Jh. zur Bibliothek von S. Trinité gehört.

87 Vgl. LE BRAS, Manuscrit vendômois S. 266–269. S. auch oben Anm. 32.
88 Die in den Handschriften StTrV$_{11}$W überlieferte Überschrift *In nomine domini summi incipit praefatio operis subsequentis* fehlt.
89 Vd bietet als einziger der Textzeugen für das 2. Buch Rubriken zu den Kapp. II, 19–53. Die Kapp. II, 24, 25 sind in der Abfolge vertauscht.
90 Der Prolog des 4. Buches fehlt wohl wegen des darin enthaltenen Rückverweises auf drei vorhergehende Bücher und der Kennzeichnung des folgenden Textes als *liber quartus*. Die Überschrift des 4. Buches *(In nomine sanctae ... breviterque excerptus:* RICHTER, Antiqua canonum collectio S. 3) fehlt ebenfalls. Die Kapp. IV, 212, 213 sind in der Abfolge vertauscht, die Kapp. IV, 320–322, 382 fehlen im Corpus. S. auch unten S. 39 f.
91 Ed. MG Cap. I S. 106 f. ohne Berücksichtigung dieser Überlieferung. Die 17. Sentenz fehlt hier ebenso wie in O, doch gehen diese beiden Überlieferungen auf verschiedene Traditionszweige zurück, s. oben Anm. 32.

foll. 42rb–51vb Capitulatio und Corpus der Collectio 53 titulorum *(Item alia capitula. I. De excommunicatis ... apud ipsum iudicetur)*[92];

foll. 51vb–54vb eine Reihe von Texten zum Thema *De officio baptismi*[93].

Kat.: Catalogue général des manuscrits des bibliothèques publiques de France. Départements 3, Paris 1885, S. 412f.

Lit.: LE BRAS, Manuscrit vendômois S. 266–269; FOURNIER-LE BRAS, Histoire I S. 317 Anm. 1; MORDEK, Kirchenrecht S. 172ff.

W = Wien, Österreich. Nationalbibl., Cod. lat. 1286 (Theol. 387), saec. XII[1], Österreich[94], spätestens seit 1576 in der Hofbibliothek[95]. Die Handschrift enthält allein den Quadripartitus[96].

---

92 Vgl. MORDEK, Kirchenrecht S. 172ff.; KOTTJE, Bußbücher S. 61; DERS., Kirchenrechtliche Interessen S. 36. Auf die Entstehung der Sammlung in Nordfrankreich deuten zum einen der Entstehungsort der ältesten heute bekannten Überlieferung München, Bayer. Staatsbibl., Clm 14508 (saec. IX$^{3/4}$ nach MORDEK, Kirchenrecht S. 172) und zum anderen die Benutzung der nordfranzösischen Version der Vetus Gallica, vgl. MORDEK, a. a. O. S. 174. Clm 14508 überliefert wie Vd das 1. Bischofskapitular Ghärbalds; beide Handschriften bieten in den Inskriptionen der Vetus-Gallica-Übernahmen keine Zahlen.

93 Die Textreihe folgt ohne Überschrift auf die Collectio 53 titulorum, gehört jedoch nicht zu dem vorhergehenden Textkomplex, weil sich fol. 51^v zum letzten Mal der Vermerk *Liber IIII* auf dem oberen Blattrand findet. Sie enthält u. a. fol. 52rb die Oratio *Omnipotens sempiterne deus* (vgl. L. C. MOHLBERG [ed.], Liber sacramentorum romanae aecclesiae ordinis anni circuli, in Verb. mit L. Eizenhöfer und P. Siffrin [Rerum Ecclesiasticarum Documenta, Fontes IV], Rom 1960, S. 42f.), durchsetzt mit Erläuterungen in der Art der Ethymologiae Isidors. Es folgen ein gleichfalls mit Erläuterungen versehener *Exorcismus salis*, zwei Symbola und schließlich ein sicherlich in karolingischer Zeit entstandenes Florilegium, das aus Kirchenväter-, Papstbrief- und Konzilszitaten besteht (Überschrift *De baptismi officio ... fidem eiusque mysteriis*, das Corpus *De catecuminis Isidorus ... in regnum dei*). Das Florilegium dürfte eine Form einer auch in anderen Handschriften überlieferten Zitatsammlung über den Symbolgehalt der Taufzeremonie darstellen, vgl. A. WILMART, Un florilège carolingien sur le symbolisme des cérémonies du baptême, avec un appendice sur la lettre de Jean Diacre, in: Analecta Reginensia. Extraits des manuscrits latins de la reine Christine conservés au Vatican (Studi e testi 59), Città del Vaticano 1933, S. 153–179.

94 Laut freundlicher brieflicher Mitteilung von Univ. Prof. Dr. Mazal, Österreichische Nationalbibliothek, vom 14. 9. 1977 erlauben es die Initialen foll. 11^r, 51^r, 84^r, die Handschrift als »eine österreichische Arbeit der 1. Hälfte des 12. Jahrhunderts« zu bezeichnen. Eine Eintragung auf der Rückseite des Vorsatzblattes (Besitzvermerk?) sei bis zur Unleserlichkeit radiert worden. Vgl. auch MORDEK, Kirchenrecht S. 172 Anm. 356.

95 Die Handschrift ist bereits im ältesten Handschriftenverzeichnis der Wiener Hofbibliothek, dem Katalog von Hugo Blotius aus dem Jahr 1576, mit der Signatur N 4107 verzeichnet, vgl. H. MENHARDT, Das älteste Handschriftenverzeichnis der Wiener Hofbibliothek von Hugo Blotius 1576. Kritische Ausgabe der Handschrift Series nova 4451 vom Jahre 1597 mit vier Anhängen (Österreichische Akademie der Wissenschaften, Phil.-hist. Kl., Denkschriften, Bd. 76), Wien 1957, S. 95. Die Signatur N 328 fol. 1^r stammt von Sebastian Tengnagel, dem Nachfolger von Blotius.

96 Die Handschrift besteht aus 15 Quaternionen; von diesen ist der 12. Quaternio nicht mehr vollständig, da zwischen fol. 94 und 95 ein Blatt herausgeschnitten worden ist. Von einer Hand saec. XV stammen u. a. Inhaltsangaben auf der Rückseite des Vorsatzblattes, Marginalia und Tituli zum Quadripartitus-Text. Ebenfalls jüngeren Datums (saec. XIV–XV) ist der Titel auf der Rückseite des Vorsatzblattes *Sequitur in libro de vita sacerdotum et clericorum qualis sit igitur*.

Die Handschrift bietet im einzelnen:

fol. 1ʳ	den Widmungsbrief *([H]ec pauca beatitudo uestra ... ualere in domino)*;
fol. 1ᵛ	den Autoritätenkatalog *(Haec sunt sanctorum ... excerptae sunt sententiae)*;
foll. 1ᵛ–2ʳ	die Generalpraefatio *(In nomine dei sanctorum. Incipit prefacio operis subsequentis. Ex diuersis sanctorum ... piissimusque intercessor exsistat. Explicit prefacio)*;
foll. 2ʳ–9ᵛ	Capitulatio und Corpus des 1. Buches *(Incipiunt capitula libri I. De uita sacerdotum ... quam tradidimus uobis. Explicit liber primus)*;
foll. 9ᵛ–27ʳ	Praefatio, Capitulatio und Corpus des 2. Buches *(Incipit prefatio libri secundi. Post primum namque libellum ... animas sanare languidas. Explicit liber secundus)*;
foll. 27ʳ–78ᵛ	Praefatio, Capitulatio und Corpus des 3. Buches *(Incipit prefacio libri tercii. De mortalibus peccatis ... simplicioribus prodesse potuerunt. Explicit liber tertius)*;
foll. 78ᵛ–119ᵛ	Prolog, Capitulatio und Corpus des 4. Buches *(Incipit prologus. Magno opere ac precepisti ... ferant et sepeliant)*[97];
fol. 119ᵛ	den Epilog *(Ecce haec sunt ... semper ualere in Domino)*.

Kat.: M. DENIS, Codices manuscripti theologici Bibliothecae Palatinae Vindobonensis, Bd. 1, Wien 1795, Sp. 1179–1183; Tabulae codicum manu scriptorum praeter graecos et orientales in Bibliotheca Palatina Vindobonensi asservatorum, Bd. 1, Wien 1864, S. 213.
Lit.: MAASSEN, Geschichte der Quellen S. 852; MORDEK, Kirchenrecht S. 172 Anm. 356; KOTTJE, Antwerpener Handschrift S. 67 Anm. 14.

2. Die bisherigen Teildrucke

Eine Edition des Quadripartitus plante bereits Pietro Ballerini im Jahr 1757, als er, beschäftigt mit den Vorarbeiten für die Edition der Werke Leos des Großen, in der Vatikanischen Bibliothek auf die beiden heute noch dort aufbewahrten Quadripartitus-Handschriften gestoßen war und festgestellt hatte, daß Regino von Prüm das 4. Buch der Sammlung für sein Sendhandbuch ausgeschrieben hatte[98]. Von der Bedeutung des Quadripartitus für die Rezeptionsgeschichte des vorgratianischen Kirchenrechts überzeugt, erschien Pietro Ballerini die

---

97 Wegen eines fehlenden Blattes (s. vorhergehende Anm.) sind die Kapp. IV,113–128 nicht mehr und das Kap. IV,129 nur noch teilweise vorhanden.
98 *Illud porro maxime animadvertendum est Reginonem usum fuisse quarto libro huius operis; plurimos enim canones eodem saepe ordine ac iisdem titulis ex ipso manifestissime exscripsit* (BALLERINI, De antiquis collectionibus [MIGNE, PL 56, Sp. 301 D–302 A]). Zum Anteil Pietros an der wissenschaftlichen Arbeit der beiden Brüder vgl. MAASSEN, Geschichte der Quellen S. LXIV.

Edition dieser Sammlung nützlicher noch als die Regino-Ausgabe von Etienne Baluze; doch ist seine *editio fere parata* niemals erschienen[99].

Die Edition des 4. Buches des Quadripartitus, die Emil Ludwig Richter im Jahr 1844 auf der Grundlage zweier Handschriften veranstaltet hat, ist der Forschung allgemein bekannt[100]. Weniger bekannt ist hingegen, daß auch das 3. Buch und ein kleiner Teil des 2. Buches in Drucken vorliegen, die beträchtlich älter sind als die Edition Richters[101]. Darüber hinaus sind aus verschiedenen Handschriften mehrfach der Widmungsbrief, der Autoritätenkatalog, die Praefationes und Capitulationes der einzelnen Bücher gedruckt worden. Die folgende Tabelle bietet einen Überblick über die Teile der Sammlung, die bereits in einem oder mehreren Drucken vorliegen.

Textteil des Quadripartitus	*Edition*
1. Widmungsbrief	MARTÈNE-DURAND, Amplissima collectio I, Sp. 70 f.; RICHTER, Antiqua canonum collectio S. 2; MAASSEN, Geschichte der Quellen S. 853 Anm. 2 (nur die beiden letzten Sätze); SELBORNE, Ancient Facts S. 327.
2. Autoritätenkatalog	MARTÈNE-DURAND, Amplissima collectio I, Sp. 71; RICHTER, Antiqua canonum collectio S. 2; MAASSEN, Geschichte der Quellen S. 855.
3. Generalpraefatio	MARTÈNE-DURAND, Amplissima collectio I, Sp. 71 f.; WASSERSCHLEBEN, Beiträge S. 4; MAASSEN, Geschichte der Quellen S. 853 f. (ohne die beiden letzten Sätze); SELBORNE, Ancient Facts S. 327 f.
4. Capitulatio des 1. Buches	MARTÈNE-DURAND, Amplissima collectio I, Sp. 72; SELBORNE, Ancient Facts S. 328.
5. Corpus des 1. Buches	–
6. Praefatio des 2. Buches	MARTÈNE-DURAND, Amplissima collectio I, Sp. 72 f.; RICHTER, Antiqua canonum collectio S. 3; SELBORNE, Ancient Facts S. 329;
7. Capitulatio des 2. Buches	MARTÈNE-DURAND, Amplissima collectio I, Sp. 73 (ohne die Rubriken der Kapp. 19–53).
8. Corpus des 2. Buches	SPELMAN, Concilia I S. 276 ff. (Nur die Kapp. II,17–52; Nachdrucke: MANSI XII, Sp. 459–482; MIGNE, PL 89, Sp. 431B–436A). SELBORNE, Ancient Facts S. 329 f. (nur Kap. II,1, als »Preamble« des. 2. Buches bezeichnet).

---

99 *Perutilis fuit diligentissima Reginonis editio, quam curavit Stephanus Baluzius; quippe ex hac maxime illustrantur collectiones Burchardi et Ivonis, qui ex Reginone ebiberunt. Quanto autem magis utilis futura erit editio laudati operis, ex quo Regino quamplurima derivavit? Hanc vero editionem fere paratam, si deus concesserit, aliquando daturi sumus* (BALLERINI, De antiquis collectionibus [MIGNE, PL 56, Sp. 302 A]).
100 RICHTER, Antiqua canonum collectio S. 3–43. Vgl. zuletzt LANDAU-FOWLER, Forschungsprogramm S. 92; KOTTJE, Bußbücher S. 183.
101 Vgl. BATESON, Latin Penitential S. 321; FOURNIER, Collections canoniques S. 670 Anm. 3; DERS., Un groupe S. 388 Anm. 3; LE BRAS, Manuscrit vendômois S. 267 Anm. 10; AUTENRIETH (wie oben Anm. 44), S. 220.

9. Praefatio des 3. Buches	COLVENER, Opera Hrabani Mauri VI S. 130 (Nachdruck: MIGNE, PL 112, Sp. 1337B; MARTÈNE-DURAND, Amplissima collectio I Sp. 74; RICHTER, Antiqua canonum collectio S. 3; SELBORNE, Ancient Facts S. 330.
10. Capitulatio des 3. Buches	COLVENER, Opera Hrabani Mauri VI S. 130f.; MARTÈNE-DURAND, Amplissima collectio I, Sp. 74ff.
11. Corpus des 3. Buches	COLVENER, Opera Hrabani Mauri VI S. 131–155 (Nachdruck: MIGNE, PL 112, Sp. 1337C–1398C).
12. Prolog des 4. Buches	THEINER, Disquisitiones criticae S. 334 Anm. 3; WASSERSCHLEBEN, Beiträge S. 4f.; SELBORNE, Ancient Facts S. 330f.
13. Capitulatio des 4. Buches	–
14. Corpus des 4. Buches	RICHTER, Antiqua canonum collectio S. 3–43.
15. Epilog	THEINER, Disquisitiones criticae S. 334 Anm. 3; WASSERSCHLEBEN, Beiträge S. 5; RICHTER, Antiqua canonum collectio S. 43; SELBORNE, Ancient Facts S. 331.

Wann und in welchem Zusammenhang die Drucke erschienen und von wem sie veranstaltet worden sind, muß nicht näher ausgeführt werden, da keiner von ihnen aus der Absicht heraus entstanden ist, das Werk selbst in seiner Gesamtheit vorzustellen oder auch nur auszugsweise zu würdigen; was am Quadripartitus interessierte, war die Annahme, daß er von einem berühmten Verfasser (Hrabanus Maurus, Egbert von York, Halitgar von Cambrai) stamme, oder aber der Umstand, daß er dem bekannten Sendhandbuch Reginos von Prüm als Vorlage gedient hatte[102].

Sieben der acht Editoren nennen die Handschrift, der sie ihren Text entnommen haben; da diese Handschriften sich alle in Bibliotheken erhalten haben, sind die von Spelman, Martène-Durand, Theiner, Wasserschleben, Richter, Maassen und Selborne veranstalteten Drucke textkritisch bedeutungslos[103]. Eine Ausnahme bildet allein der Colvener-Druck des 3. Buches.

In Band VI der von ihm herausgegebenen ›Hrabani Mauri opera omnia‹ hat Georg Colvener unter anderem auch das 3. Buch des Quadripartitus abgedruckt; dieses hat offenbar die nicht genannte handschriftliche Vorlage vollständig überliefert, denn der Colvener-Druck umfaßt die Praefatio, die Capitulatio sowie das 84 Kapitel zählende Corpus[104]. Allerdings hat die von Colvener benutzte Handschrift das 3. Buch nicht in Einzelüberlieferung geboten, sondern als *liber tertius* eines Drei-Bücher-Werkes, dessen Bücher I und II mit dem 1. und 2. Buch des Paenitentiale Halitgarii identisch sind; auch die Praefatio dieses Werkes ist fast vollständig der

---

102 Vgl. COLVENER, Opera Hrabani Mauri VI S. 125, 130; SPELMAN, Concilia I S. 276; SELBORNE, Ancient Facts S. 235; MARTÈNE-DURAND, Amplissima collectio I Sp. 69; RICHTER, Antiqua canonum collectio S. 1. S. auch unten S. 71f.
103 SPELMAN, Concilia I S. 278 (*Manuscriptum Oxoniense* = O); MARTÈNE-DURAND, Amplissima collectio I Sp. 70 (*Manuscriptum Trevirense S. Mathie monasterii* = Tr); THEINER, Disquisitiones criticae S. 334 mit falscher Signatur der Handschrift Mc; WASSERSCHLEBEN, Beiträge S. 3f. (Vorlage war offenbar nicht V_{10}, sondern V_{11}); RICHTER, Antiqua canonum collectio S. 2 (V_{10}, V_{11}); MAASSEN, Geschichte der Quellen S. 853ff. (W); SELBORNE, Ancient Facts S. 327–331 (O, V_{11}).
104 Vgl. COLVENER, Opera Hrabani Mauri VI S. 130–155.

Praefatio des Halitgarschen Bußbuches entnommen[105]. Diesen Überlieferungszusammenhang der ersten beiden Bücher Halitgars mit dem 3. Buch des Quadripartitus tradiert keine der heute bekannten Handschriften der Sammlung; es sind lediglich zwei Handschriften bekannt, welche mit der handschriftlichen Vorlage Colveners offenbar eng verwandt sind[106]. Zwar unterscheiden sich diese Handschriften von dem Druck Colveners dadurch, daß sie nur die ersten beiden Bücher Halitgars, nicht jedoch das 3. Buch des Quadripartitus überliefern, doch kann daraus nicht geschlossen werden, Colvener selbst habe das Drei-Bücher-Werk kompiliert, indem er an die beiden Bücher des Paenitentiale Halitgari das 3. Buch aus einer anderen, möglicherweise heute bekannten Handschrift angefügt habe[107]. Der Colvener-Druck des 3. Buches muß folglich als Zeuge in die textkritische Untersuchung der Quadripartitus-Überlieferung einbezogen werden[108].

Die Edition Colveners ist zwar als einziger der Teildrucke des Quadripartitus textkritisch von Bedeutung, doch wird, solange eine kritische Gesamtedition noch nicht vorliegt, der Druck des 4. Buches von Richter für die Forschung von größerem Interesse sein, weil dieses Buch vorzugsweise rezipiert worden ist und aufgrund seiner Rezeption durch Regino von Prüm mit mehr als einem Viertel seiner Kapitel in die vor dem Decretum Gratiani entstandenen kirchenrechtlichen Sammlungen eingegangen ist[109]. Es sollte allerdings beachtet werden, daß Richter lediglich ihm von Wasserschleben überlassene Abschriften der beiden vatikanischen Codices hat zum Druck befördern und mit Anmerkungen versehen können, was der Vorlagentreue der Edition sehr abträglich gewesen ist[110].

3. Der ursprüngliche Textumfang

Zwischen den ersten drei Büchern und dem 4. Buch des Quadripartitus hatte seinerzeit Wasserschleben »nur einen rein äußerlichen Zusammenhang« gesehen, und letzteres war in seinen Augen wohl derart offensichtlich »eine für sich bestehende Sammlung«, daß er auf Argumente zur Begründung seiner Ansicht verzichtet hat[111]. Maassen hingegen sah wie zuvor schon die Ballerini im Quadripartitus die Erstform der Sammlung, während jüngst Mordek

---

105 Vgl. COLVENER, a. a. O. S. 125–155. Nur die ersten beiden Sätze sind offenbar vom Kompilator des Drei-Bücher-Werkes formuliert worden; ansonsten stimmt die Praefatio wörtlich mit den entsprechenden Passagen Halitgars überein (MIGNE, PL 105, Sp. 633C–634C). Vgl. ausführlich KOTTJE, Bußbücher S. 90ff.
106 Vgl. KOTTJE, Bußbücher S. 91f., 102 mit Hinweis auf Wolfenbüttel, 656 Helmst. und Wien, Österreich. Nationalbibl. 956.
107 Im Titel des Colvenerschen Werkes ist von drei Büchern die Rede (*Hrabani Mauri de vitiis ... sive de poenitentiis libri tres*); da Colvener eigene Kommentare und Konjekturen am Rande vermerkt, dürfte der im Textspiegel gedruckte Titel wohl aus der handschriftlichen Vorlage übernommen worden sein. Das Drei-Bücher-Werk ist somit keine Kompilation Colveners.
108 Der Nachdruck des 3. Buches bei MIGNE, PL 112, Sp. 1335C–1398C ist erwartungsgemäß nicht vorlagengetreu und deshalb Colveners Druck unterlegen.
109 S. unten S. 71f. Zur Rezeption des Reginoschen Werkes vgl. die Tabula synoptica bei WASSERSCHLEBEN, Reginonis libri S. 497–512.
110 Vgl. RICHTER, Antiqua canonum collectio S. 1f.
111 Vgl. WASSERSCHLEBEN, Beiträge S. 4, 6.

unter Hinweis auf Inhalt, Form und Einzelüberlieferung des 4. Buches erneut dessen gesonderte Entstehung erwogen hat[112].

Die Frage nach dem ursprünglichen Umfang des Quadripartitus darf allerdings nicht auf eine Alternative beschränkt werden: Nicht zwei, sondern sechs Überlieferungsformen der Sammlung sind bisher bekannt. Den eingangs nach Umfang, Aufbau und Inhalt beschriebenen Quadripartitus überliefern nur vier der neun heute bekannten Handschriften, vier weitere eines oder mehrere Bücher der beschriebenen Form in Verbindung mit anderen Sammlungen, während eine Handschrift allein das 4. Buch tradiert. Nur eine dieser Überlieferungsformen kann die Erstform der Sammlung darstellen, die übrigen hingegen müssen, sofern sie auf diese zurückgehen, als Sekundärformen des Quadripartitus bezeichnet werden. Ein weiterer Untersuchungsschritt schließlich muß der Frage gelten, ob die Erstform der heute bekannten Quadripartitus-Überlieferung mit der originalen Form der Sammlung gleichgesetzt werden darf.

Codex O tradiert eine Überlieferungsform des Paenitentiale Ps.-Egberti und die letzten drei Bücher des Quadripartitus; dieser Teil ist von der Capitulatio des 2. Buches an in Umfang, Abfolge und Formulierung mit den entsprechenden Teilen der Vier-Bücher-Sammlung identisch. Da die Capitulatio des Paenitentiale Ps.-Egberti mit den Worten *Expliciunt capitula libri primi* endet und die folgenden Bücher mit *secundus*, *tertius* und *quartus* bezeichnet sind, ist dieser »Quadripartitus« sicherlich nicht zufällig entstanden. Allerdings ist diese Form textgeschichtlich jünger als der Quadripartitus, wie aus mehreren Indizien hervorgeht. Zum einen findet ein Rückverweis auf ein Vorwort in der Praefatio des 3. Buches keine Entsprechung im Prolog des Paenitentiale, wie umgekehrt dieser Prolog keinen Hinweis auf vier folgende Bücher enthält[113]; zum anderen unterscheidet sich der Quellenfundus des Paenitentiale deutlich von dem des Quadripartitus[114]. Die Überlieferungsform des Codex O ist folglich aus dem Quadripartitus hergestellt worden, indem ein Kompilator dessen 1. Buch durch das Paenitentiale Ps.-Egberti ersetzt hat. So erklärt sich auch zwanglos das Fehlen der Praefatio vor dem 2. Buch, die selbstverständlich nicht mitübernommen werden konnte, weil sie präzise die Themen des vorausgehenden 1. Buches des Quadripartitus beschreibt[115].

Eine weitere, im Codex Vd überlieferte »Collectio quadripertita« besteht aus drei Büchern, die mit dem 1., 2. und 4. Buch des Quadripartitus fast völlig identisch sind, und der Collectio 53 titulorum als 4. Buch. Nach dem textgeschichtlichen Verhältnis dieser Überlieferungsform zum Quadripartitus hat der Entdecker der Handschrift, Gabriel Le Bras, nicht gefragt; erstere war in seinen Augen unzweifelhaft eine »combinaison anormale«[116]. Dieser Sachverhalt ist jedoch nicht selbstverständlich, denn die ersten drei Bücher der Überlieferungsform des Codex Vd entsprechen zwar den Büchern I, II und IV des Quadripartitus weitgehend, doch zeigen gerade bestimmte Unterschiede, daß auch diese Form mit Überlegung angefertigt worden ist. So fehlt

---

112 Vgl. BALLERINI, De antiquis collectionibus (MIGNE, PL 56, Sp. 301 AB); MAASSEN, Geschichte der Quellen S. 852f.; MORDEK, Kirchenrecht S. 172 Anm. 356.
113 Vgl. die Bemerkung *De mortalibus peccatis ... inchoat libellus* (RICHTER, Antiqua canonum collectio S. 3) mit dem jüngsten Abdruck des Prologs bei SCHMITZ, Bussbücher II S. 661ff.
114 Vgl. zu den Quellen des Paenitentiale WASSERSCHLEBEN, Bußordnungen S. 41; SCHMITZ, Bussbücher I S. 568f. Zu den Vorlagen des Quadripartitus s. unten S. 56–64.
115 Vgl. die Bemerkung *Post primum namque libellum ... excerptus* (RICHTER, Antiqua canonum collectio S. 3).
116 Vgl. LE BRAS, Manuscrit vendômois S. 267.

in der Generalpraefatio dieser Form der Satz, der ansonsten das 3. Buch des Quadripartitus charakterisiert, und der folgende, den Inhalt des 4. Buches umschreibende Satz wird mit *Liber tertius* statt *Liber quartus* eingeleitet. Dem entsprechend wird das 3. Buch dieser Form, das mit dem 4. Buch des Quadripartitus identisch ist, in seinen *Incipit-* und *Explicit-*Vermerken als *Liber tertius* bezeichnet. Da zudem dieses 3. Buch kein Vorwort besitzt, ist ein möglicherweise verräterischer Hinweis auf die Zahl der vorhergehenden Bücher, wie ihn der Prolog des 4. Buches des Quadripartitus enthält, hier nicht vorhanden. Schließlich treffen die Hinweise auf vier folgende Bücher im Widmungsbrief *(quadriformis coronula)* und zu Beginn des Generalpraefatio *(quatuor... libelli)* für die Form des Codex Vd ebenso zu wie für den Quadripartitus[117].

Eine Reihe von Eigentümlichkeiten erlauben jedoch in ihrer Gesamtheit nur den Schluß, daß auch diese Form unter Benutzung des Quadripartitus kompiliert worden ist. So wird in der Generalpraefatio zwar auf vier folgende Bücher verwiesen, hingegen nur der Inhalt der ersten drei Bücher beschrieben; weiterhin sind nur die ersten beiden Bücher mit Vorworten versehen, und das 4. Buch, die Collectio 53 titulorum, ist weder in der Überschrift noch mit einem *Incipit-* oder *Explicit-*Vermerk als *Liber quartus* gekennzeichnet. Schließlich unterscheiden sich die gleichermaßen in der Art kirchenrechtlicher Sammlungen gestalteten letzten beiden Bücher der vorliegenden Überlieferungsform, das dem 4. Buch des Quadripartitus entsprechende 3. Buch und das mit der Collectio 53 titulorum identische 4. Buch, deutlich in ihrer Inskriptionsart und in ihren Vorlagen: Statt des *concilium* des 3. Buches schreibt die Collectio 53 titulorum von Tit. XIII an regelmäßig *canon* und leitet ihre Dekretalenexzerpte sehr häufig nicht mit dem üblichen *Ex epistola*, sondern nur mit dem Papstnamen im Genitiv ein; Dionysio-Hadriana und Vetus Gallica als Vorlagen der 53-Titel-Sammlung sind im 3. Buch nicht rezipiert, wie umgekehrt die Collectio Dacheriana als dessen Hauptvorlage mit keinem einzigen Kanon in die Collectio 53 titulorum eingegangen ist[118]. Die genannten Eigentümlichkeiten und Unterschiede lassen sich nur dann erklären, wenn man als Urheber der Überlieferungsform des Codex Vd einen Kompilator annimmt, der mit geringem Aufwand den Quadripartitus modifizieren wollte: Lediglich der Hinweis auf das 3. Buch in der Generalpraefatio, dieses Buch selbst und der Prolog des 4. Buches mit seinem Hinweis auf die ursprüngliche Zahl der Bücher mußten ausgelassen, die *Incipit-* und *Explicit-*Vermerke des 4. Buches mußten geändert, und anschließend mußte die 53-Titel-Sammlung samt dem 1. Bischofskapitular Ghärbalds von Lüttich hinzugefügt werden. Le Bras' Ansicht über die »combinaison anormale« des Codex Vd gibt den Sachverhalt korrekt wieder.

In der Handschrift V_{10} und ihrer Abschrift Mc folgt das 4. Buch des Quadripartitus einschließlich Prolog, Capitulatio und Epilog auf die drei Bücher der B-Version der Collectio Dacheriana. Das Vorwort des 4. Buches ist, von untergeordneten Varianten abgesehen, identisch mit dem entsprechenden *Prologus libri quarti* des Quadripartitus. In diesem Vorwort wird auf drei vorhergehende Bücher hingewiesen. Nun gehen zwar die drei Bücher der Dacheriana voraus, doch werden in der Praefatio dieser Sammlung nur drei folgende Bücher

---

117 Vgl. zum Widmungsbrief RICHTER, Antiqua canonum collectio S. 2, zur Generalpraefatio WASSERSCHLEBEN, Beiträge S. 4.
118 Zu den Vorlagen der Collectio 53 titulorum vgl. MORDEK, Kirchenrecht S. 172 ff., zur Collectio Dacheriana als Hauptvorlage des Quadripartitus s. unten S. 61 f.

erwähnt und deren Themen erläutert[119]. Außerdem ist die Dacheriana bereits zu Beginn des 9. Jahrhunderts handschriftlich bezeugt, während das 4. Buch des Quadripartitus wegen seiner Abhängigkeit vom Bußbuch Halitgars nicht vor dessen Pontifikat (817–831) verfaßt worden sein kann[120]. Schließlich unterscheiden sich Dacheriana und 4. Buch dadurch, daß erstere aus der Dionysio-Hadriana und der Hispana, letzteres hingegen aus der Dacheriana und einer Reihe weiterer Sammlungen kompiliert worden ist[121]. Damit steht fest, daß das vorliegende Vier-Bücher-Werk nicht aus einer einzigen Feder stammt, also das 4. Buch von einem anderen als dem Autor der Dacheriana kompiliert worden sein muß. Es verbleiben drei Erklärungsmöglichkeiten für die Entstehung des »Quadripartitus« der Handschriften V_{10}Mc: 1. Das 4. Buch ist als Ergänzung zur Dacheriana zusammengestellt und später vom Verfasser des Quadripartitus dessen drei Büchern hinzugefügt worden. 2. Das 4. Buch ist als eigenständige Sammlung verfaßt und sowohl mit der Dacheriana als auch mit den ersten drei Büchern des Quadripartitus kombiniert worden. 3. Das 4. Buch ist zusammen mit den ersten drei Bänden des Quadripartitus abgefaßt und später der Dacheriana hinzugefügt worden.

Die Annahme, das 4. Buch sei als eine Appendix zur Dacheriana verfaßt worden, würde die Unterschiede im Quellenfundus, den fehlenden Hinweis in der Praefatio der Dacheriana und auch die spätere Entstehung erklären; sie würde jedoch nicht den letzten Satz des *Prologus libri quarti* erklären, der auf zwei Dinge deutlich hinweist: Zum einen sei der Inhalt des 4. Buches bereits einmal vorgestellt und zum anderen sei das folgende Buch wie auch die vorhergehenden aus bestimmten Texten zusammengestellt worden[122]. Da Prolog und Epilog von demjenigen formuliert worden sein müßten, der das 4. Buch der Dacheriana hinzugefügt hat, der Prolog aber eindeutig nicht auf die Dacheriana abgestimmt und im übrigen auch die Praefatio dieser Sammlung nicht entsprechend modifiziert worden ist, kann das 4. Buch nicht als Dacheriana-Appendix entstanden sein[123].

Die zweite Hypothese, das 4. Buch sei als eigenständige Sammlung verfaßt und später der Dacheriana wie auch den ersten drei Büchern des Quadripartitus hinzugefügt worden, setzt zwingend voraus, daß dieses Buch zuerst von einem anderen als seinem Autor mit der Dacheriana verbunden, dann von einem Dritten aus dieser Verbindung gelöst und in den Quadripartitus eingegliedert worden ist; nur auf diese Weise kann erklärt werden, warum das 4. Buch in beiden Überlieferungsformen mit demselben Prolog und Epilog versehen ist.

---

119 Vgl. d'ACHERY-de LA BARRE, Spicilegium I S. 512. Zur Sonderüberlieferung der Praefatio vgl. MORDEK, Kirchenrecht S. 260.
120 Zur Datierung der Dacheriana vgl. MORDEK, a. a. O. S. 259, zur Abhängigkeit des Quadripartitus vom Bußbuch Halitgars s. unten S. 62 ff.
121 Zu den Vorlagen der Dacheriana vgl. MORDEK, a. a. O., zu den Vorlagen des Quadripartitus s. unten S. 54–64, 66.
122 *Iste etenim libellus huius opusculi quartus constat esse, studio brevitatis, ut iam dictum est, excerptus de diversis peccatis ac criminibus eorumque iudiciis ac satisfactionibus ex sacrorum canonum orthodoxorumque patrum libris vel institutis* (WASSERSCHLEBEN, Beiträge S. 5).
123 Dies gilt nicht nur für die Dacheriana der ursprünglichen Form A, sondern auch für die Form B: Dem erwägenswerten Gedanken, der mit Hilfe Pseudoisidors verfälschende Überarbeiter der Dacheriana A könnte auch das 4. Buch verfaßt und hinzugefügt haben, steht die Tatsache entgegen, daß die der Dacheriana entnommenen Kapitel des 4. Buches aus einer Handschrift der Form A stammen, s. unten S. 61. Der Überarbeiter hätte sich in unglaublicher Weise inkonsequent verhalten, wenn er die Dacheriana verfälscht und gleichzeitig eine unverfälschte Appendix hinzugefügt hätte.

Folglich müßte der Verfasser des Quadripartitus das 4. Buch aus einer Handschrift der Überlieferungsform von V_{10}Mc übernommen haben mit dem Ergebnis, daß er kein Wort hätte ändern müssen, um diesen Teil seinem Werk einzufügen; hingegen hätte sich der Kompilator, der das 4. Buch durch Formulierung von Prolog und Epilog mit der Dacheriana kombiniert haben könnte, dieselbe Unstimmigkeit zuschulden kommen lassen wie der hypothetische Verfasser einer Dacheriana-Appendix. Damit verbleibt nur die Möglichkeit, daß das 4. Buch in der Überlieferungsform der Handschriften V_{10}Mc samt Prolog und Epilog dem Quadripartitus entnommen worden ist und somit ebenfalls einer Sekundärform dieser Sammlung angehört.

Die Handschrift An überliefert, wie auch die Handschriften V_{10}Mc, das 4. Buch des Quadripartitus, allerdings ohne Verbindung mit einer anderen in Bücher eingeteilten Sammlung. Der mitüberlieferte Prolog mit seinem hier unsinnigen Verweis auf drei vorhergehende Bücher beweist die Herkunft aus dem Quadripartitus.

Die Überlieferung des 3. Buches des Quadripartitus im Zusammenhang eines angeblich von Hrabanus Maurus verfaßten Drei-Bücher-Werkes ist bereits als ältester Teildruck und als einziger gedruckter Textzeuge gewürdigt worden[124]. Dieser Druck Colveners bildet aber gleichzeitig auch eine Überlieferungsform des Quadripartitus, von der bereits Wasserschleben festgestellt hat, daß große Teile dieses Drei-Bücher-Werkes, nämlich die Generalpraefatio vom dritten Satz an und das 1. und 2. Buch, mit einem Teil der Praefatio und den ersten beiden Büchern des Halitgarschen Bußbuches identisch sind[125]. In den ersten beiden, nicht aus Halitgars Vorwort stammenden Sätzen der Generalpraefatio ist nur von zwei folgenden Büchern die Rede; auch ist dieser Teil als Monolog gestaltet, während in der Praefatio und einer kommentierenden Bemerkung des 3. Buches ein Auftraggeber angesprochen wird[126]. Weiterhin ist das Thema des 3. Buches nahezu identisch mit dem des 1. Buches des Drei-Bücher-Werkes, denn ersteres handelt fast ausschließlich, letzteres allein über den Acht-Laster-Katalog. Diese Unstimmigkeiten lassen darauf schließen, daß hier das 3. Buch des Quadripartitus mit einem Teil des Halitgarschen Bußbuches zu einem Drei-Bücher-Werk kompiliert worden ist, zumal da auch die textgeschichtliche Vorstufe dieses Werkes erhalten zu sein scheint. Zwei Handschriften tradieren nämlich die Generalpraefatio und die ersten beiden Bücher des Drei-Bücher-Werkes, also die Übernahmen aus Halitgars Bußbuch[127]. Die Feststellung, das Drei-Bücher-Werk sei aus zwei Teilen zusammengesetzt worden, bedeutet zwar noch nicht, daß das 3. Buch aus dem Quadripartitus stammt; doch läßt sich dieser Nachweis anhand der Praefatio dieses Buches führen, die mit der entsprechenden Praefatio des Quadripartitus identisch ist und sich mit ihren Formulierungen nur in diesen, nicht aber in das Drei-Bücher-Werk einfügt[128].

---

124 S. oben S. 37f.
125 Vgl. Wasserschleben, Beiträge S. 83 Anm. **.
126 Vgl. Colvener, Opera Hrabani Mauri VI S. 125, 130, 134; Migne, PL 112, Sp. 1335D–1336D, 1337B–1347C.
127 S. oben Anm. 106.
128 Vgl. den Wortlaut der Praefatio des 3. Buches (ed. Colvener, Opera Hrabani Mauri VI S. 130; Migne, PL 112, Sp. 1337B) mit dem der Generalpraefatio des Quadripartitus (ed. Wasserschleben, Beiträge S. 4) sowie auch mit der Praefatio des Drei-Bücher-Werkes (ed. Colvener, a. a. O. S. 125; Migne, PL 112, Sp. 1335D–1338A).

Die Musterung der Überlieferungsformen des Quadripartitus hat also ergeben: Die von den Handschriften StTrV$_{11}$W tradierte Form stellt den Archetypus aller bisher bekannten Formen dar; die »Quadripartiti« der Handschriften O, Vd und V$_{10}$Mc, die von Colvener gedruckte Drei-Bücher-Sammlung und die Einzelüberlieferung des 4. Buches in der Handschrift An sind mit Hilfe des Quadripartitus der genannten vier Codices geschaffen worden.

Die Handschriften StTrV$_{11}$W bieten nun den Quadripartitus mit einigen Unterschieden, die sich auf den Titel der Sammlung, den Autoritätenkatalog und auf den Umfang der Capitulationes und Corpora der letzten drei Bücher erstrecken. Doch können diese Unterschiede vor allem auch deshalb unschwer erklärt werden, weil die Sekundärformen ebenfalls Teile der Sammlung auf charakteristische Weise durch vollständige Übernahme zumindest eines Buches rezipiert haben und für ebendiese Teile über Umfang, Abfolge und Wortlaut des Textes Auskunft geben können.

In den drei Handschriften StTrW sind Titel überliefert, die, im Wortlaut nur teilweise übereinstimmend, wohl in Anlehnung an die Rubrik des 1. Kapitels des Quadripartitus *(De vita sacerdotum qualis sit)* formuliert worden sind [129]. Zwei dieser Titel sind eindeutig Nachträge jüngeren Datums, während der dritte zwar gleichzeitig mit der Abschrift des ihn überliefernden Codex eingetragen worden sein kann, aber ebenfalls nicht in den Widmungsbrief einbezogen ist [130]. Keine der Handschriften bietet also einen Titel, der vom Original her tradiert sein könnte. Der Quadripartitus dürfte demnach keinen Titel besessen haben [131].

Ein zweiter Unterschied betrifft den Autoritätenkatalog, den zwar die Handschriften StTrW und die ebenfalls den Beginn des Quadripartitus tradierende Handschrift Vd überliefern, nicht jedoch die Handschrift V$_{11}$. Da die Namenliste des Katalogs dem Quellenfundus der Sammlung nicht vollständig entspricht, könnte vermutet werden, dieser Katalog sei auf einer bestimmten Stufe der Überlieferung interpoliert worden und so in die genannten Handschriften gelangt. Für die Zugehörigkeit des Autoritätenkatalogs zum Quadripartitus spricht demgegenüber das Zeugnis der Handschrift St als des ältesten bekannten Vertreters der Erstform und das Zeugnis der ebenfalls den Beginn der Sammlung überliefernden Sekundärform der Handschrift Vd; zudem kann nur der Verfasser selbst daran interessiert gewesen sein, die Vielzahl der aufgenommenen Väterzitate durch eine umfangreiche Namenliste seinem Auftraggeber vor Augen zu führen [132].

Die mit unterschiedlichem Umfang überlieferten Capitulationes und Corpora der letzten drei Bücher stellen sich ohne Ausnahme als Folge von Abschreiberversehen heraus, wenn man die Handschriften miteinander vergleicht. So ist die Capitulatio des 2. Buches mit verschiedenen Umfängen überliefert; ein Vergleich mit dem einheitlich überlieferten Corpus ergibt für

---

129 S. oben Anm. 44, 47, 96.
130 Der zu einem Besitzvermerk hinzugefügte Titel in Tr (s. oben Anm. 47) kann an dieser Stelle nicht als genuiner Titel des erst auf der folgenden Seite beginnenden Quadripartitus gelten.
131 Andererseits lehrt die Überlieferung von Reginos Sendhandbuch, daß eine den Auftraggeber anredende Praefatio nur selten mitübernommen wird, denn von den elf heute bekannten Handschriften dieses Werkes überliefert allein der Trierer Codex die Widmungsvorrede an Hatto von Mainz, vgl. M. KERNER, Textidentifikation und Provenienzanalyse im Decretum Burchardi, in: Studia Gratiana 20 (1976), S. 17–64, ebd. S. 45 Anm. 112. Es ist also ebenfalls möglich, daß die heute bekannten Handschriften von einer Version des Quadripartitus abstammen, die aller persönlichen Angaben entkleidet worden ist.
132 S. unten S. 54.

dieses Buch die Zahl von 55 Kapiteln[133]. Die Capitulatio des 3. Buches wird ebenfalls von den Zeugen unterschiedlich überliefert, doch kann auch hier aufgrund der gleichartigen Überlieferung des Corpus die Zahl von 84 Kapiteln festgestellt werden[134]. Umgekehrt überliefern alle Zeugen des 4. Buches die Capitulatio mit 382 Rubriken, das Corpus aber mit verschiedenen, durch Kapitelauslassungen bedingten Umfängen[135].

Eine Eigentümlichkeit, welche die gesamte bekannte Überlieferung des Quadripartitus kennzeichnet, ist das nahezu völlige Fehlen von Kanon- oder Kapitelzahlen in den Inskriptionen innerhalb des 4. Buches[136]. Die Frage, ob das Original der Sammlung wie andere systematische Sammlungen auch (Concordia canonum Cresconii, Vetus Gallica, Paenitentiale Halitgarii) Zahlen in den Inskriptionen geboten oder aber, wie wiederum andere Sammlungen (Collectio 53 titulorum, Excerptiones Ps.-Egberti), keine Zahlen angeführt hat, läßt sich wohl zugunsten letzterer Möglichkeit beantworten. Wären nämlich die Inskriptionen des Originals mit Zahlen versehen gewesen, so müßte man für die bekannte Überlieferung einen Archetyp annehmen, in dem diese Zahlen absichtlich getilgt worden wären, denn anderenfalls müßten sich in den 382 Kapiteln des 4. Buches, dessen Überlieferung zudem in mehrere Familien gespalten ist, die Mehrzahl der Inskriptionszahlen erhalten haben[137]; zumindest müßten alle Überlieferungen der zu postulierenden früheren, mit Inskriptionszahlen versehenen Fassung kaum verbreitet gewesen sein, da heute kein derartiger Text bekannt ist. Könnte nun der letztgenannte Umstand noch mit der Zufälligkeit der Überlieferung erklärt werden, so fehlt andererseits für die Tilgung der Inskriptionszahlen jedes Motiv. Denn es ist nur dann sinnvoll und notwendig, Zahlen zu entfernen und damit die Kontrolle des Wortlauts zu erschweren, wenn dieser gleichzeitig verfälscht werden soll. Da jedoch der von den bekannten Handschriften überlieferte Wortlaut zumindest sinngemäß mit dem der jeweiligen Vorlage übereinstimmt, ergibt die Annahme getilgter Inskriptionszahlen keinen Sinn. Damit verbleibt nur die Annahme eines Originals, das wie die bekannten Handschriften in den Inskriptionen keine Zahlen geboten hat[138].

Widersprüche, wie sie innerhalb der Sekundärformen der Sammlung festgestellt worden sind, hat der Verfasser des Quadripartitus sich nicht zuschulden kommen lassen. Doch ist dieser

---

133 Einer eigenen Erläuterung bedarf das Kap. II,1, weil es in zwei Abschnitte unterteilt worden ist. Zu Beginn folgt auf die Rubrik *Quibus modis cuncta per Christi gratiam humano generi remittuntur peccata* ein Cassiodor-Zitat, das mit den Worten *Abhinc latius de eadem re ex opusculis quorundam patrum* schließt und dem wiederum ein Cassian-Zitat folgt, das fast gleichlautend rubriziert ist *(Item. Quibus modis cuncta per Christi gratiam remittuntur peccata)*. Da die Capitulationes der Handschriften nur eine Rubrik für diese beiden Zitate bieten, wird das Cassiodor-Zitat als Kap. II,1a und das Cassian-Zitat als Kap. II,1b gezählt. Zu Kap. II,1a als »preamble« des 2. Buches vgl. SELBORNE, Ancient Facts S. 329; BATESON, Latin Penitential S. 321.
134 Zur Korrektur der Kapiteleinteilung und -zählung des Colvener-Drucks und des Migne-Nachdrucks muß die Capitulatio bei COLVENER, Opera Hrabani Mauri VI S. 130f. verglichen werden.
135 Die Edition von RICHTER, Antiqua canonum collectio S. 3–43 gibt das Corpus mit Ausnahme von Kap. IV,380 korrekt wieder; s. dazu oben Anm. 73.
136 Vgl. WASSERSCHLEBEN, Beiträge S. 7.
137 Wie die handschriftliche Überlieferung kirchenrechtlicher Sammlungen zeigt, sind die Inskriptionszahlen, mit denen schließlich der gebotene Wortlaut überprüft werden konnte, nur in Einzelfällen systematisch ausgelassen worden, vgl. F. GILLMANN, Eine Würzburger Dacheriana, in: Archiv für katholisches Kirchenrecht 87 (1907), S. 587–598, ebd. S. 595.
138 Die in zwei Fällen in den Handschriften StVdW gebotenen Inskriptionszahlen sind somit ergänzt worden.

Umstand kein Beweis für die Identität von Erstform und Original. Jüngst hat Mordek die Frage aufgeworfen, ob das 4. Buch möglicherweise separat entstanden sei. Stutzig machten ihn folgende Beobachtungen: 1. Form und Inhalt des 4. Buches finden keine Entsprechung in den ersten drei Büchern der Sammlung. 2. Die Collectio Dacheriana ist allein im 4. Buch rezipiert worden. 3. Allein das 4. Buch ist in Verbindung mit der Dacheriana überliefert[139]. Diesen Hinweisen läßt sich hinzufügen, daß der Prolog des 4. Buches einen Überblick über dessen Entstehungsgeschichte enthält, während die Praefationes des 2. und 3. Buches lediglich die entsprechenden Inhaltsangaben der Generalpraefatio wiederholen[140]. Auch dies kann darauf hindeuten, daß der Verfasser des Quadripartitus nur die ersten drei Bücher sowie die letzten beiden Sätze des Prologs des 4. Buches und den Epilog zusammengestellt, den Beginn des Prologs aber wie auch Capitulatio und Corpus dieses letzten Buches übernommen haben könnte[141].

Die formalen und inhaltlichen Unterschiede zwischen den ersten drei Büchern und dem 4. Buch sind unstreitig vorhanden, doch kann mit ihnen nicht gegen die Annahme einer gemeinsamen Entstehung aller vier Bücher argumentiert werden; ansonsten müßte man auch für Halitgars Bußbuch, das sich mit seinen ersten beiden Büchern ebenfalls formal und inhaltlich von dem folgenden Teil des Werkes unterscheidet, zwei Verfasser annehmen[142]. Zudem entsprechen dem in Form und Inhalt abweichenden 4. Buch die Kapitel 16–50 des 2. Buches; auch diese sind in der Art von Kapiteln kirchenrechtlicher Sammlungen formuliert und unterscheiden sich ebenso deutlich von den sie umgebenden, zumeist viel umfänglicheren Vätersentenzen[143]. Rührt das 4. Buch von einem anderen als dem Verfasser des Quadripartitus her, so müssen diese Kapitel des 2. Buches ebenfalls als fertiger Block übernommen worden sein.

Die Hinweise Mordeks auf Dacheriana-Rezeption und Einzelüberlieferung sprechen ebenfalls nicht gegen die Originalität der Erstform, denn die Collectio Dacheriana ist nicht allein im 4. Buch, sondern anscheinend auch im 2. und 3. Buch des Quadripartitus rezipiert worden; außerdem ist eine Reihe weiterer Vorlagen jeweils in mehreren Büchern der Sammlung herangezogen worden[144]. Mit den Vorlagen läßt sich demnach die gesonderte Entstehung des 4. Buches nicht begründen, sondern eher die gemeinsame Abfassung aller vier Bücher auf der Grundlage eines Quellenfundus.

Die Annahme einer gesonderten Entstehung des 4. Buches kann schließlich auch nicht mit der Einzelüberlieferung in den Handschriften V₁₀Mc begründet werden, weil diese Form

---

139 Vgl. MORDEK, Kirchenrecht S. 172 Anm. 356, der auch auf den vom Verfasser beklagten Zeitmangel als Erklärung für die mögliche fertige Übernahme des 4. Buches hinweist.
140 Vgl. WASSERSCHLEBEN, Beiträge S. 4f. (Generalpraefatio, Prolog); RICHTER, Antiqua canonum collectio S. 3.
141 Für diese Möglichkeit könnte auch sprechen, daß allein in den letzten beiden Sätzen des Prologs (*Quartus igitur pauperrimae ... libris vel institutis:* WASSERSCHLEBEN, Beiträge S. 4f.) von einem Vier-Bücher-Werk die Rede ist und der vorhergehende Satz mit der Formulierung *... feci, quod iussisti, et quod per te mihi imperavit, qui in sancto tuo iugiter residet pectore, Deus* (ebd. S. 4) einmal den Schluß des Prologs gebildet haben könnte.
142 Zu den Quellen und der damit zusammenhängenden Gestaltung von Halitgars Bußbuch vgl. KOTTJE, Bußbücher S. 174–190.
143 Vgl. SPELMAN, Concilia I S. 276 ff.; MANSI XII, Sp. 459–482; MIGNE, PL 89, Sp. 431 B–436 A.
144 S. unten S. 56–64, 85–102.

ebenso wie die der Handschrift An textgeschichtlich jünger ist als der Quadripartitus[145]. Hinweise auf die gesonderte Entstehung eines Teils der Sammlung können somit der bisher bekannten Überlieferung nicht entnommen werden; vielmehr spricht vor allem der Quellenfundus für einen einzigen Verfasser. Die Erstform dürfte, so soll hier mit der gebotenen Vorsicht formuliert werden, dem Original des Quadripartitus entsprechen.

4. Zur Gruppierung der Handschriften

In den Handschriften $StTrV_{11}W$ dürfte sich die originale Form des Quadripartitus, wenn auch nicht in allen diesen Textzeugen vollständig, erhalten haben. Für die Gruppierung der Handschriften und damit für die Frage nach dem ursprünglichen Wortlaut ist dieses Ergebnis allerdings bedeutungslos, denn ein Teil der Sammlung, der in eine Sekundärform übernommen worden ist, kann aus einer dem Original sehr nahestehenden Handschrift übernommen worden sein; umgekehrt können die Handschriften der Erstform einer Überlieferungsstufe entstammen, die infolge häufiger Abschrift und den damit einhergehenden Fehlern den originalen Wortlaut nur noch lückenhaft bietet. Die vier Handschriften der Erstform genießen demnach textkritisch vor den Quadripartitus-Teilen der Sekundärformen keinen Vorrang.

Alle Textzeugen, zu denen auch der Druck Colveners gezählt werden muß[146], gehören einer Klasse an, da sie innerhalb ihres Quadripartitus-Textes keine größeren Umstellungen, Auslassungen oder Hinzufügungen bieten, die auf eine redaktionelle Bearbeitung der Sammlung oder eines ihrer Teile schließen lassen[147]. Für die handschriftlich überlieferten Zeugen läßt sich zudem nachweisen, daß ihre Schreiber die lateinische Sprache nur mangelhaft beherrscht haben, weil offensichtlich verderbte Stellen nicht korrigiert worden sind[148]. Andererseits enthalten einige Handschriften Hinweise darauf, daß der Wortlaut auf bestimmten Stufen der Überlieferung umsichtig geprüft und ergänzt worden ist[149].

Infolge der unterschiedlichen Überlieferungshäufigkeit der einzelnen Bücher beruht der Text des 4. Buches auf acht Zeugen ($AnMcOStV_{10}V_{11}VdW$), der des 1. Buches hingegen nur auf fünf ($StTrV_{11}VdW$) und der des 2. wie auch des 3. Buches auf sechs Zeugen ($OStTrV_{11}VdW$ – $OStTrV_{11}WCol$). Dies ist zwar für die Textkonstitution an sich bedeutungslos, aber es können bei der Kollation nicht alle Zeugen unmittelbar miteinander verglichen werden; deshalb müssen die beiden einzigen das 4. Buch nicht überliefernden Zeugen Tr und Col den bei der Kollation der übrigen Zeugen ermittelten Familien mit Hilfe der Handschriften indirekt zugeordnet werden, die sowohl den Text dieser beiden Zeugen als auch das 4. Buch überliefern.

---

145 S. oben S. 40ff.
146 S. oben S. 36f.
147 Bei den Auslassungen oder Umstellungen einzelner Kapitel, die in Handschriften oder Handschriftenfamilien festgestellt worden sind, handelt es sich nicht um redaktionelle Änderungen, sondern um Schreiberversehen, sei es, daß ein Kapitel versehentlich überschlagen und unbemerkt geblieben, sei es, daß es bemerkt und sofort nachgetragen worden ist.
148 Beispiele: *importunitas*] *impornitas* Tr; *clero*] *crero* St; *de honore monachis competente*] *de hore monachis conpente* O; *Ferreoli*] *Feralis* V_{11}; *laicis imperatur*] *laicus vel imperator* Vd; *ex epistola Innocentii*] *exempla Innocentii* An; *conscientiam domini eius*] *conscientiam domini episcopus* V_{10}Mc.
149 S. unten S. 49–52.

Innerhalb der Gruppe der Handschriften, die das 4. Buch überliefern, können vier Familien unterschieden werden, da von den acht Zeugen jeweils zwei auf eine Stammschrift zurückgehen. Diese vier Familien sollen nun zuerst vorgestellt werden; anschließend sollen die Zeugen Tr und Col (= Druck Colveners) eingeordnet und schließlich die für die vorliegende Untersuchung bedeutsamen Ergebnisse zusammengefaßt werden.

Die Familie StW

Beide Handschriften überliefern die Erstform des Quadripartitus und zeichnen sich zudem durch die Zahl ihrer Autorensiglen aus; vor allem St bietet in den ersten drei Büchern fast zu jedem Zitat einen Quellennachweis in Gestalt des abgekürzten Namens desjenigen Kirchenvaters, aus dessen Werken das Zitat stammt. Mit dieser Eigentümlichkeit scheint St dem Autograph des Verfassers am meisten zu entsprechen, der im Widmungsbrief ausdrücklich darauf hingewiesen hat, daß er die Namen der von ihm ausgeschriebenen Autoren neben dem Text oder in den Inskriptionen vermerkt habe[150]. Doch könnte der Verfasser in diesem Punkt nicht konsequent verfahren sein, so daß jede der Autorensiglen prinzipiell auch von einem kundigen Schreiber oder Leser nachgetragen worden sein kann. Ein textkritischer Vorrang kann also aus der Zahl der Autorensiglen nicht abgeleitet werden[151].

Beide Handschriften gehen auf eine Vorlage zurück, wie folgende Lesarten zeigen:
– Die Überschrift von Kap. III,28 in der Capitulatio fehlt
– Die Anfänge der Abschnitte von Kap. III,2 sind durch Verwendung von Majuskelbuchstaben für die ersten beiden Worte hervorgehoben[152]
– Zu Kap. IV,84 wird die Inskription *Theodor* geboten
– In der Inskription von Kap. IV,138 wird die Zahl *cap XXIII* ergänzt

Singuläre Lesarten und Fehler im Text von St beweisen, daß die Handschrift nicht Vorlage von W gewesen sein kann[153]:

IV,129	*ad expoliandum isto modo proximum* om. St
IV,132,133	*diuturna* (132) – *maculaverit* (133) om. St
IV,185	*districtionem*] *discretionem* St
IV,365	*lenocinium*] *tonicinium* St
IV,378	*significat oleo in nomine domini* om. St

Die Handschrift W kann schon wegen ihres geringeren Alters nicht Vorlage von St gewesen sein; die diesen Sachverhalt ebenfalls beweisenden Lesarten seien um der Vollständigkeit willen aufgeführt[154]:

---

150 *Ex quibus vero auctoribus vel opusculis ac institutis haec sint excerpta, in margine vel titulis huius opusculi nomina eorum retinentur adscripta* (RICHTER, Antiqua canonum collectio S. 2). Vgl. zu diesem auch von Halitgar beobachteten Verfahren KOTTJE, Bußbücher S. 174.
151 Es kann lediglich festgestellt werden, daß die übereinstimmend von StW überlieferten Autorensiglen auf die gemeinsame Stammschrift zurückgehen.
152 Vgl. COLVENER, Opera Hrabani Mauri VI S. 135; MIGNE, PL 112, Sp. 1350.
153 Text der Kapp. bei RICHTER, Antiqua canonum collectio S. 17, 22, 40, 42.
154 Text bei RICHTER, a.a.O. S. 13, 18f., 22f., 26.

IV,83	*Pachomius* (inscriptio) add. W
IV,141	*sortilegi districta*] *sortilegendis stricta* W
IV,156–158	Abfolge der Rubriken, Inskriptionen und Texte dieser Kapitel: Text 156 – Rubrik 157 – Text 158 – Text 157 in Rubrum – Rubrik 156 – Text 157
IV,196	*Agatensi*] *Cartaginensi* W
IV,222	*ex concilio Cartaginensi* om. W

Die Handschriften St und W gehen also unabhängig voneinander auf eine Stammschrift zurück; sie sind bei der Konstitution des Textes dieser Stammschrift dann – mit Ausnahme der erwiesenen Fehler – ranggleich, wenn nicht die eine der singulären Lesarten mit der Lesart einer anderen Handschrift, der einer Familie oder der Communis opinio aller übrigen Familien übereinstimmt. Die Übereinstimmung von St und W ergibt unzweifelhaft den Text der Stammschrift.

Die Familie OV$_{11}$

Die Handschriften O und V$_{11}$ stimmen in ihrem jeweiligen Textbestand nicht überein, denn erstere überliefert vor den Büchern II–IV des Quadripartitus eine Sammlung zum Thema Buße mit dem Paenitentiale Ps.-Egberti als Kernstück, letztere hingegen bietet den Quadripartitus mit Ausnahme des auf den Widmungsbrief folgenden Autoritätenkatalogs. Auch sind die Entstehungsräume beider Handschriften im Vergleich zu den Handschriften der übrigen Familien außergewöhnlich weit voneinander entfernt, ist O doch sicherlich in Südengland, V$_{11}$ hingegen in Italien entstanden. Dennoch stammen O und V$_{11}$ von derselben Stammschrift ab[155]:

IV,31	*efficiatur*] *existat* OV$_{11}$
IV,67	*Ilerdensi*] *Heliberitano* OV$_{11}$
IV,115	*item in romano poenitentiali*] *qui suspicatur quod periuriis in iuramento ducitur* OV$_{11}$
IV,198	*arguatur*] *corripiatur* OV$_{11}$
IV,368	*potentibus*] *poenitentibus* OV$_{11}$

Keine der Handschriften ist von der anderen direkt oder indirekt abhängig, wie singuläre Lesarten in O und V$_{11}$ beweisen[156]:

IV,177	*Tarraconensi*] *Cartaginensi* O
IV,247	*invito*] *sine consensu* O
	iniuriae – relinquatur om. O
IV,350	*Praesumat*] *audeat* O
IV,359	*verrant*] *vocantur* O
IV,28	*negotiationis* om. V$_{11}$
IV,51	*aut presbyterorum* om. V$_{11}$

---

155 Text bei R‍ICHTER, a.a.O. S. 7, 11, 16, 23, 40.
156 Text bei R‍ICHTER, a.a.O. S. 21, 28, 39f.; 6, 9, 15, 18, 28.

IV,104	*in negligentia]* per negligentiam V_{11}
IV,140	*in expositione epistolae ad Galatas* om. V_{11}
IV,247	*abicere vel tenere* om. V_{11}

Schließlich bieten O und V_{11} über singuläre Lesarten der vorgestellten Art hinaus noch solche besonderer Art. Im Falle der Handschrift O können Zusätze zu den Texten von fünf Kapiteln die Folge einer Überarbeitung sein, denn den Zusätzen liegt offenbar die Absicht zugrunde, das jeweilige Strafmaß zu präzisieren bzw. den Geltungsbereich der Bestimmung zu erweitern[157]:

IV,52	*gradus]* in pane et aqua III dies in ebdomada add. O
IV,53	*agat]* III districte, IIII levius. Laicus maculans uxorem virginem vel proximi sui annos V cum pane et aqua sine propria uxore (*uxorem* ante corr.) *poeniteat* add. O
IV,243	*clericum]* vel monachum add. O
IV,245	*clericum]* sive monachum add. O
IV,330	*sumenda]* priventur excepto quod precipuae poenitentiae sint add. O

V_{11} bietet im 4. Buch zwei zusätzliche Kapitel, die sicherlich nicht zum ursprünglichen Bestand dieses Buches gehört haben[158]. Damit sind sie zwar für die Textkonstitution bedeutungslos, doch erlauben sie einen Rückschluß auf die Vorlage von V_{11}. Die Kapitel haben offenbar einmal am Rand neben dem Text gestanden und sind dann in einer Handschrift des zu V_{11} führenden Überlieferungsstranges, möglicherweise auch von dem Schreiber dieser Handschrift selbst, in den Text eingefügt worden. Folglich kann außer der Stammschrift von O und V_{11} in dem zu V_{11} führenden Überlieferungsstrang mindestens noch eine Handschrift erschlossen werden, welche neben dem Text von V_{11} die beiden Zusatzkapitel marginal geboten hat[159].

Die Familie AnVd

Die Handschriften An und Vd tradieren ebenso wie die Angehörigen der zuletzt beschriebenen Familie verschiedene Überlieferungsformen des Quadripartitus; An überliefert nur das 4. Buch, Vd hingegen die Bücher I, II und IV. Kennzeichnend für diese Familie sind nicht allein bestimmte Lesarten, sondern auch eine Reihe von Eingriffen in den Text des 4. Buches. Zuerst seien jedoch einige beiden Handschriften gemeinsame und somit auf dieselbe Stammschrift deutende Lesarten angeführt[160]:

IV,19	*haberi]* ab eis AnVd
IV,101	om. AnVd
IV,169	*dicente – possidebunt* om. AnVd
IV,293	*presbyteris]* abbatibus AnVd
IV,370	om. AnVd

---

157 Text bei RICHTER, a. a. O. S. 9, 28, 38.
158 S. oben Anm. 82.
159 Für O kann nicht mit der gleichen Wahrscheinlichkeit eine Vorlage mit den beschriebenen Textzusätzen angenommen werden, weil diese auch bei der Abschrift von O eingefügt worden sein können.
160 Text bei RICHTER, a. a. O. S. 6, 14, 20, 27, 40f.

Neben gemeinsamen Lesarten bieten An und Vd in vier Kapiteln des 4. Buches Eigentümlichkeiten, die trotz nicht zu übersehender Gemeinsamkeit nicht in beiden Handschriften identisch sind. Doch gehen sie sicherlich auf dieselbe Vorlage zurück, weil sie übereinstimmend in den Kapiteln IV,73, 76, 79, 80 auftreten und zudem die Abweichung von der Communis opinio bei Kapitel IV,79 in beiden Handschriften bis auf einen offensichtlichen Fehler übereinstimmt. Zur Veranschaulichung des folgenden Erklärungsvorschlags seien die Eigentümlichkeiten synoptisch vorgestellt:

IV,73	*Vd:* Rubrik und Inskription vorhanden; statt Text: *Require capitulum*	*An:* Rubrik, Inskription und Text fehlen, jedoch sind zwei Zeilen entsprechend dem benötigten Raum freigelassen
IV,76	*Vd:* Nur die ersten vier Worte der Rubrik sind vorhanden, dann ist unmittelbar das folgende Kapitel angeschlossen	*An:* Rubrik und Inskription vorhanden; statt Text: *Require cap. VI*
IV,79	*Vd:* Rubrik und Inskription vorhanden; statt Text: *Require cap. XV*	*An:* Rubrik und Inskription vorhanden; statt Text: *Require cap. VX* (!)
IV,80	*Vd:* Rubrik vorhanden; statt Inskription und Text: *Unde supra XVI*	*An:* Rubrik und Inskription vorhanden; Text fehlt

Allen Eigentümlichkeiten ist der fehlende Kapiteltext gemeinsam. Wie die offenbar noch nicht bzw. noch nicht weitgehend verstümmelten Formulierungen in den Kapiteln IV,73, 79, 80 der Handschrift Vd und IV,76, 79 der Handschrift An zeigen, sind allem Anschein nach die Kapiteltexte durch *Require*-Verweise ersetzt worden. Solche Verweise sind, wie die handschriftliche Überlieferung der Libri duo Reginos von Prüm zeigt, nicht ungewöhnlich[161]. Durch diese Rück- oder auch Vorverweise *(require supra, require infra)* wird mitgeteilt, daß das Thema an anderer Stelle des Werkes ebenfalls behandelt und die Wiederholung jenes Kapitels deshalb überflüssig ist. Wie aber die Zahlen in den vorliegenden, noch nicht verstümmelten *Require*-Verweisen zeigen, können diese nicht dazu gedient haben, auf thematisch verwandte Kapitel innerhalb des Quadripartitus zu verweisen, da zwischen den Zahlen und den möglicherweise gemeinten Kapiteln kein irgendwie gearteter Zusammenhang besteht[162]. Vielmehr stimmen die Zahlen in den Require-Verweisen mit der Zählung der zugrundeliegenden Konzilskanones überein[163]. Da nun das Original des Quadripartitus in den Inskriptionen

---

161 Vgl. WASSERSCHLEBEN, Beiträge S. 18ff.; KERNER (wie oben Anm. 131), S. 44.
162 Da in den Verweisen kein Buch angegeben ist, können diese sich nur auf das 4. Buch beziehen. Kap. IV,76 handelt *De clericis vel monachis non manentibus in suo proposito*, der in An zu diesem Kapitel gebotene Verweis auf Kap. 6 kann nicht IV,6 mit dem Thema *Quod nulli sit ultima poenitentia deneganda* meinen. Entsprechendes gilt für die übrigen Verweise und für die Verweise in Vd.
163 Die in Vd zu Kap. IV,79, 80 gebotenen Verweise *cap XV* und *XVI* mit der jeweiligen Inskription *Ex concilio Ancyrano* geben zutreffend die Zählung zweier Kanones der Synode von Ancyra a. 314 wieder, die über die Collectio Dacheriana (I,53, 54) in den Quadripartitus aufgenommen worden sind. Desgleichen darf in dem Verweis *Ex concilio Calcedonensi. Require cap. VI*, den An zu Kap. IV,76 anführt, ein verschriebener Hinweis auf den 7. Kanon des Konzils von Chalcedon a. 451 gesehen werden, der über das Bußbuch Halitgars (V,12) vermittelt worden ist.

nicht die Zählung des Kanons, Papstbriefkapitels oder der Klosterregelbestimmung angeführt hat[164], darf man wohl die *Require*-Verweise als das Resultat einer teilweise durchgeführten Vervollständigung einiger Inskriptionen betrachten.

Das den ergänzten Inskriptionszahlen beigefügte *Require* hat nun wahrscheinlich zu den in An und Vd vorliegenden Verderbnissen geführt, indem diese Inskriptionsergänzungen als Querverweise innerhalb des Quadripartitus mißverstanden worden sind und nachfolgende Schreiber dazu verleitet haben, den ihrer Ansicht nach schon anderen Orts aufgeführten Kapiteltext jeweils auszulassen. Spätere Schreiber wiederum haben den Verweisen ohne Kapiteltext keinen Sinn abgewinnen können, sie deshalb in einigen Fällen ebenfalls ausgelassen und sich offenbar zum Teil damit beholfen, das folgende Kapitel unmittelbar anzuschließen (Vd IV,76) oder einen Zwischenraum für den Fall der Ergänzung freizulassen (An IV,73). Ist die Erklärung der übereinstimmend von An und Vd überlieferten Verweise als spätere Modifikationen zutreffend, so können in der zu diesen Handschriften führenden Überlieferung zumindest zwei Codices rekonstruiert werden:

1. Eine Handschrift, in welcher die Inskriptionen von mindestens vier Kapiteln mit *Require*-Verweisen vervollständigt worden sind.
2. Eine von dieser abhängige Handschrift, in welcher infolge von Mißverständnissen die Texte der mit ergänzten Inskriptionen versehenen Kapitel ausgelassen worden sind.

Die Handschriften An und Vd weisen zwar in Gestalt der *Require*-Verweise gemeinsam Singularitäten eigener Art gegenüber den übrigen Textzeugen auf, doch ist nicht eine von der anderen abhängig. An könnte zwar als die jüngere Handschrift nur das 4. Buch von Vd abgeschrieben haben, doch spricht der Variantenbefund gegen diese Möglichkeit[165]:

IV,35	*laicis imperatur*] *laicus vel imperator* Vd
IV,60	*ut sic maneant* om. Vd
IV,104	*parvulus*] *filius* Vd
IV,136	*feriis*] *servitus* Vd
IV,320–322	om. Vd.

Zudem bietet Vd im Kapitel IV,214 eine Eigentümlichkeit, die von An wie auch den übrigen Textzeugen nicht überliefert wird. Dieses Kapitel hat der Verfasser des Quadripartitus dem in der Collectio Dionysiana tradierten Brief des Papstes Innocenz I. an den Bischof Victricius von Rouen entnommen, jedoch den Teil des Briefes, der in der Dionysiana als 17. Kapitel der Briefe des Papstes Innocenz aufgeführt ist, nur zu einem Teil exzerpiert[166]. An dieser Unvollständigkeit hat offenbar ein Kenner des einschlägigen Papstbriefes Anstoß genommen und das Kapitel IV,214 wieder auf den Kapitelumfang der Dionysiana ergänzt[167].

---

164 S. oben S. 44.
165 Text bei RICHTER, Antiqua canonum collectio S. 7, 10, 15, 17, 37.
166 JK 286 *Etsi tibi frater*; vgl. die Dionysiana-Überlieferung bei MIGNE, PL 67, Sp. 244 BC mit dem Wortlaut bei RICHTER, Antiqua canonum collectio S. 25. Zur breiten Überlieferung dieses Briefes vgl. MAASSEN, Geschichte der Quellen S. 243.
167 Der letzte Satz des 17. Kapitels in der Dionysiana (MIGNE, PL 67, Sp. 244 C) ist in Vd von derselben Hand wie der umgebende Text geschrieben, also nicht später nachgetragen worden. Da An diesen Textumfang nicht bietet, sondern das Kapitel wie die übrigen Textzeugen aufführt, geht die Erweiterung in Vd nicht auf die Stammschrift von AnVd zurück.

Gegen An als Vorlage von Vd sprechen das geringere Alter und der geringere Textumfang von An; gegen die Vorlage der Textversion von An für Vd spricht eine Reihe von Varianten[168]:

IV,39	*presbyterium*]	*sacerdotium* An
IV,81	*Fructuosi episcopi* (inscriptio) An	
IV,181	*Agatensi*]	*Cartaginensi* An
IV,285	om. An	
IV,298	*solemnia celebrasti post missarum* om. An	

Für die Familie AnVd gilt somit, daß schon ihre Stammschrift in gewissem Umfang bearbeitet worden ist und daß sie deshalb an den bearbeiteten Stellen für die Textkonstitution nicht in Betracht kommt. Für die Rekonstruktion der Stammschrift gilt wegen der Unabhängigkeit der Textzeugen voneinander das für die Familien StW und OV$_{11}$ Gesagte.

Die Familie McV$_{10}$

Die aus Nordfrankreich stammende Handschrift V$_{10}$ hat sich, wie Einträge in Beneventana beweisen, während des 11. Jahrhunderts in Süditalien befunden, und die Beneventana-Handschrift Mc ist im 11. Jahrhundert in Süditalien geschrieben worden. Legen es somit schon die Geschichte der einen und der Entstehungsraum der anderen Handschrift und vor allem auch der weitgehend übereinstimmende Textbestand nahe, eine Verwandtschaft zwischen Mc und V$_{10}$ anzunehmen, so wird dies durch die Kollation bestätigt, deren Ergebnis zufolge Mc sehr wahrscheinlich unmittelbar von V$_{10}$ abgeschrieben worden ist[169]. Die Handschrift V$_{10}$ bildet ihrerseits einen eigenen Strang der Quadripartitus-Überlieferung, weil ihr Text eindeutig von dem der Stammschriften der übrigen Familien abweicht[170]:

IV,28	*et honestus*]	*inhonestus* V$_{10}$
IV,111	*pro vitando*]	*prophetando* V$_{10}$
IV,163	*expietur*]	*purgetur* V$_{10}$
IV,173	*Arelatensi*]	*Eliberitano* V$_{10}$
IV,216	*eius*]	*episcopus* V$_{10}$

Die Handschrift Tr und der Druck Col

Die Handschrift Tr bietet einen Text, der dem der Familie StW sehr nahe steht, aber zeitlich noch vor der Stammschrift dieser Familie anzusetzen ist[171]. Die Handschriften StTrW bilden somit eine Überlieferungsgruppe im textkritischen Sinn, während Colveners Druck des 3. Buches eine eigene Überlieferung darzustellen scheint, denn dessen Text weicht häufig von dem der Handschriften ab[172]:

---

168 Text bei RICHTER, Antiqua canonum collectio S. 8, 13, 21, 32, 34.
169 S. oben S. 18ff.
170 Text bei RICHTER, a.a.O. S. 6, 15, 20f., 25.
171 Bestimmte Autorensiglen des 1. Buches werden nur von StTr überliefert; die Satzanfänge *Quia ergo septem* und *Tristitia quoque ab* (COLVENER, Opera Hrabani Mauri VI S. 135f.; MIGNE, PL 112, Sp. 1350 C, 1351 A) in Kap. III,2 sind allein in StTr jeweils durch einen Absatz hervorgehoben. Hingegen überliefert Tr die Rubrik zu Kap. III,28 in der Capitulatio des 3. Buches (Leitfehler StW, s. oben S. 47).
172 Text bei COLVENER, Opera Hrabani Mauri VI S. 131f., 135f.

III,1 § 1	*sine remedio*]	*morte* praem. codd.
III,1 § 5	*praesentis*]	*praeteritis* codd.
III,2 § 10	*possit*]	*potest* codd.
III,2 § 14	*quanto*]	*gaudium* add. codd.

Der Editor Colvener kann allerdings in weit höherem Maß, als dies den Diktatoren und Schreibern mittelalterlicher Handschriften zugetraut werden kann, den Text seiner handschriftlichen Vorlage stillschweigend emendiert haben; gegen diese Möglichkeit spricht auch nicht der mit Ligaturen und Abbreviaturen durchsetzte, die Autorensiglen am Rande bietende Druck, der dem Text der Handschriften optisch sehr zu entsprechen scheint. Solange aber Indizien, etwa in Gestalt der handschriftlichen Vorlage Colveners, fehlen, muß der Druck Col als vollwertiger Textzeuge betrachtet werden.

Die heute bekannte Überlieferung des Quadripartitus teilt sich den skizzierten Ergebnissen des Textvergleichs zufolge in fünf Überlieferungsstränge, nämlich in vier Familien, die von zwei oder drei der bekannten Handschriften gebildet werden, und einen gedruckten Textzeugen. Eine der Handschriften (Mc) ist für die Textkonstitution bedeutungslos, weil sie von einer ebenfalls heute bekannten Handschrift abgeschrieben worden ist; die übrigen Zeugen bilden die Grundlage für den kritischen Text des Quadripartitus[173]. Die Unterschiede zwischen den Handschriften, insbesondere auch zwischen den Handschriften derselben Familie, lassen auf eine Reihe nicht mehr existierender Vorlagen schließen, deren Zahl größer sein dürfte als die der heute bekannten Handschriften, obwohl sie sich niemals exakt wird bestimmen lassen.

---

173 Die Bedingungen für die Textkonstitution werden in den Prolegomena zur kritischen Edition des Quadripartitus dargestellt, s. oben S. 15 Anm. 2.

II. Die Quellen

Über seine Quellen hat der Verfasser des Quadripartitus im Verlauf seiner Sammlung außergewöhnlich häufig gesprochen: Nicht weniger als neunzehnmal verweist er auf die *patres sancti*, deren Werke allein er exzerpiert habe[1]. Außergewöhnlich ist an diesen Verweisen zweifellos ihre Häufigkeit; ansonsten gehört die Behauptung, aus den Werken der *patres sancti* die eigene Sammlung zusammengestellt zu haben, sicherlich zu den meistverwendeten Topoi der Autoren theologischer und kirchenrechtlicher Sammlungen des 9. Jahrhunderts[2]. Offenbar hat der Verfasser des Quadripartitus, dessen Auftrag lautete, aus den Werken anerkannter Autoritäten Zitate zu sammeln, dem Auftraggeber gegenüber die korrekte Erfüllung des Auftrags nachdrücklich betonen wollen[3].

Ein weiteres, ebenfalls ungewöhnliches Zeugnis für diesen Willen stellt wohl der Autoritätenkatalog dar, eine 24 Namen umfassende Liste von Kirchenvätern, Päpsten und Kirchenschriftstellern, die – in einem eigenen Abschnitt zusammengefaßt – an bevorzugter Stelle zwischen Widmungsbrief und Generalpraefatio der Sammlung angeordnet ist[4]. Aus den Schriften dieser *patres*, aus denen anderer *doctores* und nicht zuletzt auch aus den *statuta sacrorum canonum* sei, so behauptet der Verfasser in diesem Katalog, seine Sammlung zusammengestellt worden. Die Titel der von ihm herangezogenen Väterschriften hat er allerdings im Verlauf seines Werkes nur selten genannt; sieht man von den zahllosen Inskriptionen des 4. Buches und den als Quellennachweisen in den übrigen Büchern verwendeten Autorensiglen ab[5], so finden sich in diesen drei aus Väterschriften kompilierten Büchern nur

---

1 Hinweise finden sich im Widmungsbrief, im Autoritätenkatalog (2), in der Generalpraefatio (2), im Titel des 2. Buches, in Kap. II,9, in der Praefatio des 3. Buches, in den Kapp. III,1 (2), 38, 54, 72, 84, im Prolog (3) und im Titel des 4. Buches und schließlich im Epilog.
2 Vgl. beispielhaft den Prolog des Diadema monachorum Smaragds von S. Mihiel (MIGNE, PL 102, Sp. 593 C), die Praefatio der Expositio libri comitis desselben Autors (ebd. 13 C), Agobards von Lyon De privilegio et iure sacerdotii (MG Epp. V S. 203[13–14]), des Jonas von Orléans De institutione laicali (MIGNE, PL 106, Sp. 121D–124C) und die Praefatio von Halitgars Bußbuch (MG Epp. V S. 617[35]). Keines der mir bekannten Werke verweist derart häufig auf die *patres sancti* wie der Verfasser des Quadripartitus.
3 Über seinen Auftrag äußert sich der Verfasser im Widmungsbrief (*ad corrigendos vel instruendos mores humanos*: RICHTER, Antiqua canonum collectio S. 2) und im Prolog des 4. Buches (*ad corrigendos vel instruendos tuorum mores subditorum*: WASSERSCHLEBEN, Beiträge S. 4). Die im Widmungsbrief vorausgehenden Worte *ex innumeris divinis constitutionibus*, die im Prolog folgenden Worte *ex divinis constitutionibus* und die übrigen Verweise auf autoritative Quellen zeigen, daß der Auftrag des Quadripartitus-Verfassers auch hinsichtlich der Vorlagen spezifiziert gewesen ist.
4 Der Wortlaut bei RICHTER, Antiqua canonum collectio S. 2; MAASSEN, Geschichte der Quellen S. 855. Ungewöhnlich sind an diesem Katalog die Zahl von 24 Namen und deren Zusammenstellung in einem eigenen Abschnitt, da beides meines Wissens ohne Parallele in zeitgenössischen Sammlungen ist. Von der Zahl her sind am ehesten vergleichbar die 12 Namen umfassende Liste in dem Widmungsbrief zum Matthäuskommentar des Claudius von Turin (MG Epp. IV S. 594[12–13]), Hrabans Praefatio zu De institutione clericorum mit 10 Namen (ed. A. KNOEPFLER, Rabani Mauri de institutione clericorum libri tres [Veröffentlichungen aus dem Kirchenhistorischen Seminar München Nr. 5], München 1900, S. 3) und dessen Widmungsvorrede zu seinem Matthäuskommentar mit 14 Namen (MG Epp. V S. 388f.[31–27]).
5 S. unten S. 65.

in drei von 158 Kapiteln hinreichend genaue Hinweise auf benutzte Werke[6]. Schon eine oberflächliche Durchsicht der Sammlung zeigt, daß die angeführten Werktitel nicht mit der Gesamtzahl der ausgeschriebenen Vorlagen identisch sein können.

Über den Text der ersten drei Bücher ist bislang nicht mehr bekannt gewesen, als daß er allem Anschein nach aus Kirchenväterzitaten besteht[7]. Die Sentenzen des 4. Buches hingegen hat Wasserschleben anläßlich seiner Edition des Reginoschen Sendhandbuchs untersucht und dabei zahlreiche Kapitel identifiziert[8]. In einem Punkt hat Wasserschleben sich allerdings geirrt: Seine Ansicht, die Collectio Dacheriana sei wie auch das 4. Buch des Quadripartitus von derselben systematischen, aber ansonsten noch unbekannten Sammlung abhängig, beruht auf der – irrigen – Annahme, daß der Verfasser des Quadripartitus seine Konzilskanones und Papstbriefexzerpte einer einzigen Vorlage entnommen haben müsse[9]. Die quellenanalytischen Hinweise Richters in den Anmerkungen seiner 1844 erschienenen Edition des 4. Buches beschränken sich auf eine Übersicht über gleichlautende Dacheriana-Kapitel; diese wie auch die Hinweise auf gleichlautende Sentenzen Reginos, Burchards, Ivos und Gratians dürften der Tabula synoptica der Edition Wasserschlebens entnommen worden sein[10].

Friedrich Maassen, dem in Gestalt der Wiener Handschrift des Quadripartitus die Erstform der Sammlung unmittelbar zugänglich gewesen ist, hat zwar den ersten drei Büchern ebenfalls keine Aufmerksamkeit geschenkt, doch die kirchenrechtlichen Sentenzen des 4. Buches nahezu ausnahmslos identifiziert und zudem die Collectio Dacheriana und das Bußbuch Halitgars als wahrscheinlich unmittelbare Vorlagen erkannt[11]. Die auch von Maassen nicht beachtete Quellengruppe der Klosterregelsentenzen identifizierte Paul Fournier bei der Analyse der Quellen der Collectio Tripartita; in seinen »Études sur les pénitentiels« schließlich folgerte Fournier aus einigen von ihm festgestellten Übereinstimmungen zwischen dem Quadripartitus und dem Bußbuch Halitgars, daß letzteres dem Verfasser jener Sammlung vollständig vorgelegen haben müsse[12].

Die Frage nach der Bibliothek des Verfassers ist ohne Zweifel bedeutsamer als die Identifikation der verwendeten Zitate und Paraphrasen, denn nur die Kenntnis möglichst aller unmittelbaren Vorlagen des Quadripartitus ermöglicht es, die Behauptungen des Verfassers über seine Quellen zu prüfen, sein Exzerpierungsverfahren zu ermitteln und gegebenenfalls auch Änderungen gegenüber dem Wortlaut der Vorlage festzustellen[13]. Die Kenntnis der Vorlagen gestattet es nicht zuletzt, den möglicherweise über die Lieferung von Zitaten

---

6 Vgl. die Kapp. III,1, 2, 80 bei COLVENER, Opera Hrabani Mauri VI S. 131–136, 152f.; MIGNE, PL 112, Sp. 1337C–1351B, 1394A–1395A.
7 Vgl. MAASSEN, Geschichte der Quellen S. 855f.; FOURNIER-LE BRAS, Histoire I S. 110; VAN HOVE, Prolegomena S. 296; STICKLER, Historia S. 113; C. MUNIER, Les sources patristiques du droit de l'Église du VIIIe au XIIIe siècle, Mulhouse 1957, S. 33.
8 Vgl. WASSERSCHLEBEN, Beiträge S. 6–10, und die Fußnoten in DERS., Reginonis libri S. 27–392.
9 Vgl. WASSERSCHLEBEN, Beiträge S. 9f.
10 Vgl. die Fußnoten bei RICHTER, Antiqua canonum collectio S. 3–43, mit der Tabula synoptica bei WASSERSCHLEBEN, Reginonis libri S. 497–512.
11 Vgl. MAASSEN, Geschichte der Quellen S. 855–862.
12 Vgl. FOURNIER, Collections canoniques S. 692–696; DERS., Études S. 529f.
13 Zu Identifikation als der Frage nach der erstmaligen Formulierung und zu Provenienzanalyse als der Frage nach der rezipierten Überlieferung vgl. M. KERNER, Textidentifikation und Provenienzanalyse im Decretum Burchardi, in: Studia Gratiana 20 (1976) S. 17–64, ebd. S. 20ff.; vgl. auch MORDEK, Kirchenrecht S. 37, mit den entsprechenden Begriffen »Urquelle« und »direkte Quelle«.

hinausgehenden Einfluß auf Themenauswahl und -anordnung nachzuweisen. Nicht die im Quadripartitus verarbeiteten verschiedenen Quellengruppen werden deshalb im folgenden vorgestellt, sondern die Werke und Sammlungen, welche nachweislich oder zumindest wahrscheinlich vom Verfasser des Quadripartitus ausgeschrieben worden sind[14].

1. Werke der Kirchenväter

Eine Reihe von Kirchenschriftstellern ist in so geringem Umfang zitiert worden, daß sich der Typus der Vorlage nicht feststellen läßt; Pseudo-Ambrosius, Beda, Cassiodor, Hilarius von Poitiers, Johannes Chrysostomus, Pseudo-Cyprian und die Vitae patrum sind zumeist nur mit einem Zitat herangezogen worden[15]. Man wird wohl kaum fehlgehen in der Annahme, der Verfasser habe sich in diesen Fällen eines oder mehrerer Florilegien bedient.

Eine weitere Gruppe von Autoren wird häufiger zitiert, doch gleichfalls nicht in einem Umfang, der Rückschlüsse auf den Typus der Vorlage zuließe. Cyprian, als *beatissimus martyr Cyprianus Carthaginensis episcopus* der erstgenannte *sanctus pater* des Autoritätenkatalogs[16], gehört ebenso zu dieser Gruppe wie die Kirchenväter Augustinus, Hieronymus, Gregor von Nazianz und der Kirchenschriftsteller Julianus Pomerius, der allerdings nicht unter diesem Namen, sondern stets unter dem Namen des Tiro Prosper zitiert wird[17]. Cyprians Werke sind im Unterschied zu seiner hervorgehobenen Erwähnung im Autoritätenkatalog nicht in sonderlich großem Umfang herangezogen worden. Neben einem Zitat aus De lapsis und Zitaten aus seinen Briefen hat der Verfasser des Quadripartitus lediglich noch die Gelegenheits-

---

14 Zu den Ausführungen über die Vorlagen des Quadripartitus ist folgendes zu bemerken: Nicht alle Passagen der Sammlung, die in den Handschriften mit einer Autorensigle oder einer Inskription versehen sind, konnten identifiziert bzw. einer Vorlage zugewiesen werden. Gleiches gilt für die Passagen, die innerhalb der bekannten Überlieferung nicht als Übernahmen gekennzeichnet, doch möglicherweise übernommen worden sind. Andererseits sind Passagen des Quadripartitus in einem Umfang als Übernahmen ermittelt worden, daß nahezu alle Vorlagen nunmehr bekannt sein dürften. Für Einzelnachweise übernommener Zitate und Paraphrasen sei generell auf das »Verzeichnis der Vorlagen für die einzelnen Kapitel des Quadripartitus« unten S. 85–102 verwiesen.
15 Ambrosiaster: Expositio epistolae ad Galatas (CLAVIS Nr. 184; dort nicht genannt CSEL 81,3. Vgl. allgemein ALTANER-STUIBER, Patrologie S. 389f.). – Beda: Super epistolas catholicas expositio: In Iacobi epistolam; Homeliarum evangelii libri II (CLAVIS Nr. 1362, 1367; dort nicht genannt CC SL 122. Vgl. allgemein BRUNHÖLZL, Lateinische Literatur S. 221 f., 542). – Cassiodor: Expositio psalmorum: Expositio in psalmum VI (CLAVIS Nr. 900. Vgl. allgemein ALTANER-STUIBER, a. a. O. S. 486ff.). – Hilarius von Poitiers: Tractatus in psalmum CXVIII (CLAVIS Nr. 428. Vgl. allgemein ebd. S. 361–366, 625). – Johannes Chrysostomus: De reparatione lapsi, vgl. B. ALTANER, Altlateinische Übersetzungen von Chrysostomusschriften, in: DERS., Kleine patristische Schriften, hg. von G. GLOCKMANN (Texte und Untersuchungen zur Geschichte der altchristlichen Literatur, Bd. 83), Berlin 1967, S. 416–436, ebd. S. 430; ALTANER-STUIBER, a. a. O. S. 327; zur Verfasserfrage vgl. I. S. ROBINSON, Zur Arbeitsweise Bernolds von Konstanz und seines Kreises. Untersuchungen zum Schlettstädter Codex 13, in: DA 34 (1978), S. 51–122, ebd. S. 53. – Ps.-Cyprian: De duodecim abusivis saeculi; wahrscheinliche Vorlage eine Handschrift des Typus Bern, Burgerbibl. 425, s. unten Anm. 26 (CLAVIS Nr. 1106; vgl. allgemein BRUNHÖLZL, a. a. O. S. 191 f.; ALTANER-STUIBER, a. a. O. S. 178). – Vitae patrum (CLAVIS Nr. 951, 1291; vgl. allgemein ALTANER-STUIBER, a. a. O. S. 239, 595 f.).
16 RICHTER, Antiqua canonum collectio S. 2; MAASSEN, Geschichte der Quellen S. 855.
17 Zu dieser häufigen und u. a. auch bei Halitgar begegnenden Verwechslung vgl. KOTTJE, Bußbücher S. 176.

schrift De zelo et livore benutzt¹⁸. Aus exegetischen Werken des Hieronymus wird mehrfach, jedoch nur kurz zitiert¹⁹, während der Liber apologeticus des auch im lateinischen Westen sehr bekannten Gregor von Nazianz umfangreichere Zitate geliefert hat²⁰. Die verhältnismäßig geringe direkte Benutzung von De vita contemplativa des Julianus Pomerius rührt daher, daß der Verfasser des Quadripartitus einen Teil seiner Zitate aus diesem Werk über Halitgars Bußbuch bezogen hat²¹.

Der bis in die Zeit Gregors VII. meistzitierte und entsprechend angesehene Kirchenvater Augustinus ist ebenfalls in vergleichsweise geringem Umfang herangezogen worden²². Zwar sind von keinem anderen Autor so viele Werke, nämlich dreizehn an der Zahl, zitiert, doch ist nur das Enchiridion ad Laurentium mehrfach exzerpiert worden; aus den übrigen zwölf Werken werden jeweils ein oder zwei Zitate geboten²³.

Gregor der Große, Isidor von Sevilla und insbesondere Johannes Cassianus sind die Autoren, deren Werke der Verfasser des Quadripartitus in großem Umfang ausgeschrieben hat. Gregors Regula pastoralis, Isidors Sententiae und Cassians Hauptwerke, die Collationes patrum und De institutis coenobiorum, werden so häufig zitiert, daß Exzerptsammlungen oder Florilegien als Vorlagen nicht in Betracht kommen. Die Bedeutung dieser drei Autoren für die ersten drei Bücher des Quadripartitus ist zudem nicht allein in der Zahl ihrer Zitate begründet, sondern auch in der Rolle, die ihnen hinsichtlich der Themenauswahl und -anordnung der Sammlung zukommen dürfte.

Neben seiner indirekten, über Halitgars Bußbuch vermittelten Wirkung hat Gregor der Große mit der Regula pastoralis auch die Thematik des 1. und 2. Buches direkt beeinflußt²⁴. Obwohl die Zahl von zehn Zitaten aus diesem Werk schon im Vergleich zu den 26 Passagen aus Isidors Sentenzen recht klein ist, sind diese Zitate doch oft an bedeutsamen Stellen verwendet

---

18 CLAVIS Nr. 42, 49, 50; vgl. allgemein ALTANER-STUIBER, Patrologie S. 172–181. Die Schrift De zelo et livore scheint während des 9. Jhs. in gewissem Umfang verbreitet gewesen zu sein, denn die jüngste Edition in CC SL 3 A beruht auf sechs (von elf berücksichtigten) Zeugen des 9. Jhs.
19 Hieronymus: Commentarii in IV epistolas Paulinas; Homilia in evangelium secundum Matthaeum (CLAVIS Nr. 591, 595; vgl. allgemein ALTANER-STUIBER, Patrologie S. 394–404, 632ff.).
20 Zur breiten handschriftlichen Überlieferung der von Rufin von Aquileia übersetzten und gemeinhin als Liber apologeticus bezeichneten Rede vgl. A. Siegmund, Die Überlieferung der griechischen christlichen Literatur in der lateinischen Kirche bis zum 12. Jahrhundert (Abhandlungen der Bayerischen Benediktiner-Akademie Bd. 5), München-Pasing 1949, S. 82–85, zu Inhalt und Bekanntheit der Rede vgl. BRUNHÖLZL, Lateinische Literatur S. 51. Vgl. allgemein ALTANER-STUIBER, Patrologie S. 298–303, 609f.
21 CLAVIS Nr. 998. Vgl. allgemein ALTANER-STUIBER, a.a.O. S. 475, 651. Die Pomerius-Zitate des Quadripartitus finden sich mit einer Ausnahme (Jul. Pom. II,7 = Quadr. III,1) auch in Halitgars Bußbuch, doch weisen Textumfänge und Varianten auf ihre Herkunft aus dem Originalwerk. Vgl. zu dem Verfahren, Zitate im Originalwerk nachzuschlagen und von dort zu übernehmen, G. SCHMITZ, Das Konzil von Trosly (909). Überlieferung und Quellen, in: DA 33 (1977), S. 341–434, ebd. S. 376, 425. Möglicherweise ist der Verfasser des Quadripartitus durch Halitgars Bußbuch und die Praefatio der Dacheriana dazu angeregt worden, Gregors des Großen Regula pastoralis und das Enchiridion ad Laurentium des Augustinus in originaler Form zu exzerpieren, s. dazu die folgenden Ausführungen.
22 Zu Augustinus als dem bis zur gregorianischen Zeit meistexzerpierten Kirchenvater vgl. MUNIER (wie oben Anm. 7), S. 28. Vgl. auch HARTMANN, Konzil von Worms S. 32.
23 CLAVIS Nr. 262, 270, 274, 278, 282, 283, 284, 294, 295, 302, 303, 313, 332. Die Augustinus-Zitate finden sich nur in den Kapp. II,12 und III,1.
24 Zum gregorianischen Acht-Laster-Schema der Moralia als Vorbild für die Themenfolge des 3. Buches s. unten S. 59, 63f.

worden. In den Kapiteln I,4 *(De sacerdotibus, qui verbo vel exemplo subiectos destruunt)*, I,11 *(Quanta esse debet diversitas in sermone praedicationis)*, II,11 *(Quibus modis minima leviaque perpetrantur peccata)* und II,15 *(Qualiter ammonendi sunt, qui in minimis excedunt peccatis)* bilden Gregor-Zitate nicht nur den Beginn des Kapitels oder den alleinigen Kapiteltext, sondern sind auch Vorlage für den Wortlaut der jeweiligen Rubrik gewesen, sei es, daß eine Rubrik dieser Vorlage mitübernommen, sei es, daß die Rubrik des Quadripartitus-Kapitels aus der Umgebung des Gregor-Zitats formuliert worden ist. Ebenso verhält es sich mit den Kapiteln I,8 *(Quantus esse debet ordo atque consideratio praedicationis in ore doctoris)* und II,5 *(Qualis debet esse modus poenitentiae)*, wo aus zwei exegetischen Werken Gregors, den Homiliae in Ezechielem und den Homiliae XL in evangelia, jeweils die Rubrik und das erste Zitat exzerpiert bzw. formuliert worden sind[25]. In allen diesen Fällen darf man wohl davon ausgehen, daß der Verfasser des Quadripartitus durch seine Gregor-Vorlage zur Aufnahme bestimmter Themen angeregt worden ist.

Daß Regula pastoralis und die Homilien Gregors dem Verfasser des Quadripartitus vollständig vorgelegen haben, darf vermutet werden; für zehn Zitate aus dem Register Gregors, die wegen ihrer kirchenrechtlichen Thematik allein in das 4. Buch übernommen worden sind, kann hingegen der Typus der Vorlage in Gestalt einer sehr kurzen Exzerptsammlung, wie sie die Handschrift Bern, Burgerbibl. 425 im Anschluß an die Collectio Dacheriana überliefert, recht genau bezeichnet werden[26].

Größerer Einfluß als den Zitaten Gregors kommt den Übernahmen aus den Sententiae und De ecclesiasticis officiis Isidors von Sevilla zu. Auch diese beiden Werke haben nicht nur als Zitatvorlage gedient, sondern den Verfasser des Quadripartitus offenbar auch bei der Auswahl und Anordnung seiner Themen beeinflußt. So beginnen die Kapitel I,2 *(De doctrina et exemplis sacerdotum)*, I,3 *(De exemplis pravorum sacerdotum)*, I,5 *(De sacerdotibus, qui bene docent et male vivunt)* und I,10 *(Qualiter sacerdos aliquando mala proximi taceat vel dicat)* mit Isidor-Zitaten, aus denen auch die Rubriken der Quadripartitus-Kapitel formuliert worden sind; der Schluß des 3. Buches (Kap. III,73–84: über die verschiedenen Arten der Versündigung) ist sogar größtenteils aus den Sententiae gestaltet[27].

---

[25] CLAVIS Nr. 1710, 1711. Vgl. allgemein BRUNHÖLZL, Lateinische Literatur S. 54ff.
[26] Register Gregors: CLAVIS Nr. 1714. Die Registerexzerpte finden sich in der Handschrift foll. 65^v–70^v. Für den Typus dieser Exzerptsammlung als Vorlage spricht die weitgehende Übereinstimmung ihrer Kapitel mit den entsprechenden des Quadripartitus; umgekehrt kann letzterer nicht die Vorlage gebildet haben, weil seine Exzerpte zum Teil einen geringeren Umfang besitzen. Zudem überliefert die Handschrift anschließend das pseudocyprianische Werk De duodecim abusivis saeculi, aus dessen 5. Abschnitt das Kap. III,46 des Quadripartitus formuliert worden ist (s. oben Anm. 15). In der Reihe der Registerexzerpte ist im übrigen auch ein dem Kap. IV,381 des Quadripartitus entsprechendes Exzerpt überliefert; weitere Überlieferungen dieses Exzerpts müssen also nicht auf den Quadripartitus zurückgeführt werden, womit die von HARTMANN, Neue Texte S. 379 angenommene Wahrscheinlichkeit für den Quadripartitus als Vorlage Halitgars auf eine nicht zusätzlich beweisbare Möglichkeit reduziert wird. Zur Handschrift Bern, Burgerbibl. 425 (saec. IX^2, Reims nach MORDEK, Kirchenrecht S. 261), vgl. zuletzt J. DEVISSE, Hincmar Archevêque de Reims 845–882 (Travaux d'histoire éthico-politique 29), Bd. 3, Genf 1976, S. 1420f., 1423.
[27] Zu den beiden Werken: CLAVIS Nr. 1199, 1207. Vgl. allgemein ALTANER-STUIBER, Patrologie S. 494–497, 656; Literatur zur handschriftlichen Überlieferung bei BRUNHÖLZL, Lateinische Literatur S. 520. Text der Kapp. III,73–84 bei COLVENER, Opera Hrabani Mauri VI S. 151–154; MIGNE, PL 112, Sp. 1389C–1398C.

Johannes Cassianus, im Autoritätenkatalog an achtzehnter Stelle genannt, ist innerhalb der Sammlung der meistzitierte *pater sanctus;* 97 Cassian-Zitate und -Paraphrasen konnten bisher im Text des Quadripartitus festgestellt werden. Sie entstammen den beiden Hauptwerken Cassians, den von Cassiodor und Benedikt von Nursia ihren Mönchen zur Lektüre empfohlenen und wohl deshalb in fast allen mittelalterlichen Klosterbibliotheken vorhandenen Collationes patrum und De institutis coenobiorum[28]. Diese beiden Werke hat der Verfasser nicht nur in vollständiger Form benutzt, sondern auch sorgfältig durchgearbeitet, wie seine Vertrautheit mit Cassians Acht-Laster-Katalog und sein kenntnisreicher Vergleich mit dem Katalog Gregors des Großen bezeugen[29]. Die Bedeutung Cassians für den Quadripartitus ergibt sich gleichfalls nicht allein aus der hohen Zahl von häufig sehr umfangreichen Zitaten, sondern vor allem aus der Tatsache, daß das Thema der acht Hauptsünden, das Generalthema des 3. und umfangreichsten Buches der Sammlung, in weit überwiegendem Maß mit Zitaten aus den Collationes und den Instituta abgehandelt worden ist[30]. Dabei ist der Verfasser dem Vorbild Halitgars gefolgt und hat das Acht-Laster-Schema Gregors des Großen dem 3. Buch als Gliederung zugrundegelegt[31]; selbständig hingegen hat er die Cassian-Zitate zumeist nach einem eigenständig entworfenen Fünf-Punkte-Schema angeordnet[32]. Insgesamt dominiert das Gedankengut Cas-

---

[28] Die Editionen von M. PETSCHENIG in CSEL 13 (Conlationes patrum) und CSEL 17 (De institutis coenobiorum) beruhen jeweils auf nur wenigen Zeugen und vermitteln deshalb keinen Überblick über die weite handschriftliche Verbreitung dieser Werke, die sich vor allem aus den mittelalterlichen Bibliothekskatalogen erschließen läßt. Der Anteil Cassians an den Väterzitaten des Quadripartitus dürfte höher liegen, als die Zahl der bisher identifizierten Zitate und Paraphrasen vermuten läßt, denn viele der noch unidentifizierten Textpassagen sind mit der Autorensigle *Cass* inskribiert. Zu Johannes Cassianus vgl. ALTANER-STUIBER, Patrologie S. 452ff.

[29] Mehrere Kapitel der Conlationes wie auch der Instituta sind samt Rubrik vollständig oder nahezu vollständig übernommen worden (z. B. Inst. XII,33 = Quadr. III,11; Conl. V,10 = Quadr. III,62). Von den in drei Teilen herausgegebenen Conlationes können allerdings auch nur der erste und der dritte Teil vorgelegen haben, da nur aus diesen zitiert wird. Gleiches gilt für die exzerpierten Bücher V–XII der Instituta, die laut PETSCHENIG (CSEL 17 S. XVII) auch gesondert überliefert sind. Zu dem Vergleich mit Gregors Katalog s. unten Anm. 31.

[30] Der Verfasser hat in seinem 3. Buch zur Erläuterung des Acht-Laster-Schemas Gregors des Großen zuerst die Bücher V–XII der Instituta, welche ausführlich über die acht Hauptlaster und deren Gegenmittel handeln, und anschließend die ebenfalls den Oktonar behandelnde Conlatio V derart exzerpiert, daß die Zitate aus anderen Schriften zumeist nur Beiwerk darstellen.

[31] Zum Bußbuch Halitgars als Vorbild s. unten S. 63. Die Harmonisierung der unterschiedlichen Schemata Cassians und Gregors, deren Möglichkeit der Verfasser in Kap. III,2 ausführlich erörtert und anschließend durch Zuordnung von Cassian-Zitaten zu den Gregors Schema folgenden Hauptsünden praktiziert hat, konnte in einem Punkt nicht gelingen: Gregor führt als dritte Hauptsünde die *invidia* auf, zu der Cassian keine Entsprechung bieten konnte, weil in seinem Schema diese Sünde zur Hauptsünde der *superbia* gerechnet und statt dessen die *acedia* aufgeführt wird, für die wiederum Gregors Schema kein Synonym aufzuweisen hat. Aus diesem Dilemma, das der Verfasser sehr wohl gesehen und auch erörtert hat (Kap. III,2 § 7; Text bei COLVENER, Opera Hrabani Mauri VI S. 135C–F; MIGNE, PL 112, Sp. 1349A–1350A), wußte er sich herauszuhelfen, indem er die Gregorsche *invidia* mit Zitaten aus Cyprians Deo zelo et livore abhandelte, s. oben Anm. 18. Zu dem Harmonisierungsversuch Isidors von Sevilla vgl. E. GÖLLER, Das spanisch-westgotische Bußwesen vom 6. bis 8. Jahrhundert, in: Römische Quartalschrift 37 (1929), S. 245–313, ebd. S. 259. Zu den Acht-Laster-Schemata vgl. auch KOTTJE, Bußbücher S. 176.

[32] S. oben S. 12.

sians im 3. Buch derart, daß man der Bedeutung dieses Autors für den Quadripartitus nur mit dem Urteil gerecht wird, seine Werke seien neben der Collectio Dacheriana die bedeutendsten Vorlagen der Sammlung gewesen[33].

2. Mönchsregeln und Regelkommentare

Eine bisher wenig beachtete Textgruppe innerhalb des Quadripartitus bilden die Klosterregeln; nur Fournier hat auf Parallelstellen in der Expositio regulae S. Benedicti des Smaragd von S. Mihiel († um 830) verwiesen und McLaughlin den Codex regularum des Benedikt von Aniane († 821) als mögliche Vorlage bezeichnet[34]. Wie die Untersuchung der zahlreichen Klosterregelzitate ergeben hat, sind sowohl die Sammlung Benedikts als auch der Regelkommentar Smaragds als Vorlage für 94 Zitate anzunehmen. Der Codex regularum, aus dem besonders häufig die Regula Basilii ad monachos angeführt wird, ist als einzige der bisher ermittelten Vorlagen in allen vier Büchern herangezogen worden, insbesondere aber mit 35 von 63 Zitaten im 4. Buch. Der Regelkommentar Smaragds ist nahezu ausschließlich im 4. Buch (29 von 31 Zitaten) zitiert worden. Allerdings hat der Verfasser des Quadripartitus diese Regelbestimmungen häufig ihrer klösterlichen Bezüge entkleidet, so daß sie trotz ihrer beträchtlichen Zahl den Quadripartitus nicht monastisch geprägt haben[35].

Die wohl im 9. Jahrhundert kaum verbreitete Expositio Smaragds hat dem Verfasser des Quadripartitus sicherlich vorgelegen, wie unter anderem mehrere von Smaragd zusammengestellte und in dieser Form übernommene Regelsentenzen zeigen; daß die handschriftliche Vorlage ein vollständiger Regelkommentar gewesen ist, darf als wahrscheinlich angenommen werden[36]. Als Vorlage für die übrigen Klosterregelzitate kann nur der Codex regularum und nicht die erheblich weiter verbreitete Concordia regularum Benedikts von Aniane gedient haben[37]. In das 4. Buch des Quadripartitus ist nämlich als der einzige spanische Konzilskanon, der nicht über die Dacheriana vermittelt worden ist, der 11. Kanon des Konzils von Sevilla vom Jahr 619 aufgenommen worden[38]. Dieser Kanon folgt im Codex regularum auf die sich der Regula Isidori anschließende Sententia de regulis devotarum, während diesem Kanon im Quadripartitus (= IV,48) zwei Zitate aus der Basilius-Regel (= IV,49) und ein Zitat aus der Sententia de regulis devotarum (= IV,50) folgen[39]. Da nur der Codex regularum und nicht die

---

33 Zur Collectio Dacheriana s. unten S. 61f.
34 Vgl. Fournier, Collections canoniques S. 693 ff.; T. P. McLaughlin, Le très ancien droit monastique de l'occident (Archives de la France monastique 38), Ligugé-Paris 1935, S. 257f.
35 S. unten S. 65.
36 Zu den Entstehungsdaten der heute bekannten Handschriften vgl. A. Spannagel–P. Engelbert (ed.), Smaragdi abbatis expositio in regulam S. Benedicti (Corpus consuetudinum monasticarum Bd. 8), Siegburg 1974, S. XV–XXI. Beispiele für von Smaragd zusammengestellte und vom Quadripartitus-Verfasser übernommene Regelsentenzen: Smar. 4,35=Quadr. IV,169; Smar. 39,11=Quadr. IV,172; Smar. 40,5=Quadr. IV,166.
37 Zur Verbreitung der Concordia vgl. H. Plenkers, Untersuchungen zur Überlieferungsgeschichte der ältesten lateinischen Mönchsregeln (Quellen und Untersuchungen zur lateinischen Philologie des Mittelalters Bd. 1,3), München 1906, S. 13ff.
38 Vgl. Maassen, Geschichte der Quellen S. 861.
39 Vgl. L. Holste–M. Brockie (ed.), Codex regularum monasticarum et canonicarum, 6 Bde., Augsburg 1759, unveränderter Nachdruck Graz 1957–1958, S. 404 zum Text, Plenkers (wie Anm. 37) zur Abfolge in der Handschrift und Richter, Antiqua canonum collectio S. 9 zur Abfolge im Quadripartitus.

Concordia den Sevilla-Kanon im Anschluß an die Sententia bietet, kommt wohl nur jener als Vorlage in Frage. Als einzige Handschrift des Codex regularum aus dem 9. Jahrhundert ist heute der von Ludwig Traube entdeckte Clm 28118, möglicherweise ein Geschenk Benedikts an den Abt Helisachar von St. Maximin in Trier, bekannt[40], doch vermutet Hanslik wohl zu Recht, daß diese Handschrift sicherlich nicht das einzige Exemplar des Codex regularum gewesen sei[41]. Von seiner Entstehungszeit her käme Clm 28118 als Vorlage in Betracht, doch spricht der Variantenbefund gegen diese Möglichkeit.

3. Kirchenrechtliche Sammlungen

Die Collectio Dacheriana, jene klar und überschaubar systematisierte, weit verbreitete Sammlung der karolingischen Kirchenreform, als deren Verfasser jüngst Erzbischof Agobard von Lyon bezeichnet worden ist, war die Hauptvorlage des Quadripartitus-Verfassers für sein 4. Buch[42]. 142 Sentenzen hat er dieser Sammlung entnommen und allein 135 von ihnen in Kapitelform dem 4. Buch eingefügt; dieses Buch besteht also zu mehr als einem Drittel aus Dacheriana-Exzerpten[43]. Besondere Aufmerksamkeit hat der Verfasser dem 1. Buch der Dacheriana geschenkt, das dem Bußwesen gewidmet ist, daneben aber auch aus den beiden anderen Büchern Konzilskanones und Papstbriefexzerpte prozeß-, ordinationsrechtlichen und disziplinarischen Inhalts in nicht geringer Zahl übernommen[44]. Wie schon Le Bras ermittelt hat, ist die Form A der Dacheriana benutzt worden, deren Handschriften im Unterschied zu den beiden anderen bisher ermittelten Formen den Hauptanteil der bekannten Handschriften stellen[45]. Eine Collectio Dacheriana der Form A überliefert auch die Handschrift Bern, Burgerbibl. 425, welche bereits als mögliche Vorlage für die Zitate aus dem Register Gregors und aus der pseudo-cyprianischen Schrift De duodecim abusivis saeculi genannt worden ist[46]; es liegt folglich nahe, zumindest den Typus dieser Handschrift in der Bibliothek des Verfassers des Quadripartitus zu vermuten.

Die Collectio Remensis, eine kirchenrechtliche Sammlung der historischen Ordnung, war die Vorlage für 41 Canones gallischer Konzilien und für 20 Kapitel der Statuta ecclesiae antiqua, daneben aber auch für Bestimmungen ökumenischer Konzilien und für Zitate aus Papstbriefen[47]. Ob die einzige heute bekannte Handschrift dieser Sammlung, der Codex Phillippicus 1743 der Deutschen Staatsbibliothek, vom Verfasser herangezogen worden ist, kann nicht

---

40 Vgl. PLENKERS (wie oben Anm. 37) S. 4–10. Zu Datierung und Lokalisierung (saec. IX^{in}, Trier) KOTTJE, Einheit S. 333 Anm. 41.
41 Vg. CSEL ^{2}75 S. XXX. Die Varianten sprechen gegen Clm 28118 als Vorlage.
42 Zur Dacheriana als Reformsammlung vgl. KOTTJE, Einheit S. 339f.; FUHRMANN, Einfluß I S. 142. Zur Reformsammlung sowie zu Agobard als Verfasser vgl. MORDEK, Kirchenrecht S. 11 ff.; DERS., Kirchenrechtliche Autoritäten im Frühmittelalter, in: Recht und Schrift im Mittelalter, hg. von P. CLASSEN (Vorträge und Forschungen Bd. 23), Sigmaringen 1977, S. 237–255, ebd. S. 247, 253.
43 Vgl. die im wesentlichen korrekte Synopse bei MAASSEN, Geschichte der Quellen S. 856ff.
44 Zu den Themen der Dacheriana vgl. FOURNIER-LE BRAS, Histoire I S. 104.
45 Vgl. G. LE BRAS, Les deux formes de la Dacheriana, in: Mélanges Paul Fournier, Paris 1929, S. 395–414, ebd. S. 411. Zur Überlieferungshäufigkeit der Formen vgl. MORDEK, Kirchenrecht S. 261 ff.
46 S. oben Anm. 26.
47 Zur Collectio Remensis vgl. MAASSEN, Geschichte der Quellen S. 638 ff.

bewiesen werden, ist aber zumindest möglich, denn die Lesarten der gallischen Konzilien im Phillippicus und im Quadripartitus stimmen überein[48]. Zudem ist die Sammlung zwar nicht im eponymen Reims entstanden, aber bereits zu Beginn des 9. Jahrhunderts im Reimser Remigius-Kloster bezeugt und deshalb dem Verfasser des Quadripartitus wohl zugänglich gewesen[49].

Zusammen mit den Übernahmen aus der Dacheriana stellen diejenigen aus der Remensis weit mehr als die Hälfte der Kapitel des 4. Buches (207 von 382); rechnet man die aus dem Bußbuch Halitgars übernommenen Bestimmungen des altüberlieferten Kirchenrechts hinzu, so erhöht sich dieser Anteil um weitere 23 Kapitel[50]. Maassens Charakterisierung des 4. Buches als »eigentliche Canonensammlung«, die sich offenbar auf die Herkunft der Mehrzahl der Sentenzen gründet, kennzeichnet deshalb treffend die grundlegende Andersartigkeit dieses Buches gegenüber den drei vorhergehenden[51].

4. Bußbücher

Keinen hohen Anteil am Text des Quadripartitus stellen die Zitate aus Bußbüchern; aus dem Paenitentiale Ps.-Egberti sind zwei und aus dem Excarpsus Cummeani 14 Zitate in das 4. Buch, aus dem Bußbuch Halitgars sind 44 Bestimmungen vorzugsweise in das 4. Buch übernommen worden. Der Excarpsus Cummeani, ein Bußbuch des von karolingischen Reformkreisen abgelehnten Typus, hat dem Verfasser des Quadripartitus möglicherweise unter dem Namen des Beda Venerabilis lediglich als Materialvorlage gedient[52].

Ob das Bußbuch Halitgars dem Verfasser vorgelegen hat, war lange umstritten. Während nämlich Wasserschleben das 4. Buch des Quadripartitus zu den Vorlagen Halitgars gezählt hat, haben umgekehrt Maassen wegen des Quellenfundus und Kottje wegen des geringeren Alters des ältesten bekannten Textzeugen den Quadripartitus als von Halitgars Bußbuch abhängig bezeichnet[53]. Fournier ging davon aus, daß Halitgars Werk in der vollständigen, alle sechs Bücher umfassenden Form benutzt worden ist[54]. Zwei Beobachtungen beweisen zusammen

---

48 Weitere Gründe: Ein Kanon des Concilium incerti loci post a. 614 (CC SL 148 A S. 286–289), das allein in der Collectio Remensis überliefert ist und dort auf das Pariser Konzil vom Jahr 614 folgt, ist im Quadripartitus (Kap. IV,334) mit *Concilium Parisiense* inskribiert (Handschriften AnOStVd). Zweitens ist Kap. IV,186, laut Richter, Antiqua canonum collectio S. 22 Anm. 16 der 17. Kanon des Konzils von Nicäa »in compendium redactus«, sehr ähnlich dem 14. Kapitel der auch in der Remensis überlieferten Collectio canonum concilium Arelatense secundum nuncupata (CC SL 148 S. 117). Die Collectio Remensis ist auch die Vorlage für die griechischen Konzilskanones der Versio Isidoriana (vgl. MAASSEN, Geschichte der Quellen S. 860) und für eine Reihe von Papstbriefexzerpten gewesen, wie die Autopsie der Handschrift ergeben hat.
49 Vgl. MORDEK, Kirchenrecht S. 10 Anm. 38. Zum Verbreitungsgebiet der Sammlung vgl. DERS., Kirchenrechtliche Autoritäten (wie oben Anm. 42) S. 246.
50 Zu Halitgars Bußbuch s. unten S. 62 ff.
51 MAASSEN, Geschichte der Quellen S. 854.
52 Die von W überlieferte Inskription *Beda* zu Kap. IV,90=Excarpsus Cummeani VI,13 deutet nicht darauf hin, daß diese Vorlage dem Cummean zugeschrieben gewesen ist. Zum Excarpsus Cummeani vgl. F. B. ASBACH, Das Poenitentiale Remense und der sogen. Excarpsus Cummeani. Überlieferung, Quellen und Entwicklung zweier kontinentaler Bußbücher aus der 1. Hälfte des 8. Jahrhunderts, Phil. Diss. Regensburg 1975, mit einer Edition des Paenitentiale Remense.
53 Vgl. WASSERSCHLEBEN, Bußordnungen S. 81 Anm. 1; MAASSEN, Geschichte der Quellen S. 868 f.; KOTTJE, Bußbücher S. 183 f.
54 FOURNIER, Études S. 529 f.

mit den Argumenten der drei Letztgenannten eindeutig, daß Halitgars Werk zur Bibliothek des Quadripartitus-Verfassers gehört hat. Zum einen finden sich in Halitgars Bußbuch zu Konzilskanones und Papstbriefexzerpten vollständige, das heißt mit Kanon- oder Kapitelzahlen versehene Inskriptionen, in denen des 4. Buches des Quadripartitus hingegen fast ohne Ausnahme keine Zahlen[55]. Der Verfasser des Quadripartitus kann also ohne weiteres Halitgars Werk, umgekehrt könnte Halitgar den Quadripartitus nur bei gleichzeitiger Benutzung anderer kirchenrechtlicher Sammlungen exzerpiert haben. Zum zweiten hat der Verfasser des Quadripartitus seine Zitate aus Gregors Moralia in Job Halitgars Werk entnommen, weil beide übereinstimmend mehrere Zitate in verkürzter Form bieten, jedoch Halitgars Bestand an Gregor-Zitaten erheblich umfangreicher ist[56]. Der Verfasser des Quadripartitus hat nur aus dem 2. und 3. Buch des Bußbuchs keine Zitate übernommen; aus dem 3. Buch vielleicht deshalb nicht, weil dessen Hauptvorlage, die Collectio Dacheriana, schon exzerpiert gewesen ist[57]. Halitgars Werk dürfte demzufolge in vollständiger Form vorgelegen haben.

Halitgar hat sein Bußbuch zweigeteilt: Der erste Teil sollte der Belehrung und Unterweisung des Bußpriesters dienen, der grundlegend über die Hauptlaster und die Tugenden als deren Heilmittel unterrichtet werden sollte, wie am Ende des 2. Buches vermerkt ist[58]. Dieser Aufgabe entspricht die Verwendung von Väterzitaten, denn die Sentenzen der *patres* waren im Unterschied zu kirchenrechtlichen Entscheidungen sehr viel besser geeignet, dem Priester als Benutzer des Werkes das notwendige Wissen über die Laster und die Tugenden zu vermitteln und ihn damit zu befähigen, die Gläubigen zu einem sündenfreien Lebenswandel anzuhalten[59]. Der zweite Teil des Bußbuchs, die Bücher III–VI, sollten hingegen dem Priester bei der Bußzumessung dienlich sein; folglich sind hier zahlreiche Entscheidungen über die Bußzumessung bei verschiedenen Sünden aus dem kanonischen Recht wie auch aus Bußbüchern zusammengetragen[60].

Diesem Aufbau von Halitgars Bußbuch entspricht der des Quadripartitus: Dessen Verfasser spricht ebenfalls von Belehrung und Besserung[61], auch diese Sammlung besteht in ihren ersten drei Büchern aus lehrhaften Väterzitaten, die zumeist die Problematik von Sünde und Buße betreffen, und im 4. Buch mehrheitlich aus kirchenrechtlichen Sentenzen, die vorwiegend Bußbestimmungen enthalten[62]. Die Übereinstimmung in der Grundkonzeption stellt jedoch nur eine, obgleich die wichtigste Beeinflussung des Quadripartitus durch Halitgars Bußbuch

---

55 S. oben S. 44.
56 Vgl. zum Beispiel Hal. I,1 *Vitia quippe tentantia... clamore confundunt* (MIGNE, PL 105, Sp. 657C–659C)=Quadr. III,2 (COLVENER, Opera Hrabani Mauri VI S. 135f.; MIGNE, PL 112, Sp. 1350A–1351B). Mit diesem Zitat aus Gregor, Moralia XXXI,45 erläutert der Verfasser des Quadripartitus sein Vorhaben, die acht Hauptsünden in der Abfolge Gregors vorzustellen.
57 Zur weitgehenden Übereinstimmung des 3. Buches Halitgars mit Teilen der Collectio Dacheriana vgl. KOTTJE, Bußbücher S. 182.
58 *Hae sunt enim a sacratissimis viris virtutes expositae, quas sacerdotes Domini, qui iura tenent Ecclesiae, nec non ligandi atque solvendi habentes potestatem, intente debent intelligere ac frequentius praedicare, ut populus careat vitiis, et opitulante superno adiutorio conetur pro viribus quisque inhaerere virtutibus* (MIGNE, PL 105, Sp. 677A, 678A).
59 Vgl. Halitgars Schlußbemerkung zu seinem 1. Buch und die Einleitungsbemerkung zu seinem 2. Buch (MIGNE, PL 105, Sp. 670CD, 669D). Zu den Vorlagen der ersten beiden Bücher vgl. KOTTJE, Bußbücher S. 174–181.
60 Zu den Vorlagen der Bücher III-VI vgl. ebd. S. 181–190.
61 S. oben Anm. 3.
62 Zur einzigen umfangreichen Ausnahme, den Kapp. I,1–11 mit allgemeinerem Thema, s. oben S. 11.

dar. Halitgar hat dem Verfasser des Quadripartitus nämlich auch Gregors Acht-Laster-Katalog vermittelt; das Zitat, mit dem zu Beginn des 3. Buches die Themenfolge erläutert wird, stammt aus dem Bußbuch[63]. Obwohl also dem Verfasser des Quadripartitus in Gestalt des Cassianschen Acht-Laster-Kataloges ein ebenfalls gebräuchliches Schema vorlag, hat er sich offenbar unter Halitgars Einfluß dazu entschlossen, Gregors Katalog mit den Zitaten Cassians zu erläutern. Seine unterschiedlichen Verfahrensweisen zur Kennzeichnung von Zitaten schließlich dürfte der Verfasser des Quadripartitus ebenfalls dem Werk entnommen haben, dem er die Grundkonzeption und den Aufbau seines 3. Buches verdankte, nämlich dem Bußbuch Halitgars[64].

5. Zum Arbeitsverfahren des Verfassers

Über sein Exzerpierungsverfahren äußert sich der Verfasser recht häufig: An zehn Stellen seiner Sammlung hat er darauf hingewiesen, daß er die ihm passend erscheinenden Zitate *succinctim breviterque*, also in verkürzter und knapper Form, übernommen habe[65]. Offensichtlich war ihm an der Mitteilung, Zitate nach Möglichkeit gekürzt zu haben, sehr gelegen; eine entsprechende Anweisung muß zu seinem Auftrag gehört haben[66]. Auf welche Weise der Verfasser allerdings gekürzt hat, darüber gibt er, anders als beispielsweise Hrabanus Maurus, keine Auskunft[67].

Anhand der Werke Cassians und der Collectio Dacheriana, die dem Verfasser vollständig vorgelegen haben, läßt sich zeigen, daß er sowohl umfangreiche Kapitel samt Rubrik aus Vorlagen übernommen als auch Passagen auf sehr verschiedene Weise gekürzt hat. So sind aus Cassians Collationes längere Kapitel ungekürzt in das 3. Buch übernommen worden[68]; an anderer Stelle hingegen hat der Verfasser den Text gekürzt, indem er einem oder auch mehreren Kapiteln der Instituta coenobiorum Zitate entnommen, sie meist durch eigene Formulierungen verbunden und so zu neuen Kapiteln zusammengestellt hat[69]. Häufiger hat er aus einem Zitat ein Kapitel gebildet[70] und bisweilen nur paraphrasiert[71].

---

63 S. oben Anm. 56.
64 Zur Zitatkennzeichnung s. unten S. 65.
65 Dieselbe oder eine ähnliche Formulierung findet sich im Widmungsbrief, im Autoritätenkatalog, in der Praefatio und im Titel des 2. Buches, am Ende von Kap. III,38 und von Kap. III,54, im Prolog (2) und im Titel des 4. Buches und schließlich im Epilog.
66 Im ersten Satz des Widmungsbriefes dürfte sich dieser Teil des Auftrags widerspiegeln: *Haec pauca beatitudo vestra gratifica quaeso excipiat deflorata, quae non ex uno unius doctoris prato divinae auctoritatis studui decerpere, sed permultorum patrum florigera rura cordis et corporis cervice submissa studiose, succinctim celeriterque, ut iussio sanctitatis exstitit vestrae, cucurri* (RICHTER, Antiqua canonum collectio S. 2).
67 Vgl. Hrabans Ausführungen in der Praefatio zu seinem Matthäuskommentar (MG Epp. V S. 389[27-35]); dazu BRUNHÖLZL, Lateinische Literatur S. 334.
68 Quadr. III,62–66=Conl. V,10, 11, 13, 14, 3.
69 Beispiele: Quadr. III,3 §1=Inst. XII,4,5; Quadr. III,17 §1=Inst. XI,18. Ein sehr kennzeichnendes Beispiel für vereinfachende Kürzung findet sich in Kap. III,19: Aus der Hieronymus-Sentenz *quidam de neotericis, graecum versum transferens, elegiaco metro* (Comm. in epist. ad. Gal. III,5) hat der Verfasser ein schlichtes *quidam poeta* geformt. In den Kapp. II,1b; III,29 hat er Aufzählungen in der jeweiligen Vorlage durch hinzugefügte Zahlworte systematischer formuliert.
70 Beispiel: Quadr. III,13=Zitat aus Inst. XI,5.
71 Beispiel: Quadr. III,43 in fine: Paraphrase von Inst. V,23.

Mit der Collectio Dacheriana ist der Verfasser in gleicher Weise verfahren. Auch hier hat er Kapitel samt deren Rubrik ungekürzt übernommen, Zitate aus Kapiteln exzerpiert oder mehrere Zitate zusammengestellt und schließlich zusammenfassend paraphrasiert[72]. Wie die der Dacheriana entnommenen Texte zeigen, interessierte den Verfasser allein der jeweilige dispositive Teil der Konzilskanones oder Papstbriefkapitel; diese aller narrativen Passagen entkleideten Kapitel des 4. Buches des Quadripartitus – gleichermaßen ist bei den übrigen Kapiteln dieses Buches verfahren worden – dürften die Sammlung später in den Augen derjenigen Autoren von Kanonessammlungen für die Übernahme geeignet haben erscheinen lassen, denen auch die Dacheriana vorgelegen hat[73].

Den Äußerungen des Verfassers über sein Exzerpierungsverfahren läßt sich entnehmen, daß er Passagen seiner Vorlagen verkürzt und – dies ist wohl mitgemeint – sinnwahrend übernommen hat; Sinnänderungen dürften demnach in den Kapiteln des Quadripartitus nicht vorhanden sein. Dies trifft auch mit einer Ausnahme zu: In Cassian-Zitaten und Klosterregelbestimmungen sind häufig die monastischen Begriffe durch allgemeinere ersetzt worden, wohl in der Absicht, der jeweiligen Sentenz eine entsprechend allgemeinere Geltung zu verschaffen[74].

Die Herkunft der Zitate und Paraphrasen hat der Verfasser auf unterschiedliche Weise gekennzeichnet. In den ersten drei Büchern sind fast ohne Ausnahme die Väternamen in Form von Autorensiglen marginal verzeichnet, also in einer Form, die seit Beda bekannt und auch im 9. Jahrhundert weit verbreitet gewesen ist[75]; nur wenige Zitate werden mit dem vollen Namen und dem Werktitel eingeleitet[76]. Im 4. Buch hat sich der Verfasser der für kirchenrechtliche Sentenzen geläufigen Inskriptionen bedient, in denen allerdings nahezu ausnahmslos die Kanon- oder Kapitelzahlen fehlen[77]. Auch dieses nach Quellengruppen unterschiedene Verfahren dürfte der Verfasser im Bußbuch Halitgars kennengelernt haben[78]. Im Unterschied zu Halitgar, der in seinen Inskriptionen Zahlen anführt, hat der Verfasser des Quadripartitus wohl nicht präzise die Quelle anführen, sondern allein die Autorität der übernommenen Zitate erweisen wollen, wie in dem Widmungsbrief des Quadripartitus auch eigens betont wird[79].

---

72 Beispiel für ungekürzte Übernahme: Quadr. IV,63=Dach. I,76; Exzerpierung: Quadr. IV,23=Dach. I,24; Zitatkombination: Quadr. IV,306=Dach. II,89; Paraphrase: Quadr. IV,177 aus Dach. II,26,27.

73 S. unten S. 71f.

74 Beispiele: Quadr. III,14=Inst. XI,2 *(hominem–monachum)*; Quadr. IV,244 = Smar. 29,3 = Reg. Ferreoli 20 *(clericum–monachum–monachum)*; Quadr. IV,371=Reg. Isidori 14 *(sacerdoti–patri monasterii)*.

75 Zu den Autorensiglen bei Beda vgl. M. L. W. LAISTNER, Source Marks in Bede Manuscripts, in: The Journal of Theological Studies 34 (1933), S. 350–353; E. F. SUTCLIFFE, Quotations in the Ven. Bede's Commentary on S. Mark, in: Biblica 7 (1926), S. 428–439. Zu Autorensiglen in irischen Kommentaren des 9. Jhs. vgl. B. BISCHOFF, Wendepunkte in der Geschichte der lateinischen Exegese im Frühmittelalter, in: Sacris Erudiri 6 (1954) S. 189–279 (Abdruck in DERS., Mittelalterliche Studien Bd. 1, Stuttgart 1966, S. 205–272, ebd. S. 238–244). Mit Autorensiglen arbeiten auch Claudius von Turin (MG Epp. IV S. 592[14-17]), Hrabanus Maurus (MG Epp. V.S. 389[28-35]) und Paschasius Radbertus (MG Epp. VI S. 141[26f.]). Zu Smaragds Verwendung der Siglen vgl. F. RÄDLE, Studien zu Smaragd von Saint Mihiel (Medium Aevum. Philologische Studien Bd. 29), München 1974, S. 139.

76 S. oben Anm. 6.

77 S. oben S. 44.

78 Zum Zitationsverfahren Halitgars vgl. KOTTJE, Bußbücher S. 174f., 182.

79 *Obsecro, ut si cui haec transscribere placet, eadem patrum nomina, sicut in haec pauperrima exceptione apposita invenerit, suis in opusculis similiter adfigat. Nemo etenim haec sanctorum patrum eloquia praesumptiose reprehendat, sed potius consideret, quae pie sunt dicta et studiose relegat, et opere, ut Dominus*

Die umsichtige Verwendung von Väterzitäten, die überlegte Kürzung kirchenrechtlicher Sentenzen, die Modifikation klösterlicher Bestimmungen und nicht zuletzt der geschickte Umgang mit den verschiedenen Acht-Laster-Schemata deuten nicht auf einen von seinen Vorlagen völlig abhängigen Kompilator, sondern auf einen Verfasser, der mit patristischen und kirchenrechtlichen Texten gleichermaßen vertraut und zu selbständigen Überlegungen befähigt gewesen ist. Die nicht zu diesem Eindruck passende, wenig systematische Ordnung der Kapitel des 4. Buches dürfte in der Tat in dem vom Verfasser behaupteten Zeitmangel begründet sein [80].

Eine nicht geringe Zahl von Sammlungen des allgemeinkirchlichen Rechts und von patristischen Werken ist, so darf nunmehr festgestellt werden, vom Verfasser des Quadripartitus ausgeschrieben worden. Seine Bibliothek umfaßte neben Florilegien und Exzerptsammlungen sicherlich zumindest zehn Handschriften: 1. Die beiden Hauptwerke Cassians, verteilt auf drei Handschriften [81], 2. Isidors Sententiae und De ecclesiasticis officiis, 3. Gregors des Großen Regula pastoralis, 4. die Expositio regulae S. Benedicti Smaragds von S. Mihiel, 5. den Codex regularum des Benedikt von Aniane in einer Handschrift des Typus München, Clm 28118, 6. eine Handschrift des Typus Bern, Burgerbibl. 425 mit der Collectio Dacheriana, einer Exzerptsammlung aus dem Register Gregors des Großen und der pseudocyprianischen Schrift De duodecim abusivis saeculi, 7. die Collectio Remensis in der Art der Handschrift Berlin, Phill. 1743 mit Papstbriefen, ökumenischen und gallischen Konzilskanones sowie den Statuta ecclesiae antiqua, 8. das Bußbuch Halitgars von Cambrai in der Sechs-Bücher-Form. Aus diesen Vorlagen hat der Verfasser zwar nach Möglichkeit verkürzend, doch sinnwahrend exzerpiert und nur selten wohl mit Blick auf den Adressatenkreis seiner Sammlung Begriffe ausgetauscht. Daß er seine Zitate häufiger Zwischensammlungen statt den Originalwerken entnommen haben wird, so wie er Gregors Moralia aus dem Bußbuch Halitgars zitiert, war ein zeitübliches Verfahren; Hrabanus Maurus hat Werke als seine Vorlagen bezeichnet, die er nie vollständig gesehen hat, und Hincmar von Reims hat eine von ihm vorgefundene Kompilation als eigenes Werk ausgegeben [82]. Entscheidend für den Verfasser des Quadripartitus wie für seine Zeitgenossen war die den Vorlagen zugemessene Autorität, die sich von den Namen des Kirchenvaters, Papstes oder Konzils ableitete, dem die betreffende Sentenz zu Recht oder Unrecht zugeschrieben war. Die Namen, nicht der Wortlaut waren ihm Garantie für die Richtigkeit seines Textes.

---

dederit, studiosius adimpleat (RICHTER, Antiqua canonum collectio S. 2). Im Unterschied dazu hat Halitgar die Autorensiglen in seinen ersten beiden Büchern verwendet, um sich Namenwiederholungen zu ersparen und um gleichzeitig dem Vorwurf zu entgehen, ein Plagiator zu sein, vgl. KOTTJE, Bußbücher S. 174.

80 *Idcirco ex innumeris divinis constitutionibus ad corrigendos vel ad instruendos mores humanos tam exigua in hoc corpusculo collegi dicta, quia mihi vestra pia paternitas in parvissimo temporis curriculo cursu hec iussit explere velocissimo* (MAASSEN, Geschichte der Quellen S. 853 Anm. 2).

81 Zu den in Teilen, d. h. in jeweils einem Codex herausgegebenen Conlationes und Instituta s. oben Anm. 29.

82 Zu Hraban vgl. A. E. SCHÖNBACH, Über einige Evangelienkommentare des Mittelalters (Sitzungsberichte der kaiserlichen Akademie der Wissenschaften, phil.-hist. Klasse 146,4), Wien 1903, S. 11, 102 f.; zu Hincmar vgl. SCHMITZ (wie oben Anm. 21) S. 412 f.

III. Verbreitung und Rezeption

Der umfangreiche Quadripartitus, so darf man als gewiß annehmen, wird nur abgeschrieben worden sein, wenn sein Besitz für nützlich und notwendig erachtet worden ist; desgleichen wird er nur dann zur Abfassung einer neuen Sammlung herangezogen und damit wohl auch anderen Sammlungen vorgezogen worden sein, wenn er nicht nur als sinnvoll gestaltet, sondern auch von späteren Benutzern als durchaus noch zeitgemäß betrachtet worden ist. Der Umfang der handschriftlichen Verbreitung und der der Rezeption durch spätere Sammlungen sind somit die wichtigsten Indizien für die Bedeutung des Quadripartitus während des Mittelalters.

Mit ersterem, dem Umfang der handschriftlichen Verbreitung, ist nicht allein die Zahl, sondern auch der Raum gemeint, in dem während des frühen Mittelalters Handschriften des Quadripartitus geschrieben, aufbewahrt und sicherlich auch benutzt worden sind. Eine Benutzung eigener Art meint das zweite Indiz, der Umfang der Rezeption: Hier geht es ebenfalls nicht allein um die Zahl der mittelalterlichen Autoren, die sich des Quadripartitus als einer Materialsammlung für eigene Werke bedient haben, sondern auch um Zahl und Art der übernommenen Sentenzen im Verhältnis zu der anderer Vorlagen und damit letztlich um den Einfluß des Quadripartitus auf spätere Sammlungen.

1. Handschriftliche Verbreitung

Die Zahl von neun heute bekannten Handschriften mit Quadripartitus-Überlieferung ist wegen erfolgter Verluste gewiß derart zufällig, daß sie allein keine Aussagekraft besitzt. Im Vergleich mit der handschriftlichen Überlieferung anderer kirchenrechtlicher Sammlungen des 9. Jahrhunderts jedoch, die ebenfalls bereits unmittelbar nach ihrer Entstehung über Westeuropa verbreitet gewesen sind und die deshalb in vergleichbarem Maß von Handschriftenverlusten betroffen gewesen sein dürften, kann diese Zahl durchaus aufschlußreich sein[1]. Zum Vergleich bieten sich drei sehr verschiedenartige Sammlungen an, deren handschriftliche Verbreitung jüngst genauer untersucht worden ist: Die Collectio Dacheriana als systematische, die Themen der karolingischen Kirchenreform behandelnde Sammlung, das Bußbuch Halitgars von Cambrai als gleichfalls der Reform verpflichtetes, doch thematisch begrenztes Werk und schließlich die Pseudoisidorischen Dekretalen als umfassendes, historisch geordnetes »Handbuch des kirchlichen Lebens«[2].

Gegenüber den neun Handschriften mit Quadripartitus-Überlieferung sind aus demselben Zeitraum (9.–12. Jahrhundert) 52 Codices der verschiedenen Versionen der Dacheriana[3], 69 Handschriften mit vollständiger oder Teilüberlieferung des Halitgarschen Bußbuches[4] und

---

1 Vgl. R. Kottje, Zum Anteil Kölns an den geistigen Auseinandersetzungen in der Zeit des Investiturstreits und der Gregorianischen Kirchenreform, in: Rheinische Vierteljahresblätter 41 (1977), S. 40–52, ebd. S. 43.
2 Zitat bei Fuhrmann, Einfluß I S. 58.
3 Vgl. Mordek, Kirchenrecht S. 261ff., 667.
4 Vgl. Kottje, Bußbücher S. 14–83.

weit über 115 Handschriften der pseudoisidorischen Dekretalen[5] bekannt. Das ungleiche Zahlenverhältnis ändert sich auch nicht zugunsten des Quadripartitus, wenn man nur die Handschriften der Sammlungen in den Vergleich einbezieht, die dem 9. Jahrhundert, der Zeit der Entstehung aller vier Sammlungen, entstammen: 30 Codices der Dacheriana können sicher in das 9. Jahrhundert datiert werden; sie zeugen damit von sehr rascher Verbreitung. 23 Handschriften des Paenitentiale Halitgarii beweisen noch heute dessen räumlich begrenzten, doch innerhalb dieser Grenzen beachtlichen Einfluß für das 9. Jahrhundert, und die heutige Kenntnis von zwölf Handschriften der Falschen Dekretalen hat Fuhrmann angesichts des Umfangs der Falsifikate veranlaßt, »ihre geradezu explosionsartige handschriftliche Verbreitung« zu konstatieren[6]. Sehr bescheiden nehmen sich neben diesen Zahlen die beiden im 9. Jahrhundert geschriebenen Codices des Quadripartitus (StV_{10}) aus. Wahrscheinlich haben nicht die widrigen Zeitverhältnisse in der zweiten Hälfte des 9. Jahrhunderts die Verbreitung des Quadripartitus verhindert, sondern die andersgearteten Interessen der theologisch und kirchenrechtlich Gebildeten dieser Zeit, während Dacheriana, Halitgars Bußbuch, Pseudoisidorische Dekretalen und selbst die Kanones eines einzelnen Konzils (Worms 868) trotz der Zeitverhältnisse in umfangreichem Maß handschriftlich verbreitet gewesen sind[7]. Zudem haben auch die Menschen der folgenden drei Jahrhunderte im Quadripartitus nur selten ein Werk gesehen, dessen Abschrift und Verbreitung sie für nützlich erachtet haben[8].

Ein ungenaues Bild von der Verbreitung des Quadripartitus erhält man allerdings, wenn man allein die Zahl der bekannten Handschriften betrachtet. Ein Blick auf den Textbestand und die Schriftheimat der Handschriften lehrt nämlich, feinere Unterscheidungen und Eigentümlichkeiten der Überlieferung zu sehen. So fällt auf, daß das überwiegend aus kirchenrechtlichen Sentenzen bestehende 4. Buch in acht Zeugen und somit häufiger überliefert ist als die übrigen Bücher[9], das Werk in seiner wohl ursprünglichen Vier-Bücher-Form hingegen nur in vier Zeugen ($StTrV_{11}W$). Noch geringeres Interesse, als die Zahl der bekannten Handschriften andeutet, hat offensichtlich der Quadripartitus in der ihm wohl vom Verfasser gegebenen Form gefunden, während eines seiner Teile in ungleich höherem Maß beachtet worden ist.

Weiterhin fällt auf, daß die räumliche Verbreitung des Quadripartitus vom 9. bis zum 12. Jahrhundert in einem gewissen Gegensatz zu seiner zahlenmäßig geringen Verbreitung steht. Umfangreiche Teile oder die gesamte Sammlung sind, legt man die heutige politische Gliederung Europas zugrunde, vom nordöstlichen Frankreich (V_{10}) in das benachbarte Süd- bzw. Westdeutschland und das angrenzende Österreich (StTrW), nach Belgien und nach England (AnO) sowie nach Italien (McV_{11}) gelangt[10]. Ein Blick auf die Bibliotheksheimat der Handschriften schließlich lehrt, daß dieses für den *sacerdos* bestimmte Werk, sei er nun Bußpriester, Bischof oder Archidiakon, zumeist in Klosterbibliotheken aufbewahrt worden ist;

---

5 Vgl. FUHRMANN, Einfluß I S. 168 ff.
6 Zur Verbreitung der Collectio Dacheriana vgl. MORDEK, Kirchenrecht S. 12, zum räumlich begrenzten Einfluß von Halitgars Bußbuch vgl. KOTTJE, Bußbücher S. 251, und zur Verbreitung der Pseudoisidorischen Dekretalen vgl. FUHRMANN, Einfluß I S. 232 f.
7 Zur Verbreitung der Wormser Beschlüsse vgl. HARTMANN, Konzil von Worms S. 17.
8 Zu dem gegen Ende der vorgratianischen Zeit rasch schwindenden Interesse an älteren kirchenrechtlichen Sammlungen vgl. KOTTJE, Antwerpener Handschrift S. 67 mit Literaturhinweisen.
9 S. oben S. 46.
10 Zum Entstehungsraum des Quadripartitus s. unten S. 78.

alle Handschriften, deren Provenienz ermittelt werden konnte, sind in Klosterskriptorien geschrieben worden oder haben während des Mittelalters einer Klosterbibliothek angehört[11]. Aus diesem Umstand darf allerdings nicht geschlossen werden, daß der Quadripartitus nur im klösterlichen, kaum aber im Diözesanbereich verbreitet gewesen ist; auch Reginos Sendhandbuch, ganz ohne Zweifel für die Hand des Bischofs oder des Archidiakons bestimmt, ist bevorzugt aus Klosterbibliotheken überliefert[12]. Vielmehr dürfte die zum Teil bereits früh bezeugte klösterliche Bibliotheksheimat darauf hindeuten, daß auch diesen Bibliotheken die im Bereich der Diözese benutzten Bücher anvertraut gewesen sind.

2. Rezeption in kirchenrechtlichen und anderen Sammlungen

Die Rezeption des Quadripartitus, nicht die Themen, die Tendenz oder die damals nur teilweise bekannte handschriftliche Überlieferung hat die Ballerini seinerzeit zu ihrem gewichtigen Urteil über die Bedeutung der Sammlung veranlaßt[13]. Sie galt ihnen schon deshalb als editionswürdig, weil Regino von Prüm sie für sein Sendhandbuch in großem Umfang ausgeschrieben hatte. Zudem hatten sie nachgewiesen, daß ein dem Erzbischof Egbert von York († 766) zugeschriebenes Werk ebenfalls mit Hilfe des 4. Buches des Quadripartitus kompiliert worden ist[14]. Fourniers Entdeckung einer weiteren umfangreichen Rezeption in einer Sammlung des Codex Ambrosianus A 46 inf. sowie einer gegenüber den anderen Rezeptionen eigentümlichen Benutzung in der Collectio Tripartita scheinen das Urteil der Ballerini zu bestätigen[15].

Den vier genannten Sammlungen können drei weitere hinzugefügt werden, die den Quadripartitus ebenfalls in bedeutendem Maß ausgeschrieben haben: die kirchenrechtliche Sammlung der Handschrift Trier, Stadtbibl. 1098/14, die Collectio Sinemuriensis und schließlich die Traktatsammlung der Handschrift Paris, Bibl. Nat. n.a.l. 352. Zudem ist der Quadripartitus in geringem Umfang auch von Erzbischof Wulfstan für sein »Handbuch« und vom Verfasser der Sammlung der Handschrift Vat. lat. 3830 herangezogen worden[16].

---

11 An: Kartause S'Coningsdale; Mc: Kloster Monte Cassino; O: Kathedralkonvent Exeter; St: Schriftheimat wahrscheinlich das Kloster auf der Reichenau; Tr: Kloster St. Eucharius/St. Matthias; Vd: Kloster S. Trinité.
12 Vgl. MORDEK, Kirchenrecht S. 4f. Anm. 12.
13 S. oben S. 35f.
14 Vgl. BALLERINI, De antiquis collectionibus (MIGNE, PL 56, Sp. 300AB).
15 Vgl. FOURNIER, Un groupe S. 373–399; DERS., Collections canoniques S. 692–696.
16 Zu Wulfstans »Handbuch« vgl. SAUER, Wulfstans »Handbuch« S. 341–384, zur Quadripartitus-Rezeption die Übersicht über den Inhalt der Handschrift Oxford, Bodl. Library, Barlow 37 ebd. S. 348–356: Text 13.b entspricht Quadr. IV,24,26, Text 19.a entspricht Quadr. IV,78. Als Vorlage kommt O in Betracht, die bereits von der bisherigen Forschung zur Gruppe der Handschriften gezählt worden ist, die mit Wulfstans Scriptorien in Verbindung zu bringen sind, vgl. SAUER, a.a.O. S. 343ff., 380. Die ebenfalls Wulfstan zugänglichen Excerptiones Ps.-Egberti bieten nur die Quadripartitus-Kapitel IV,24,26 als Kapp. XVIII,XIX (ed. ARONSTAM, Excerptiones Egberti S. 124f.). In der italienischen, im 2. Viertel des 11. Jhs. entstandenen Sammlung der Handschrift Vat. lat. 3830 (vgl. MORDEK, Kirchenrecht S. 121 Anm. 91; STICKLER, Historia S. 154; van HOVE, Prolegomena S. 316; FOURNIER–LE BRAS, Histoire I S. 453f.) finden sich fol. 13ʳ die Kapp. IV,206,207 des Quadripartitus (freundlicher Hinweis von Herrn R. Pokorny, München), ersteres mit der Zählung CCV sowie mit einer Variante, die von den bekannten Handschriften des Quadripartitus nur V_{10} und Mc überliefern. Zu der behaupteten Quadripartitus-Rezeption in der Handschrift Paris, Bibl. Nat., lat. 8508 s. oben S. 58 Anm. 26.

a) Die zweite Sammlung in zwei Büchern der Handschrift Mailand A 46 inf.

Von den beiden anonymen Zwei-Bücher-Sammlungen, welche in der Handschrift A 46 inf. der Mailänder Biblioteca Ambrosiana überliefert sind, ist die zweite bislang kaum beachtet worden; die häufige Erwähnung der Handschrift gilt fast ohne Ausnahme der ersten Sammlung in zwei Büchern mit ihren Pseudoisidor-Exzerpten sowie dem dritten und vierten Teil des Codex mit ihren Auszügen aus Kapitularien und dem römischen Recht[17]. Fournier hatte die Handschrift noch für eine italienische Arbeit des 10. Jahrhunderts gehalten, doch steht nunmehr ihre Entstehung am Ende des 9. Jahrhunderts in der Umgebung von Reims fest[18]. Da bislang nichts gegen die Vermutung spricht, daß die Handschrift das Erstexemplar ihres Typus darstellt, sind wohl ihre Entstehungszeit und ihre Schriftheimat mit den entsprechenden Daten der in ihr überlieferten Sammlungen identisch. Somit dürfte die hier allein interessierende zweite Sammlung in zwei Büchern gegen Ende des 9. Jahrhunderts in der Umgebung von Reims kompiliert worden sein.

Die Sammlung besteht nicht lediglich aus zwei Reihen kirchenrechtlicher Bestimmungen, die äußerlich nicht miteinander verbunden sind[19], sondern sie ist ein absichtsvoll in zwei Bücher geteiltes und einem einzigen Thema gewidmetes Werk. Zwar besitzt die Sammlung keinen beiden Teilen gemeinsamen Titel, aber die vorangestellten Capitulationes der Bücher und vor allem die mit der Überschrift des 2. Buches des Quadripartitus übereinstimmende Überschrift des 2. Buches der Sammlung *(Incipit liber secundus ex opusculis uel institutis catholicorum patrum breuiter excerptus)* zeigen die auch äußerlich erkennbare Gestaltung der Sammlung[20].

Als ein ausschließlich dem Thema Buße gewidmetes Werk dürfte die zweite Sammlung in zwei Büchern als Ergänzung der ersten Sammlung kompiliert worden sein[21]. Als Vorlagen sind herangezogen worden das Enchiridion ad Laurentium des Augustinus, die Collectio Dacheriana und der Quadripartitus[22]. Der Kompilator hat die ihn interessierenden Kapitel dieser Vorlagen in der vorliegenden Abfolge exzerpiert und dabei eine gewisse Unkenntnis der Herkunft kirchenrechtlicher Bestimmungen an den Tag gelegt, denn er hat die Kapitelzählung im 4. Buch des Quadripartitus jeweils zu den zahlenlosen Inskriptionen gezogen. Von den 300 Kapiteln der Sammlung (1. Buch: 133; 2. Buch: 167) entstammen 201 dem Quadripartitus: 40 sind dem 2. Buch, 10 dem 3. Buch und 151 dem 4. Buch entnommen worden. Hauptquelle der Collectio Mediolanensis secunda, deren 2. Buch im übrigen ausschließlich mit Kapiteln des

---

17 Vgl. FOURNIER, Un groupe S. 375–386; S. WILLIAMS, Codices Pseudo-Isidoriani. A Paleographico-Historical Study (Monumenta iuris canonici. Series C: Subsida Bd. 3), New York 1971, S. 89; FUHRMANN, Einfluß I–III (vgl. Handschriftenregister); MORDEK, Kirchenrecht S. 130f.; H. JOHN (ed.), Collectio canonum Remedio Curiensi episcopo perperam ascripta (Monumenta iuris canonici. Series B: Corpus collectionum Bd. 2), Città del Vaticano 1976, S. 5, 7, 103–106, 117.
18 Vgl. FOURNIER, Un groupe S. 373; zur Datierung saec. IX$^{4/4}$, IX–X, Umgebung von Reims vgl. MORDEK, Kirchenrecht S. 130 Anm. 144.
19 So FOURNIER, Un groupe S. 386.
20 Die Capitulationes foll. 1^r–6^r gingen ursprünglich in der Handschrift den Corpora des 1. (foll. 86^r–107^r) und 2. Buches (foll. 107^r–130^v) voraus, bis die die Capitulationes bietende 12. Lage an den Anfang der Handschrift verbunden worden ist (freundlicher brieflicher Hinweis von Herrn R. Pokorny, München, wodurch der Hinweis Fourniers [FOURNIER–LE BRAS, Histoire I S. 333] auf die gestörte Lagenfolge präzisiert wird).
21 So schon FOURNIER, Un groupe S. 386f.
22 Zu den Vorlagen vgl. FOURNIER, a. a. O. S. 387ff.

2. und 4. Buches des Quadripartitus gestaltet worden ist, war folglich diese Sammlung. Dem Kompilator hat keine der bekannten Handschriften des Quadripartitus vorgelegen; wegen der Übernahmen aus dem 2. und 3. Buch dürfte eine Handschrift der ursprünglichen Form benutzt worden sein.

b) Das Sendhandbuch Reginos von Prüm

Die Libri duo de synodalibus causis et disciplinis ecclesiasticis Reginos von Prüm, um das Jahr 906 auf Bitten des Erzbischofs Ratbod von Trier abgefaßt und dazu bestimmt, im Sendgericht als Nachschlagewerk zu dienen, als *enkyridion ... si quando plenitudo librorum vestrorum in praesentiarum non est*, wie es in der Widmungsvorrede an Erzbischof Hatto von Mainz heißt[23], zählen zwar nicht zu den weitverbreiteten vorgratianischen Kirchenrechtssammlungen, doch ist die Mehrzahl der von Regino zusammengestellten Sentenzen durch das Dekret Burchards von Worms rezipiert worden, was ihnen weite Verbreitung und Tradition bis hin zu Gratians Dekret gesichert hat[24].

Schon die Ballerini hatten auf das 4. Buch des Quadripartitus als Vorlage Reginos aufmerksam gemacht, Wasserschleben dann im Rahmen seiner Edition des Sendhandbuchs die Einzelnachweise in den Fußnoten aufgeführt[25]. Seinen Provenienzangaben zufolge, deren Prüfung ihre Zuverlässigkeit erwiesen hat, stammen von den 909 Kapiteln des Sendhandbuchs 155 (= 17%) aus dem Quadripartitus; diesen Fundus hat Regino nahezu gleichmäßig auf beide Bücher verteilt[26]. Nur ein Kapitel stammt aus dem 2. Buch, die übrigen alle aus dem 4. Buch[27]. Da dieses eine Kapitel sich meines Wissens erstmals im Quadripartitus findet, müßte Regino eine Handschrift der ursprünglichen Form benutzt haben[28]. Die Vorlage Reginos befindet sich allerdings nicht unter den heute bekannten Handschriften des Quadripartitus.

Daß Regino, wie schon mehrmals bemerkt worden ist, aus dem 4. Buch auch zahlreiche Klosterregelbestimmungen und Väterzitate übernommen hat, ist im Grunde nicht verwunderlich, da diese Textgruppe nicht von allen kirchenrechtlichen Sammlungen tradiert wird, im Quadripartitus aber recht bedeutend ist[29]. Daß Regino aber auch Exzerpte aus Konzilskanones und Papstbriefen übernommen hat, die er doch auch seinem Exemplar der Collectio Dacheriana

---

23 WASSERSCHLEBEN, Reginonis libri S. 2.
24 Zur Rezeption vgl. M. KERNER, Studien zum Dekret des Bischofs Burchard von Worms, phil. Diss. Aachen 1970, Teil I S. 22; zur Verbreitung des Dekrets vgl. G. FRANSEN, Le Décret de Burchard de Worms. Valeur du texte de l'édition. Essai de classement des manuscrits, in: ZRG Kan 94 (1977), S. 1–19; zum Einfluß vgl. FUHRMANN, Einfluß II S. 450–461.
25 Vgl. BALLERINI, De antiquis collectionibus (MIGNE, PL 56, Sp. 301D–302A); WASSERSCHLEBEN, Reginonis libri S. 27–392.
26 In das 1., dem Klerikersend gewidmete Buch sind 80 und in das für den Laiensend bestimmte 2. Buch sind 75 Kapitel übernommen worden.
27 Reg. I,174=Quadr. II,41. Die Herkunft dieses Kapitels habe ich bisher nicht ermitteln können; es ist, wie Herr Theo Kölzer, Gießen, freundlicherweise mitgeteilt hat, über das Decretum Burchardi (II,190) in die Collectio Farfensis (1.73.3) gelangt.
28 WASSERSCHLEBEN, Beiträge S. 6 hat auf V_{10} und Mc verwiesen, die allerdings nur das 4. Buch überliefern. Die Vier-Bücher-Form als Vorlage Reginos hat vorausgesetzt ARONSTAM, Excerptiones Egberti S. 155.
29 S. oben S. 60f. J. RAMBAUD-BUHOT, La critique des faux dans l'ancien droit canonique, in: Bibliothèque de l'École des Chartes 126 (1968), S. 5–62, hat ebd. S. 31 Regino als denjenigen bezeichnet, der Klosterregelbestimmungen als erster rezipiert habe.

hätte entnehmen können, ist nicht in demselben Maß verständlich. Reginos Bevorzugung des Quadripartitus dürfte in dem Verfahren von dessen Verfasser begründet sein, aus den häufig umfangreichen Konzilskanones und Papstbriefauszügen der Dacheriana lediglich den dispositiven Teil zu übernehmen und die dazugehörige Rubrik ebenfalls zu kürzen[30]. Regino hat offenbar die Textdarbietung des Quadripartitus häufig höher eingeschätzt als die der Collectio Dacheriana.

c) Die Excerptiones Ps.-Egberti

Die sogenannten Excerptiones Egberti, von García y García zu den »colecciones menores francesas« der Zeit zwischen der karolingischen und der gregorianischen Reform gezählt und noch kürzlich als Bischofskapitulare bezeichnet, ist eine zu Beginn des 11. Jahrhunderts in Südengland entstandene kirchenrechtliche Sammlung wohl für die Hand eines Bischofs[31]. Eine ihrer beiden Rezensionen – der Archetyp der Sammlung ist offenbar nicht mehr erhalten – ist bereits 1639 erstmals gedruckt, beide Rezensionen sind kürzlich kritisch ediert worden[32].

Den Beweis für die Abhängigkeit der Excerptiones vom Quadripartitus hatten seinerzeit schon die Ballerini erbracht, ohne allerdings dessen Rolle als Hauptvorlage zu erkennen[33]. Denn von den 142 Kapiteln des Kernbestandes der längeren Rezension – die kürzere verfügt über einen Kernbestand von 112 Kapiteln – sind 47 aus dem 4. Buch des Quadripartitus übernommen worden. Dem Umfang der Rezeption entspricht deren Bedeutung: Die zahlreich aufgenommenen altkirchlichen Konzilskanones, die bei dem Autor der Excerptiones offenbar in hohem Ansehen gestanden haben, entstammen zumeist dem Quadripartitus[34].

Dem Autor der Excerptiones hat sehr wahrscheinlich die Handschrift O des Quadripartitus, in jedem Fall aber der Typus dieser Handschrift vorgelegen[35]. Das in dieser Überlieferungsform enthaltene 2. und 3. Buch mit ihren Väterzitaten ist folglich ignoriert worden; hingegen hat das 4. Buch des Quadripartitus, unmittelbar in Gestalt der Handschrift O und indirekt als Hauptquelle der Excerptiones für deren Bestand an Konzilskanones, sicherlich zur

---

30 Zum Exzerpierungsverfahren s. oben S. 64f.
31 Vgl. GARCÍA Y GARCÍA, Historia S. 304 Anm. 43; zur Kennzeichnung als Bischofskapitulare vgl. LANDAU–FOWLER, Forschungsprogramm S. 93; zum Abfassungszweck vgl. ARONSTAM, Excerptiones Egberti S. 14; zur Sammlung zuletzt SAUER (wie oben Anm. 16) S. 347f.
32 Editio princeps bei SPELMAN, Concilia I S. 258–275; Edition bei ARONSTAM, Excerptiones Egberti S. 55–129.
33 S. oben S. 69 mit Anm. 14.
34 Für den hohen normativen Wert der Konzilskanones in den Augen des Autors sprechen die ersten beiden Sentenzen der längeren und die zweite Sentenz der kürzeren Rezension (ed. ARONSTAM, Excerptiones Egberti S. 55), in denen die Bedeutung und die unbedingt erforderliche Kenntnis der Kanones betont werden. Demgegenüber hat der Autor nur wenige Papstbriefexzerpte in sein Werk übernommen; vgl. FOURNIER–LE BRAS, Histoire I S. 318f.
35 Für die Vorlage zumindest des Typus der Handschrift O spricht: 1. Die Überlieferung des 1. Bischofskapitulare Ghärbalds von Lüttich in Handschriften beider Rezensionen der Excerptiones stimmt in der Folge und in einer charakteristischen Lesart mit der Überlieferung dieses Kapitulare in O überein, s. oben S. 21 mit Anm. 32. 2. Von den bisher bekannten Handschriften des Quadripartitus überliefert allein O in Kap. IV,350 die Lesart *audeat* statt *praesumat*, die ebenfalls Kap. 72 der Excerptiones tradiert.

Kenntnis des altkirchlichen und frühmittelalterlichen Kirchenrechts im angelsächsischen England um die Jahrtausendwende beigetragen[36].

d) Die Collectio Sinemuriensis

Auf die Collectio Sinemuriensis ist erstmals vor einigen Jahren hingewiesen worden: Die Sammlung sei in zwei Handschriften mit gewissen Unterschieden überliefert, in drei Bücher mit jeweils einer vorausgehenden Capitulatio eingeteilt und überwiegend aus kirchenrechtlichen Texten und Sammlungen kompiliert, deren jüngste das Dekret Burchards von Worms sei[37]. Die Untersuchung der Sammlung, von der zwischenzeitlich zwei weitere Handschriften entdeckt worden sind, hat neben ihrem Reformcharakter ergeben, daß die ältere der beiden überlieferten Versionen um das Jahr 1059 in Reims entstanden ist[38]. Der erste Teil der Collectio Sinemuriensis stimmt mit dem ersten Teil der Collectio Tripartita Ivos von Chartres so weitgehend überein, daß zufällige Übereinstimmung ausgeschlossen ist; Ivo müßte demnach für Teil A seiner Collectio Tripartita auf eine bisher unbekannte, das Material schon weitgehend geordnet bietende Vorlage zurückgegriffen haben.

Der Quadripartitus ist bereits in der 1. Version der Sammlung, repräsentiert durch die Handschrift Semur-en-Auxois, Bibl. Munic. M 13, rezipiert und auch in die 2. Version, überliefert in der Handschrift Orléans, Bibl. Munic. 306, übernommen worden. In dieser von mir verglichenen Version finden sich zu Beginn des 2. Buches 24 Kapitel aus dem 4. Buch des Quadripartitus in unveränderter Reihenfolge; dies deutet darauf hin, daß der Kapitelblock so wohl schon in der 1. Version der Sinemuriensis gestanden hat[39].

Somit gehört der Quadripartitus sicherlich nicht zu den wichtigsten Vorlagen der Collectio Sinemuriensis, sondern er hat nur einen zahlenmäßig bescheidenen, thematisch nicht begrenzten Kapitelblock geliefert. Doch darf es wohl als bemerkenswert gelten, wenn neben dem im 11. Jahrhundert entstandenen und dem reformerischen Zeitgeist so entsprechenden Decretum Burchardi auch der aus dem 9. Jahrhundert stammende Quadripartitus noch gelesen und exzerpiert worden ist.

---

36 Neben den beiden genannten Wirkungsbereichen, also der Existenz der Handschrift O und der handschriftlichen Verbreitung der Excerptiones, muß außerdem die Rezeption letzterer Sammlung durch Aelfric von Eynsham († 1020) und Erzbischof Wulfstan von York (1003–1023) berücksichtigt werden, vgl. ARONSTAM, Excerptiones Egberti S. 32f., 140–153; FUHRMANN, Einfluß I S. 231 Anm. 125.
37 Vgl. G. FRANSEN, Manuscrits de collections canoniques, in: BMCL 6 (1976), S. 67–71 mit Hinweis auf die Handschriften Madrid, Biblioteca Nacional 428 und Semur-en-Auxois, Bibl. Munic. M 13.
38 Die hier genannten Angaben sowie die Mitteilung, daß auch die Handschriften Orléans, Bibl. Munic. 306 und Sélestat, Bibl. Munic. 13 (99) die Collectio Sinemuriensis überliefern, verdanke ich Frau Linda Fowler-Magerl, Regensburg, der für ihre freundlichen Schreiben auch an dieser Stelle gedankt sei. Nähere Angaben zu den Handschriften der Sammlung finden sich in ihrem demnächst erscheinenden Werk: Ordo iudiciorum vel ordo iudiciarius. Begriff und Literaturgattung.
39 Handschrift Semur-en-Auxois, Bibl. Munic. M 13 (1. Version): Kapp. 252, 254–272, 276–279; Handschrift Orléans, Bibl. Munic. 306 (2. Version): Kapp. II,20, 22–40, 44–47. Zwischen den Quadripartitus-Kapiteln finden sich ein Coelestin- und mehrere Augustinus-Zitate. Die Vorlage befindet sich nicht unter den heute bekannten Handschriften des Quadripartitus; wenige Lesarten deuten auf eine Handschrift der Familie AnVd.

e) Die Collectio Tripartita

Ob Ivo, der als Bischof von Chartres nicht nur zwei systematisch geordnete Kirchenrechtssammlungen verfaßt, sondern auch durch seine publizistische Tätigkeit maßgeblich zur Lösung des Investiturstreits beigetragen hat, als Verfasser der Collectio Tripartita bezeichnet werden darf, ist bislang nicht völlig geklärt, aber aus einer Reihe von Gründen wahrscheinlich[40]. Mit der Erforschung der noch unedierten und erst in der neuzeitlichen Forschung sogenannten Collectio Tripartita hat Paul Fournier begonnen, dessen Quellenanalyse ergeben hat, daß für den ersten, vor dem Dekret Ivos verfaßten Teil des Werkes, die sogenannte Form A, unter anderem das 4. Buch des Quadripartitus herangezogen worden ist, und zwar in eigentümlicher Weise[41]. Ivo ist offenbar nicht in erster Linie an inhaltlich geeigneten Kapiteln interessiert gewesen, sondern an den Klosterregelbestimmungen und Väterzitaten des 4. Buches, also an einer bestimmten Textgruppe seiner Vorlage[42].

Die zumeist in der vorgegebenen Reihenfolge exzerpierten 35 Sentenzen verteilen sich auf zwei Blöcke, deren erster mit 23 Kapiteln auf einige Kanones des Konzils von Konstantinopel und mehrere Patreszitate folgt, während der aus 12 Kapiteln bestehende zweite Block sich an die spanischen Konzilien am Ende der Form A anschließt. Die Zahl von 35 Sentenzen ist gegenüber den 1459 Kapiteln der Form A geradezu verschwindend gering, doch dürfte der Einfluß des Quadripartitus höher anzusetzen sein, da wohl dessen Vätersentenzen Ivo veranlaßt haben dürften, entgegen seinem ursprünglichen Plan auch andere Autoritäten als die vorgesehenen Päpste und Konzilsväter in seinem Werk zu Wort kommen zu lassen[43].

f) Die kirchenrechtliche Sammelhandschrift Trier, Stadtbibl. 1098/14

Die aus dem Kloster St. Matthias stammende Handschrift Trier, Stadtbibl. 1098/14 enthält laut Katalog fol. 94 bis 110 Auszüge aus dem 1. Buch der Kapitulariensammlung des Ansegis von Fontenelle[44]. Nicht erwähnt werden die Auszüge aus mehreren systematischen Kanonessammlungen des 9. und 10. Jahrhunderts, die in diesem ursprünglich weit umfangreicheren Teil der Handschrift überliefert sind[45]. Erhalten sind, im Anschluß an Ansegis, Auszüge aus der

---

40 Vgl. FOURNIER-LE BRAS, Histoire II S. 99–105; FUHRMANN, Einfluß II S. 378 Anm. 62, S. 542.
41 Zu Fourniers Beiträgen vgl. FUHRMANN, a.a.O. S. 542 Anm. 320.
42 Zum Quadripartitus als Vorlage der Tripartita vgl. FOURNIER, Collections canoniques S. 692–696, dessen Angaben in den Tripartita-Handschriften Berlin, Staatsbibl. Preußischer Kulturbesitz, lat. fol. 197 und Paris, Bibl. Nat., lat. 3858 B nachgeprüft worden sind; zu diesen Handschriften vgl. FUHRMANN, Einfluß III S. 776.
43 Vgl. FOURNIER, Collections canoniques S. 675 Anm. 1 mit dem Hinweis, daß die Zweiteilung dieser Form der Tripartita in einen aus Papstbriefexzerpten und einen aus Konzilskanones bestehenden Abschnitt dem ursprünglichen Plan entsprochen habe, die dem Quadripartitus entnommenen Sentenzen hingegen eine Ergänzung darstellten.
44 Vgl. G. KENTENICH, Beschreibendes Verzeichnis der Handschriften der Stadtbibliothek zu Trier, 10. Heft: Die philologischen Handschriften, Trier 1931, S. 29, der die gesamte Handschrift in das 13. Jh. datiert.
45 Die Handschrift, deren Kenntnis ich einem freundlichen Hinweis von Herrn PD Wilfried Hartmann, München, verdanke, besteht aus fünf ursprünglich voneinander unabhängigen Teilen, die der Inhaltsangabe auf dem Pergamentvorsatzblatt zufolge seit dem 15. Jh. miteinander verbunden sind. Der hier allein interessierende Teil IV reicht von fol. 94 bis 113 und besteht aus drei Lagen, die die Signaturen *XII*, *XIII* und *XIIII* tragen. Dieser Teil war demnach einmal Bestandteil einer mindestens 14 Lagen umfassenden Handschrift.

Collectio Dacheriana, dem Konzil von Worms a. 868, dem Quadripartitus und dem Sendhandbuch Reginos. Sie sind der Schrift dieses Teils der Handschrift zufolge im 12. Jahrhundert geschrieben und möglicherweise auch zusammengestellt worden; die Bibliotheksheimat St. Eucharius-St. Matthias dürfte auch die Schriftheimat sein, denn die auf dem Pergamentvorsatzblatt eingetragenen, auf den Namen des Eucharius lautenden Besitzeinträge des 12. Jahrhunderts können nur mit diesem Teil in Verbindung gebracht werden[46].

Der Kompilator der Exzerptsammlung hat aus dem 4. Buch des Quadripartitus 25 Kapitel übernommen. Diese Kapitel hat er, entsprechend seinem bei den übrigen Vorlagen beobachteten Verfahren, in der Abfolge des Quadripartitus exzerpiert, so wie er auch die Rubriken und Inskriptionen nicht mitübernommen hat. Der Gesichtspunkt, unter dem der Kompilator das 4. Buch durchgesehen hat, scheint ein recht allgemeiner gewesen zu sein, da in einer diesem Buch vergleichbaren ungeordneten Themenfolge verschiedene Delikte von Klerikern, Mönchen und Laien aufgeführt werden. Ob die Vorlage der unvollständigen Quadripartitus-Handschrift Tr, wahrscheinlich eine Handschrift der ursprünglichen, vier Bücher umfassenden Form, auch von dem Kompilator der Exzerptsammlung ausgeschrieben worden ist, darf als Möglichkeit angenommen werden, während hingegen die Trierer Handschrift der Libri duo Reginos (Trier, Stadtbibl. 927/1882) aufgrund ihrer Lesarten als Vorlage für die Exzerpte aus dem Sendhandbuch nicht in Betracht kommt.

g) Die Traktate der Handschrift Paris, Bibl. Nat. n. a. l. 352

In der Handschrift Paris, Bibl. Nat. n. a. l. 352 ist eine Reihe von Texten überliefert, die theologische und das Priestertum betreffende Fragen, vor allem aber den Priester als den Verwalter des Bußsakraments betreffen[47]. Vier dieser Texte stellen kleine, in sich abgeschlossene Traktate zu den Themen *De vita sacerdotum*, *De confessionis sacramento*, *Tractatus penitentie* und *De octo viciis principalibus* dar, die alle bis auf wenige Kapitel aus den ersten drei Büchern des Quadripartitus gearbeitet worden sind.

Der erste Traktat (foll. 7ra–10va) trägt den Titel *Incipiunt capitula super librum de vita sacerdotum* und besteht aus einer Capitulatio, den Kapiteln I,1–11 des Quadripartitus und aus drei weiteren Kapiteln, die aus Väterzitaten kompiliert worden sind; der unmittelbar folgende zweite Traktat (foll. 10va–13vb) mit dem Titel *Incipiunt capitula super tractatum de sacramento confessionis*, einer Capitulatio, einem aus Bibel- und Väterzitaten zusammengestellten Kapitel sowie den Quadripartitus-Kapiteln I,12–17 ist völlig entsprechend dem ersten Traktat aufgebaut. Beide Traktate bestehen also nahezu ausschließlich aus dem sonst unbeachteten, hier erstmalig rezipierten 1. Buch des Quadripartitus.

Für die beiden anderen Traktate hat der Kompilator nicht mehr ganze Kapitelblöcke übernommen, sondern aus dem umfangreichen 2. und dem noch umfangreicheren 3. Buch gezielt ausgewählt. Der dritte Traktat (foll. 13vb–19ra) trägt den Titel *Incipiunt capitula super tractatum penitentie* und besteht aus einer Capitulatio sowie elf Kapiteln, von denen die letzten

---

46 Die Teile I–III sind im 13. Jh. geschrieben worden.
47 Vgl. zum Inhalt L. DELISLE, Manuscrits latins et français ajoutés aux fonds des nouvelles Acquisitions pendant les années 1875–1891. Inventaire alphabétique, Partie II, Paris 1891, S. 633–638, der den Inhalt allgemein als »Mélanges de théologie« bezeichnet.

neun den Kapiteln II,1b–6, 9, 10, 12 §§ 1–6 des Quadripartitus entsprechen[48]. Am Ende der Handschrift findet sich schließlich der vierte Traktat *De octo viciis principalibus* (foll. 117rb–120vb) mit den Quadripartitus-Kapiteln III,2 §§ 7–12, 3, 4, 7–26[49]. Obwohl dieser Bestand bereits einem Drittel des 3. und umfangreichsten Buches des Quadripartitus entspricht, muß der vierte Traktat dennoch ursprünglich weit umfangreicher gewesen sein. Zum einen nämlich bricht der Text mitten in einem Satz des Kapitels III,26 ab, weil die letzten beiden Blätter der letzten Lage verlorengegangen sind[50]; zum anderen deutet der Titel *De octo viciis principalibus* darauf hin, daß der gesamte den Acht-Laster-Katalog behandelnde Teil des 3. Buches (III,2–62) übernommen worden war.

Die Handschrift ist in Nordostfrankreich, dem Entstehungsgebiet des Quadripartitus, geschrieben und bis 1790 aufbewahrt worden[51]. Aufgrund einer ausführlichen Subskription läßt sie sich bis auf die Tageszeit ihrer Fertigstellung am Mittwoch, dem 21. Juli 1294, gegen Sonnenuntergang, genau datieren[52].

Die in ihr überlieferte Traktatgruppe unterscheidet sich von den übrigen Rezeptionen des Quadripartitus in mehrfacher Weise. Das ansonsten bevorzugt oder ausschließlich ausgeschriebene 4. Buch ist nicht rezipiert, das ansonsten unbeachtet gebliebene 1. Buch ist nahezu vollständig übernommen worden. Die *dicta patrum* der ersten drei Bücher des Quadripartitus scheinen in Inhalt und Anordnung der nachgratianischen Zeit der Bußsummen, in der der Kompilator der Traktate gelebt hat, mehr entsprochen zu haben als das 4. Buch mit seinen kirchenrechtlichen Fallentscheidungen und Bußbestimmungen, wie andererseits dieses Buch den Autoren der Kanonessammlungen vor dem Decretum Gratiani. Ungeachtet dieser Hypothese hat der Quadripartitus noch am Ende des 13. Jahrhunderts großes Interesse erweckt mit der Folge, daß umfangreiche Passagen aus ihm der Übernahme in ein theologisches Handbuch für wert befunden worden sind.

48 Vgl. zu diesem Traktat M. W. BLOOMFIELD, A Preliminary List of Incipits of Latin Works on the Virtues and Vices, Mainly of the Thirteenth and Fifteenth Century, in: Traditio 11 (1955), S. 259–379, ebd. S. 270 mit nicht korrekter Folioangabe. Auf den dritten Traktat folgt fol. 19ra–35vb eine in der Anordnung selbständige, dreiteilige Kompilation aus den Kapiteln XIX,4–20 des Decretum Burchardi und einigen anderen Texten; teilweise gedruckt und nicht identifiziert bei A. TEETAERT, Quelques »summae de paenitentia« anonymes dans la Bibliothèque Nationale de Paris, in: Miscellanea Giovanni Mercati, Bd. 2 (Studi e testi Bd. 122), Città del Vaticano 1946, S. 311–343, ebd. S. 335–339.
49 Die Kapitel sind – von kleineren Auslassungen und einer geringfügigen Ergänzung in Kap. III,11 abgesehen – vorlagengetreu übernommen worden.
50 Diesen Hinweis wie auch andere Angaben zum Äußeren der Handschrift verdanke ich Mlle. Anne-Veronique Gilles, Archiviste-páleographe, Toulouse, der ich auch an dieser Stelle für ihre Hilfsbereitschaft danken möchte.
51 Die Handschrift enthält drei Schenkungs- bzw. Besitzeinträge: 1. Fol. 121v, also auf der Rückseite des letzten, beigebundenen Blattes, einen radierten, unter der Ultraviolettlampe teilweise lesbaren Schenkungseintrag (?) eines *Iacobus*, in dem eine Kirche der Diözese Toul mit Augustinus-Patrozinium genannt ist. 2. Fol. 2r einen durchgestrichenen älteren Besitzeintrag des Benediktiner-Priorats Heiligenberg in der Diözese Toul, vgl. DELISLE (wie oben Anm. 47) S. 637f.; L. H. COTTINEAU, Répertoire topobibliographique des abbayes et prieurés, Bd. 2, Macon 1939, Sp. 2821. Dieser Eintrag muß wegen der Erwähnung der Congregatio SS. Vitoni et Hydulphi nach 1603 erfolgt sein. 3. Fol. 2r einen jüngeren Besitzeintrag der Benediktiner-Abtei Moyenmoutier aus dem Jahr 1717, vgl. DELISLE (wie oben Anm. 47) S. 638; die Handschrift ist demnach wohl bis zur Aufhebung der Abtei im Jahr 1790 in Moyenmoutier gewesen.
52 Fol. 114vb am Ende der Kolumne: *Anno ab incarnatione Domini M° CC° nonagesimo quarto, XII° kalendas augusti, III feria, circa solis occasum, opusculum hoc consummatum est* (DELISLE [wie oben Anm. 47], S. 637). Daß der Schreiber sich im Wochentag geirrt hat, ändert nichts an der Datierung der Handschrift.

IV. Zeit und Ort der Entstehung. Verfasserfrage

In den Handschriften des Quadripartitus ist weder der Name des Verfassers noch der des Auftraggebers genannt; die Überlieferung bietet also eine vollständig anonyme Sammlung[1]. Der Text enthält ebenfalls weder für eine Zuschreibung noch für Datierung und Lokalisierung genügend präzise Hinweise; so werden beispielsweise im 4. Buch Themen behandelt, die während des 9. Jahrhunderts von großem Interesse gewesen sind, aber keines ist so hervorgehoben, daß man daraus auf Entstehungszeit oder -ort schließen könnte[2]. Folglich war bereits die bisherige Forschung für die Datierung auf überlieferungs- und rezeptionsgeschichtliche Argumente verwiesen, während an Hinweisen auf den Verfasser zwei einander widersprechende Zeugnisse erzählender Quellen angeführt worden sind.

1. Entstehungszeit und Entstehungsort

Mit dem Nachweis, daß der Quadripartitus von der Collectio Dacheriana abhängig sei und folglich nach dieser Sammlung verfaßt worden sein müsse, hatte Maassen die Entstehung in das 9. Jahrhundert hinaufgerückt, nachdem Wasserschleben die Sammlung in die zweite Hälfte des 8. Jahrhunderts datiert hatte[3]. Letzterer hatte bereits festgestellt, daß Regino von Prüm das 4. Buch des Quadripartitus für sein Sendhandbuch ausgeschrieben hatte[4]; daraus ergibt sich als Terminus ante quem die Wende zum 10. Jahrhundert als spätester, das 9. Jahrhundert als wahrscheinlicher Zeitraum der Entstehung.

Für eine genauere Eingrenzung der Entstehungszeit hatten seinerzeit Maassen und Fournier den Weg gewiesen durch die begründet vorgetragene Ansicht, der Quadripartitus müsse nach dem Bußbuch Halitgars von Cambrai (817–831) entstanden sein[5]. Aufgrund Fourniers Nachweis, daß der Quadripartitus dem Autor der mittlerweile genauer datierten Collectio Mediolanensis II vorgelegen habe, und Maassens Ansicht, die mit weiteren Gründen befestigt werden konnte[6], steht somit fest, daß die Sammlung wohl nach dem 1. Viertel und vor dem

---

1 S. oben S. 43 mit Anm. 131.
2 Behandelt werden zum Beispiel der Raub von Kirchengut (IV,299–307), den Hincmar von Reims während seines gesamten Pontifikats publizistisch bekämpft hat (dazu Fuhrmann, Einfluß I S. 211f.), die *pueri oblati* (IV,225–227) als ein ebenfalls die Gemüter der Zeit erregendes Thema (vgl. P. R. McKeon, The Carolingian Councils of Savonnières [859] and Tusey [860] and their Background, in: Revue Bénédictine 84 [1974], S. 75–100, ebd. S. 88–94 mit Literatur) sowie Lebensweise und Amtsführung des sacerdos (I,1–11), auch letzteres ohne konkrete Hinweise und ohne genau beschriebene Tadel, wie sie etwa Agobard von Lyon in seinem Brief an die Kleriker und Mönche der Stadt Lyon zusammengestellt hat (vgl. MG Epp. V S. 153–158).
3 Vgl. Maassen, Geschichte der Quellen S. 858f., 863; Wasserschleben, Beiträge S. 7.
4 S. oben S. 71 mit Anm. 25.
5 S. oben S. 62 mit Anm. 53, 54.
6 Vgl. Fournier, Un groupe S. 386–391. Zu den weiteren Gründen s. oben S. 62f.

Ende des 9. Jahrhunderts verfaßt worden ist. Ein zugleich bestätigendes und präzisierendes überlieferungsgeschichtliches Argument liegt in Gestalt der Handschrift V_{10} vor, die zwar die älteste bekannte Handschrift des Quadripartitus, sicherlich aber nicht den Erstcodex der Sammlung darstellt. Vielmehr bezeugt diese Handschrift die fortgeschrittene Verbreitung des Quadripartitus, da in ihr das 4. Buch als eine aus dem ursprünglichen Vier-Bücher-Kontext herausgelöste Teilüberlieferung erscheint[7]. Da V_{10} um die Mitte, spätestens aber in der zweiten Hälfte des 9. Jahrhunderts geschrieben worden ist, dürfte der Quadripartitus selbst wohl zuletzt im 3. Viertel dieses Jahrhunderts verfaßt worden sein.

Die Lokalisierung Maassens, der den Quadripartitus den gallischen Sammlungen zugezählt hatte, wird gestützt durch die Verbreitung der drei jüngsten Vorlagen seines Verfassers: Die Collectio Dacheriana, der Regelkommentar Smaragds und das Bußbuch Halitgars sind zu Beginn des 9. Jahrhunderts im westfränkischen Teil des Karolingerreichs entstanden und waren dort während dieses Jahrhunderts, wenn auch mit unterschiedlichen Schwerpunkten, verbreitet[8].

Aus der Umgebung von Reims stammt die älteste heute bekannte Handschrift des Quadripartitus, V_{10}, und ebendort ist mit der Collectio Mediolanensis II diejenige Sammlung zusammengestellt worden, die wohl als erste und noch im 9. Jahrhundert den Quadripartitus rezipiert hat[9]. Auch das Verbreitungsgebiet mehrerer bedeutender Vorlagen deutet auf die Umgebung von Reims: So hat die einzige bislang bekannte Handschrift der Collectio Remensis während des 9. Jahrhunderts zur Bibliothek des Reimser Remigius-Klosters gehört[10], so war das Bußbuch Halitgars im 9. Jahrhundert vor allem in der Kirchenprovinz des Auftraggebers Ebo von Reims verbreitet, und so sind mehrere frühe Handschriften der Form A der Collectio Dacheriana aus Reims überliefert[11]. Als Heimat des Quadripartitus kommt wohl nur die Umgebung der Stadt Reims oder Reims selbst in Betracht.

2. Verfasserschaft

Von den drei Namen des Egbert von York, des Hrabanus Maurus und des Halitgar von Cambrai, die in der handschriftlichen Überlieferung des Quadripartitus und anderen Quellenzeugnissen als Verfasser der Sammlung oder eines ihrer Teile genannt werden, kann ersterer hier außer Betracht bleiben. Denn die Meinung Spelmans, die Sonderüberlieferung in der Handschrift O, ein *poenitentiale quatuor libris distinctum*, sei von dem Erzbischof Egbert von York verfaßt worden[12], ist bereits von den Ballerini widerlegt worden: Die ursprüngliche Form des

7 Zur Überlieferungsform der Handschriften V_{10}Mc s. oben S. 40ff.
8 Zu Südfrankreich als dem Hauptverbreitungsgebiet der Dacheriana im 9. Jh. vgl. Kottje, Einheit S. 339; zu dem vor allem in Nordostfrankreich verbreiteten Bußbuch Halitgars vgl. Ders., Bußbücher S. 251; zur Entstehung von Smaragds Regelkommentar nach dem Jahr 816 wohl noch im alten S. Mihiel vgl. A. Spannagel-P. Engelbert (ed.), Smaragdi abbatis expositio in regulam S. Benedicti (Corpus consuetudinum monasticarum Bd. 8), Siegburg 1974, S. XXIXf., zur Verbreitung des Kommentars vgl. ebd. S. XV–XX die Nr. 18, 24, 34, 38, 40, 41, 51 der Liste der bekannten Handschriften.
9 Zur Collectio Mediolanensis II s. oben S. 70f.
10 S. oben S. 62 mit Anm. 49.
11 Vgl. Kottje, Bußbücher S. 251f.; zu Reimser Dacheriana-Handschriften vgl. Mordek, Kirchenrecht S. 261ff.
12 Vgl. Spelman, Concilia I S. 276, der den Titel des Paenitentiale Ps.-Egberti in O für den der gesamten Handschrift gehalten hat.

Werkes sei in der Handschrift Vat. lat. 1352 überliefert, und aus den Praefationes dieser Form sei zu ersehen, daß Egbert nicht der Verfasser gewesen sein könne[13].

Unter dem Namen des Hrabanus Maurus hat Colvener ein Drei-Bücher-Werk gedruckt, das aus Halitgars Bußbuch und dem 3. Buch des Quadripartitus zusammengestellt worden ist[14]. Das Werk, zumindest aber die in der handschriftlichen Vorlage Colveners mitüberlieferten Werke sind Hraban zugeschrieben gewesen; diese Vorlage ist allerdings verschollen[15]. Daß Hraban dieses Drei-Bücher-Werk tatsächlich kompiliert hat, ist unwahrscheinlich, obwohl ihm das Bußbuch Halitgars bereits während seiner Zeit in Fulda (822–842) zugänglich gewesen sein dürfte und auch der Quadripartitus vor 856, Hrabans Todesjahr, aus der Umgebung von Reims in das westrheinische Gebiet gelangt sein könnte[16].

Gegen Hrabans Verfasserschaft spricht jedoch die in zwei Handschriften überlieferte Vorstufe des Drei-Bücher-Werkes, die aus der erweiterten Praefatio und den ersten beiden Büchern von Halitgars Bußbuch besteht[17]. Beide Handschriften, sowohl die während Hrabans Pontifikat wenigstens teilweise in Mainz geschriebene Handschrift Wolfenbüttel, 656 Helmst., als auch die dem ausgehenden 10. Jahrhundert entstammende Handschrift Wien, Österreich. Nationalbibl. 956, überliefern das Zwei-Bücher-Werk vollständig anonym[18]. Zudem deuten offensichtliche Ungereimtheiten und die doppelte Behandlung der Acht-Laster-Thematik im 1. und im 3. Buch eher auf einen wenig umsichtigen Kompilator als auf den vielseitig gebildeten Hraban[19].

Gegen Hraban als Verfasser des Quadripartitus sprechen außerdem nicht nur dessen Heimat, sondern auch dessen Unabhängigkeit von Hrabans Bußbüchern. Der an einen Bischof oder Erzbischof gerichtete Widmungsbrief des Quadripartitus müßte nämlich während Hrabans Abbatiat 822 bis 842 oder in dem fünfjährigen Zeitraum nach seiner Resignation verfaßt worden sein[20]. Vor seiner Resignation als Abt von Fulda sowie während seines Mainzer Pontifikats hat Hraban seine beiden als Bußbücher bezeichneten Schriften an Otgar von Mainz und Heribald von Auxerre verfaßt[21]. Beziehungen zwischen diesen Schriften und dem Quadripartitus bestehen nicht; weder hat Hraban – unterstellt man die Abfassung des Quadripartitus vor der des Bußbuches an Otgar – den Quadripartitus als Vorlage benutzt, noch finden sich Spuren der beiden Schriften in dieser Sammlung[22]. Die Annahme, Hraban habe

---

13 Vgl. BALLERINI, De antiquis collectionibus (MIGNE, PL 56, Sp. 301 A–D).
14 S. oben S. 37f., 42.
15 S. oben S. 37f.
16 Vgl. zu Halitgars Bußbuch in Fulda KOTTJE, Bußbücher S. 90. Das einzige bisher bekannte Überlieferungszeugnis des Quadripartitus aus Südwestdeutschland ist St, gegen Ende des 9. Jhs. im Bodenseegebiet geschrieben.
17 S. oben S. 38 mit Anm. 106.
18 Handschrift Wolfenbüttel fol. 2^r, Handschrift Wien fol. 1^v. Vgl. dazu auch KOTTJE, Bußbücher S. 77ff., 101f.
19 Zu den kompositorischen Mängeln des Werkes s. oben S. 42; zu Hrabans Bildung vgl. zuletzt KOTTJE, a. a. O. S. 5f. sowie die Diskussionsbeiträge des Hraban-Symposions Mainz 1980 (hg. von R. Kottje und H. Zimmermann, Wiesbaden 1982).
20 Zum Empfänger des Widmungsbriefes vgl. MAASSEN, Geschichte der Quellen S. 853. Die Termini sind allerdings während des 9. Jhs. bisweilen auch für Erzbischöfe verwendet worden, doch wird Maassens Ansicht bestätigt durch den Inhalt des 4. Buches, in dem keine Bestimmung über den bischöflichen Amtsbereich hinausgreift.
21 Vgl. KOTTJE, Bußbücher S. 6f.
22 Zu den Vorlagen Hrabans vgl. DERS., a. a. O. S. 190–216.

zwar zwei Bußbücher aus demselben Vorlagenfundus geschaffen, daneben aber den Quadripartitus aus einem anders gearteten und weit umfangreicheren Fundus, darf somit wohl als unwahrscheinlich und unbegründet bezeichnet werden.

Halitgar, der Verfasser des Bußbuches, das als Materialvorlage und insbesondere als Vorbild für die grundlegende Einteilung des Quadripartitus gedient hat, ist erstmals von den Maurinern Edmond Martène und Ursin Durand als Verfasser dieser Sammlung bezeichnet worden[23]. Ihre These hat Ende des 19. Jahrhunderts Mary Bateson wiederaufgenommen und bestätigt; deren überzeugt vorgetragene Ansicht wiederum ist in der Folge, wenn auch zumeist in der vorsichtigen Form des Potentialis, aufgenommen worden[24].

Martène und Durand hatten nach der Autopsie der Trierer Handschrift des Quadripartitus ihre Zuschreibung mit einer Notiz des Aubry de Trois-fontaines († nach 1252) begründet: *sub eodem etiam Ebone collectus est et compilatus per Halithgarium Cameracensem episcopum liber qui intitulatur De vita sacerdotum*[25]. Aubry nennt hier einen Titel, der mit der Rubrik des 1. Kapitels des Quadripartitus identisch und zudem in mehrere Handschriften, wenn auch zumeist nachträglich, eingetragen worden ist[26]. Die Notiz Pierre Pithous († 1596), der Bischof Halitgar von Cambrai habe für den Erzbischof Ebo von Reims *libros quatuor poenitentiales secundum decreta canonum* geschrieben[27], scheint in Verbindung mit Aubrys Nachricht auf Halitgar als den Verfasser eines Vier-Bücher-Werkes mit dem Titel *De vita sacerdotum* zu deuten, mithin den Quadripartitus.

Bateson hatte Halitgars Verfasserschaft auch mit der engen Verwandtschaft zwischen dessen Bußbuch und dem 4. Buch des Quadripartitus zu erweisen gesucht – ein untaugliches Argument, weil beispielsweise die durch gemeinsame Sentenzen bedingte Abhängigkeit der Form A der Collectio Tripartita von den pseudoisidorischen Dekretalen nicht den Schluß gestattet, Ivo habe zum Kreis der Fälscher gehört. Die von Martène-Durand übernommene Schlußfolgerung Batesons, Aubry habe mit dem Halitgarschen Werk *De vita sacerdotum* den Quadripartitus gemeint, ist keineswegs so zwingend, wie sie von ihr dargestellt wird[28]; der im 13. Jahrhundert schreibende Aubry kann aus Unkenntnis ebenso einen Namen mit einem Werktitel kombiniert haben, wie eine Hand des 18. Jahrhunderts durch einen Eintrag in die Handschrift Vd des Quadripartitus deren Text zum *Paenitentiale Halitgarii Episcopi Cameracensis ad Ebonem Archiepiscopum Remensem* erklärt hat[29]. Zudem ist der von Aubry genannte Titel zu allgemein, um ihn eindeutig auf den Quadripartitus beziehen zu können.

---

23 Vgl. Martène-Durand, Amplissima collectio I Sp. 70 Note a.
24 Vgl. Bateson, Latin Penitential S. 320–326, deren Ansicht unter anderem wiedergegeben worden ist von Aronstam, Excerptiones Egberti S. 36; Mordek, Kirchenrecht S. 172 Anm. 356; Hartmann, Neue Texte S. 370 Anm. 4; Vogel, Libri paenitentiales S. 82.
25 MG SS XXIII S. 735[29–30].
26 S. oben S. 43 mit Anm. 129.
27 Vgl. die ›Appendix synopseos historicae virorum clarorum, qui praeter Gratianum canones et decreta ecclesiastica collegerunt. Opera et studio Petri Pithoei‹, gedruckt bei H. J. Böhmer (ed.), Corpus iuris canonici, Magdeburg 1747, Sp. 1237–1242, ebd. Sp. 1239. Zu Pierre Pithou vgl. Maassen, Geschichte der Quellen S. XXXVI–XXXIX.
28 Vgl. Bateson, Latin Penitential S. 323 f.
29 Dieser Eintrag findet sich in Vd fol. 1ᵛ.

Pithous Notiz von einem Vier-Bücher-Werk hingegen hätte auf den Quadripartitus bezogen werden können, wenn Pithou nicht diejenigen genannt hätte, denen er sein Wissen verdankt[30]. So verweist er mit genauer Kapitelangabe auf Sigeberts von Gembloux De scriptoribus ecclesiasticis, wo allerdings eindeutig Halitgars Bußbuch genannt ist[31]. Des weiteren verweist Pithou auf *Flodoardus in vita Abonis*, womit wohl die Passage über Ebo von Reims in Flodoards Historia Remensis Ecclesiae gemeint ist. Flodoard aber schreibt, daß auf Bitten Ebos *Alitgarius Camaracensis episcopus sex libellos de remediis peccatorum et ordine vel iudiciis poenitentiae conscripsit*, und gibt anschließend den Wortlaut des Briefwechsels, der zwischen Ebo und Halitgar wegen des Bußbuches geführt worden ist, vollständig wieder[32]. Flodoards Zeugnis, zeitlich dem geschilderten Ereignis viel näher als das der anderen Chronisten, an dem Ort geschrieben, von dem die Anweisung für Halitgar ausgegangen und wo wahrscheinlich auch der Quadripartitus verfaßt worden ist, stellt wohl den gewichtigsten Hinweis darauf dar, daß Halitgar allein das Bußbuch und nicht auch zusätzlich ein thematisch verwandtes Vier-Bücher-Werk geschaffen hat.

Da somit für Halitgar als den Verfasser des Quadripartitus allenfalls Vermutungen, jedoch keine eindeutigen Quellenzeugnisse sprechen, sollte sein Name wie schon die Namen Egbert von York und Hrabanus Maurus aus dem Kreis der möglichen Autoren der Sammlung ausgeschlossen werden. Wenn nicht bisher unbekannte Quellenzeugnisse erschlossen werden, wird man den Quadripartitus weiterhin als das Werk eines Anonymus bezeichnen müssen.

---

30 *Algarius* (sic!), *episcopus Cameracensis, scripsit ad Ebonem, archiepiscopum Remorum, libros quatuor poenitentiales secundum decreta canonum: meminit Flodoard. in vita Abonis, et Sigebert. Gemblac. de scriptoribus ecclesiasticis, cap. 123* (BÖHMER [wie oben Anm. 27] Sp. 1239).
31 *Halitgarius, episcopus Cameracensis, scripsit ad Ebonem, Remorum episcopum, Librum Poenitentialem, secundum decreta canonum* (MIGNE, PL 160, Sp. 573 A). Eine nur vier Bücher umfassende Überlieferung von Halitgars Bußbuch mit dem Titel *De vita sacerdotum* ist bislang nicht bekannt, vgl. die Handschriftenübersicht bei KOTTJE, Bußbücher S. 14–83.
32 MG SS XIII S. 467f. (das Zitat S. 467[47-48]). Zur Historia Remensis ecclesiae als einem »der bekanntesten und frühesten Produkte einer auf urkundlichen Quellen im weitesten Sinne basierenden Historiographie« vgl. H. ZIMMERMANN, Zu Flodoards Historiographie und Regestentechnik, in: Festschrift für Helmut Beumann, hg. von K.-U. JÄSCHKE und R. WENSKUS, Sigmaringen 1977, S. 200–214 (Zitat S. 200). Zu Flodoard vgl. zuletzt P.-Ch. JACOBSEN, Flodoard von Reims. Sein Leben und seine Dichtung »De triumphis Christi« (Mittellateinische Studien und Texte Bd. 10), Leiden–Köln 1978.

V. Ergebnisse

Der Quadripartitus ist nach dem derzeitigen Kenntnisstand in neun Handschriften überliefert. Bemerkenswert ist vor allem der Formenreichtum, in dem die Sammlung, mehrmals auch in Verbindung mit anderen kirchenrechtlichen oder Paenitentialtexten, in den Handschriften erscheint. Ergänzt wird die handschriftliche Überlieferung durch einen frühen Druck des 3. Buches der Sammlung, dessen handschriftliche Vorlage verschollen und der demzufolge als Textzeuge zu betrachten ist. Neben diesem Druck ist zwar eine Reihe weiterer Drucke auch von anderen Teilen des Quadripartitus veranstaltet worden, doch fehlt bislang eine Gesamtedition, die die jetzt nur handschriftlich zugänglichen Teile – das Corpus des 1. und fast das gesamte Corpus des 2. Buches sowie die Capitulatio des 4. Buches – der Forschung eröffnen würde.

Von den sechs Überlieferungsformen dürfte die bereits von Maassen vorgestellte Vier-Bücher-Form, die textgeschichtlich sicherlich den übrigen fünf vorausgeht, in ihrem Äußeren dem Original des Quadripartitus entsprechen. Die drei Handschriften, die diese Vier-Bücher-Form überliefern, bieten allerdings ebensowenig einen dem Original sehr nahestehenden Wortlaut wie die übrigen Textzeugen; die in fünf Stränge gespaltene Überlieferung zwingt zum textkritischen Verfahren, wenn der originale Wortlaut erschlossen werden soll.

Die Bibliothek, welcher der Verfasser seine Zitate entnommen hat, ist weder kärglich ausgestattet noch klein gewesen. Schriften der Kirchenväter, Klosterregeln, Kanonessammlungen und Bußbücher sind in breitem Umfang ausgeschrieben worden; dabei hat der Verfasser sich nicht immer an den Wortlaut seiner Vorlagen gehalten, sondern hat sich häufiger umformulierend oder paraphrasierend von ihm gelöst. In mehreren Fällen gestattet es eine glückliche Überlieferungslage, sogar den Typus der Handschrift zu bestimmen, der der Verfasser seine Sentenzen entnommen hat. Entscheidende Bedeutung kommt unter den Vorlagen dem Bußbuch Halitgars zu, das nicht allein Zitate geliefert, sondern als Vorbild für die grundlegende Einteilung des Quadripartitus in einen belehrenden und einen praktisch ausgerichteten Teil gedient hat.

Das Verbreitungsgebiet des Quadripartitus erstreckte sich räumlich über das westliche und südliche Europa mit Ausnahme Spaniens, zeitlich über etwa drei Jahrhunderte (9.-12. Jahrhundert). Dies kann trotz der verhältnismäßig geringen Zahl von neun Handschriften gesagt werden, weil die festgestellten Überlieferungsstränge nur durch eine deutlich größere Zahl einst geschriebener Handschriften erklärt werden können. Doch hat der Quadripartitus weniger durch die handschriftliche Überlieferung als durch die Rezeption seiner Texte gewirkt. Neben sieben Anonymi haben auch Regino von Prüm und Ivo von Chartres sich der Sammlung bedient, beide kirchenrechtlich bewandert und beide sicherlich imstande, die ihnen zugänglichen Bibliotheken ihren Absichten entsprechend auszuwerten. Die erstmals im Zusammenhang dargestellte Rezeption dürfte die Bedeutung dieses Einflußbereichs der Sammlung deutlich gezeigt haben: Der Quadripartitus, der zudem in einem Fall noch im Jahr 1294 als Vorlage für theologische Traktate gedient hat, darf wohl zu den einflußreicheren Sammlungen der vorgratianischen Zeit gezählt werden.

Das Resümee über Verbreitung und Einfluß des Quadripartitus bedarf allerdings einer Präzisierung. Bezeichnend für die handschriftliche Überlieferung wie für die Rezeption ist die Bevorzugung des 4. Buches. Acht der zehn Zeugen tradieren allein oder unter anderem dieses

Buch, und acht von neun Benutzern des Quadripartitus haben allein oder überwiegend dieses Buch ausgeschrieben. Das Interesse am Quadripartitus, so darf man schlagwortartig formulieren, galt vor allem dem kanonistischen und weit weniger dem patristischen Teil.

Die frühe handschriftliche Überlieferung, bestimmte Vorlagen und die noch im 9. Jahrhundert einsetzende Rezeption des Quadripartitus ermöglichen es, Entstehungszeit und Heimat der Sammlung genauer als bisher zu bestimmen. Entstanden ist das Werk im 2. oder 3. Viertel des 9. Jahrhunderts in der Kirchenprovinz Reims, möglicherweise in Reims selbst. Die Verfasserfrage hingegen bleibt ungeklärt; Hrabanus Maurus oder Halitgar von Cambrai, letzterer von der bisherigen Forschung immer wieder genannt, kommen den vorgetragenen Gründen zufolge nicht in Betracht.

Auf Bußbuchcharakter und Reformtendenz des Quadripartitus ist in der Forschung häufig hingewiesen worden[1]. Obwohl nicht unmittelbar zum Thema der vorliegenden Untersuchung gehörig, soll auf beides kurz eingegangen werden. Zum Bußbuchcharakter ist zu bemerken, daß der Quadripartitus sicherlich kein *liber paenitentialis* im Sinne einer Liste von Sünden und entsprechenden Bußauflagen ist, folgt man der jüngsten, von Vogel formulierten Definition in dem einschlägigen Faszikel der »Typologie des sources du moyen âge occidental«[2]. Dies trifft im übrigen auch für Halitgars Bußbuch zu, das ebenso wie der Quadripartitus eher Vogels Definition der nachgratianischen Bußsummen zu entsprechen scheint[3]. Jedoch ist Halitgars Werk zweifellos ein Bußbuch der vorgratianischen Zeit, und seine Andersartigkeit gegenüber den älteren, listenartigen Bußbüchern erklärt sich durch die Absicht, ebendiese durch ein zeitgemäßes Handbuch ersetzen zu wollen[4].

Neu an Halitgars Bußbuch waren zum einen der ausführliche erste Teil, der ausschließlich der allgemeinen Belehrung über Sünden und Tugenden dienen sollte, und zum anderen die autoritativen Sentenzen, die ganz im Sinne der Bußbücherreform statt der älteren anonymen Bestimmungen zusammengestellt worden sind[5]. In diesen beiden charakteristischen Punkten entspricht der Quadripartitus seinem Vorbild wie seiner Vorlage: Er ist ebenso zweigeteilt, und sein Verfasser ist in demselben Maße wie Halitgar daran interessiert gewesen, nur die *dicta patrum* und die *statuta sacrorum canonum* auszuschreiben[6]. Eine Kopie von Halitgars Werk hat der Verfasser allerdings nicht herstellen, sondern er hat Zusätzliches bieten wollen. So hat er dem die Kenntnisse des Bußpriesters betreffenden Teil einen allgemein das Priesteramt betreffenden Teil (Kap. I,1–11) vorausgeschickt, wohl mit der Überlegung, daß nur ein in Amts- und Lebensführung vorbildlicher *sacerdos* das Bußsakrament verwalten könne[7]. Des

---

1 S. oben S. 9.
2 Vgl. VOGEL, Libri paenitentiales S. 28.
3 Ebd. S. 30: »Malgré leurs affinités avec les livres pénitentiels, les ›Sommes‹ sont d'un type autre que celui des Libri paenitentiales. Elles se veulent des ›Manuels‹, exposant la manière dont le confesseur doit accueillir les pénitents, les vertus qui doivent animer l'un et l'autre, l'ordre à suivre dans la confession proprement dite.«
4 Vgl. auch KOTTJE, Bußbücher S. 8.
5 Vgl. ebd. S. 7f. Ältere Bußbücher, wie zum Beispiel das Paenitentiale Columbani, bieten zwar bisweilen auch in der Einleitung allgemeine Information über Sünden, Bußen und Tugenden, doch bildet dieser Teil jeweils keinen eigenen, gleichgewichtigen Abschnitt in der Art der ersten beiden Bücher Halitgars.
6 S. oben S. 54.
7 S. oben S. 11. In der Generalpraefatio charakterisiert der Verfasser das 1. Buch mit den Worten: *Primus denique de vita et praedicatione ac discretione nec non et sollicitudine sacerdotis enarrando brevitatis studio percurrit* (WASSERSCHLEBEN, Beiträge S. 4).

weiteren hat der Verfasser in das 4. Buch Bestimmungen aufgenommen, die zwar allgemein in Kanonessammlungen, nicht aber in Bußbüchern anzutreffen sind[8]. Hauptthema des Quadripartitus sollte offenbar die cura animarum sein, verstanden als die seelsorgerische Tätigkeit der Verhinderung von Sünden oder der Sorge um den Sünder.

Berechtigen nun die Unterschiede des Quadripartitus gegenüber Halitgars Werk, also der allgemein das Priesteramt betreffende Teil und das nicht allein aus Bußbuchbestimmungen bestehende 4. Buch, dazu, für die Sammlung in Zukunft die Bezeichnung Bußbuch nicht mehr zu verwenden? Eine bejahende Antwort müßte das Hauptthema des Quadripartitus und seine weitgehende Ähnlichkeit mit Halitgars Bußbuch ignorieren, könnte jedoch damit begründet werden, daß der Auftraggeber der Sammlung, offenbar ein Bischof, nicht an einem liber paenitentialis, sondern an einem allgemeineren Werk interessiert gewesen ist[9]. Dennoch erscheint es – ungeachtet aller Differenzierungsmöglichkeiten – gerechtfertigt, den Quadripartitus weiterhin den Bußbüchern des 9. Jahrhunderts zuzuzählen.

Neben Halitgars Werk, dem bedeutendsten Reformbußbuch des 9. Jahrhunderts, hat der Verfasser des Quadripartitus die Collectio Dacheriana benutzt, eine Sammlung, in der ausschließlich altüberliefertes, autoritatives Kirchenrecht zusammengestellt worden ist und die ihrem Vorwort und der Thematik ihres 1. Buches zufolge in Verbindung mit der Reform der Bußbücher zu sehen ist[10]. Beide Werke wird der Verfasser nicht zufällig und ohne Ansehen ihrer Tendenz ausgewählt haben. Allerdings wäre diese Annahme noch kein überzeugendes Indiz für eine Reformtendenz des Quadripartitus, müßten nicht weitere Indizien berücksichtigt werden. Im ersten, belehrenden Teil der Sammlung drückt sich deutlich der Wille aus, die priesterliche Bildung zu heben und zu vorbildlicher Lebensführung wie auch Erfüllung aller Amtspflichten anzuhalten – ein Hauptanliegen der karolingischen Kirchenreform[11]. Ein zweites Hauptanliegen der Reform, nur die Autoritäten der Bibel, der Kirchenväter, der alten Konzilien und Papstbriefe zu Wort kommen zu lassen, war Auftrag des Verfassers und ist nach Kräften berücksichtigt worden[12]. Die Auswahl der Vorlagen, das Bemühen um autoritative Texte und die Absicht, mit diesen entnommenen Zitaten zu bilden und zu belehren, belegen wohl unzweifelhaft die Reformtendenz der Sammlung. Als ein der Kirchenreform des 9. Jahrhunderts verpflichtetes, insbesondere für die Verwaltung des Bußsakraments bestimmtes Handbuch von besonderer Qualität, klarer Gliederung und eindrucksvollem Zitatbestand wird der Quadripartitus sicherlich bezeichnet werden dürfen.

---

8 Zu Maassens Kennzeichnung als »Canonensammlung« s. oben S. 9, 62. Inhaltliches Beispiel: Der Kapitelblock IV,299–307 mit Bestimmungen über das Kirchengut. S. auch oben S. 12f.
9 Zum Auftrag des Verfassers s. oben S. 13, 54. Der Weihegrad des Auftraggebers ist unschwer aus den Sentenzen des 4. Buches zu ersehen, wo sehr häufig der Aufgabenbereich eines Bischofs berührt wird, während der Erzbischof (Metropolit) als handelndes Subjekt nicht genannt wird; der Verfasser des Quadripartitus muß zum Beispiel das Kap. I,21 der Collectio Dacheriana ignoriert haben. S. auch oben S. 79 mit Anm. 20.
10 Vgl. die Praefatio bei d'ACHERY-de LA BARRE, Spicilegium I S. 510ff., und das allein aus kanonischen Bußbestimmungen bestehende 1. Buch ebd. S. 518–532. Zur Wiedererweckung des kanonischen Rechts während der Karolingerzeit vgl. MORDEK, Kirchenrecht S. 8–13, zur Reform der Bußbücher vgl. KOTTJE, Bußbücher S. 3f.
11 Vgl. HARTMANN, Neue Texte S. 368f., 380f.; SAUER, Theodulphi Capitula S. 12; allgemein BRUNHÖLZL, Lateinische Literatur S. 243f.
12 Die Forderung der Reformer für die Bußbücher lautete dem Konzil von Chalon-sur-Saône a. 813 (Kap. 38) zufolge: *Modus autem paenitentiae ... aut per antiquorum canonum institutionem aut per sanctarum scripturarum auctoritatem aut per ecclesiasticam consuetudinem ... imponi debet* (MG Conc. II S. 281[9–11]).

VERZEICHNIS DER VORLAGEN DER QUADRIPARTITUS-KAPITEL

Angegeben ist die unmittelbare Quelle des Verfassers für die einzelnen Kapitel des Quadripartitus (Provenienz); für die erstmalige Formulierung der Quellenzitate (Identifikation) hingegen sei auf den Quellenapparat der in Vorbereitung befindlichen kritischen Edition (Corpus Christianorum, Continuatio Mediaevalis) verwiesen. Für die Kapitel der Bücher I bis III und für die Kapitel von Buch IV sind die Angaben, dem unterschiedlichen Aufbau entsprechend, verschieden gestaltet: Da die Kapitel der ersten drei Bücher häufig aus mehreren Zitaten kompiliert sind oder aber nur zu einem Teil aus Zitaten bestehen, ist jeweils Incipit und Explicit des Zitats zusätzlich zur Stellenangabe genannt. Für die Kapitel von Buch IV hingegen sind nur die Quellenstellen angegeben, weil die Kapitel dieses Buches jeweils einem Kapitel oder Kapitelteil einer Quelle entsprechen. Bei den Texten, die dem Verfasser im Rahmen einer Sammlung vorgelegen haben (Codex regularum, Collectio Remensis, Sammlung der Handschrift Bern, Burgerbibl. 425), ist zuerst die Textstelle und anschließend die jeweilige Sammlung genannt. Bei den Kapp. IV,290, 291, 363 sind jeweils zwei mögliche Quellen angegeben. Im Falle der Kapp. IV,213, 228, 237, 286 läßt sich nicht entscheiden, ob sie aus der Collectio Remensis übernommen worden sind, weil drei Lagen der diese Sammlung überliefernden Handschrift Berlin, Deutsche Staatsbibl., Phill. 1743 verlorengegangen sind (vgl. V. ROSE, Die Handschriften-Verzeichnisse der Königlichen Bibliothek zu Berlin 12: Verzeichnisse der lateinischen Handschriften, Bd. 1, Berlin 1893, S. 171), die diese Kapitel geboten haben könnten. Im übrigen s. oben S. 56–64.

I,1 *Sacerdos qui – peccatorum purgare:* Greg. Naz., Oratio apologetica Kapp. 14, 15, 18, 21 (teilw. Paraphrase, teilw. Zitat)
tanta humilitate – se abiciat: Isid., Reg. mon. Kap. 3 – Codex regularum (Zitate; Paraphrase)
Vini nimiam – inconveniens frangat: Smaragd, Exp. in reg. S. Ben. 64,2 (Zitat)
sicut Christi – unicuique expedit: Basil., Reg. ad mon. Int. 15 – Codex regularum (Zitat)
huius autem – exhibere curam: Isid., De eccl. off. II,5 (Zitate)
Scire etenim – exempla transmittit: Greg., Reg. past. III,4 (Zitat)
a mundi – penitus exsecretur: Isid., De eccl. off. II,2 (Zitate)
Cum bene – aliquando lugeat: Greg. Naz., Oratio apologetica Kap. 54 (Zitat)
vita et – et auditur: Ebd. Kap. 39 (Zitat)
,2 *Tam doctrina – terrae erit:* Isid., Sentent. III,36 (Zitate)
,3 *Sepe per – reddituri sunt:* Ebd. III,38 (Zitat)
Scire etenim – soli moriuntur: Greg., Reg. past. III,4 (Zitat)
,4 *verbis praedicant – poena cruciaret:* Ebd. I,2 (Zitate)
,5 *Interdum doctoris – atque extinguere:* Isid., Sentent. III,37 (Zitate)
,6 *Ecclesiae dei – non credat:* Iul. Pom., De vita cont. I,20 (Zitate)

I,7	*Sciendum illud – suscepturi verbum:* Greg. Naz., Oratio apologetica Kapp. 39, 40 (Zitate)
,8	*Pensare etenim – lenitate provocantur:* Greg., Hom. in Ezechielem I,11 §§ 12–17, 20 (Zitate)
	Sicut ergo – convenit universis: Greg. Naz., Oratio apologetica Kapp. 28, 43 (Zitate)
,9	*Qui pastor – quos pascit:* Hier., Comm. in epist. ad Ephesos II,4 vers. 11,12 (Zitat)
,10	*Qui docendi – prosiliunt impiorum:* Isid., Sentent. III,44 (Zitat)
,11	*Non una – nunquam recedat:* Greg., Reg. past. III, Prolog (Zitat)
	non una medicinae – publicam notam: Greg. Naz., Oratio apologetica Kapp. 28–33 (Zitate)
,12	*Confitemini, ait – purificare curemus:* Beda, Super epist. cath.: In Iacobi epist. Kap. 5,16 (Zitat)
,13	*Interrogatio qui – et baptizabantur:* Basil., Reg. ad mon. Int. 21 – Codex regularum (Zitat)
,14	*Interrogatio si – per curationem:* Ebd. Int. 200 (Zitat)
	Peccatum, inquit – et publicare: Benedict., Reg. Kap. 46 – Codex regularum (Zitat)
,15	*Nullas penitus – manifestare sacerdoti:* Cass., Inst. IV,9 (Zitat)
	Cogitationes inlusiones – quid adtendat: Fruct., Reg. mon. Kap. 13 – Codex regularum (teilw. Zitat, teilw. Paraphrase)
...	
,18	*Poenitentem ex – quam perdideram:* Basil., Reg. ad mon. Int. 27 – Codex regularum (Zitat)
,19	*Erga eum – tradidimus vobis:* Ebd. Int. 28 (Zitat)

II,1a	*Septem modis – divina transcendat:* Cassiodor, Expos. in psalm. VI (Zitat)
,1b	*Divina enim – pervenitur peccatorum:* Cass., Conl. XX,8 (zu Beginn Paraphrase, dann Zitate)
	Si enim – non recordabor: Ebd. (Zitat)
,2	*multiplex misericordia – criminum pervenerunt:* Dach. I,14 (Zitat)
	Poenitentiae autem – baptismate reputantur: Isid., De eccl. off. II,17 (Zitat)
,3	*Poenitentibus exemplum – illi placuerunt:* Ebd. (Zitat)
	Rex enim – per poenitentiam: Johannes Chrysost., De reparatione lapsi (Zitate)
	Omnipotens enim – regnat saecula: Greg., Hom. in evangelia II,XXV,10 (Zitat)
,4	*non tempore – mortificatur caro:* Isid., De eccl. off. II,17 (teilw. Paraphrase, teilw. Zitat)
	Respiciamus ergo – infructuosa conversio: Johannes Chrysost., De reparatione lapsi (teilw. Paraphrase, teilw. Zitat)
	Nam si – securius transeatur: Isid., De eccl. off. II,17 (Zitat)
,5	*Paenitentiam quippe – maximis deliquisse:* Greg., Hom. in evangelia II,XXXIV,15, 16 (Zitate)
	Duplicem habere – peccando proclivius: Isid., Sentent. II,13 (Zitate)
	semper enim – peccati mei: Ebd. II,24 (Zitate)
,6	*Dum ergo – ostiam laudis:* Cass., Conl. XX,7 (Zitat)

II,7	*Anima post – ad deum:* Basil., Reg. ad mon. Int. 117 – Codex regularum (Zitate aus der Interrogatio)
	Primo quidem – super me: Ebd. (Zitate aus der Responsio)
,8	*Necessarium est – similis adhibetur:* Ebd. Int. 22 (Zitat)
	Noverit autem – dubio pervenitur: Cass., Conl. XX,11 (Zitat)
,9	*Nisi quia – vitam redire:* Cyprian, Epist. LV,22 (Zitat)
,10	*His fomitibus – iacentis adprehendat:* Isid., Sentent. II,23 (Zitate)
,11	*Quia tribus – etiam ligamur:* Greg., Reg. past. III,29 (Zitate)
	a culpa – pronuntiat dicens: Cass., Conl. XXII,13 (Zitat)
	septies enim – et aliud: Ebd. (Zitat)
	parva leviaque – non peccet: Vgl. ebd. XXII,7
	Haec enim – debita nostra: Ebd. XXII,13 (Zitat)
	Quid enim aliud…: Vgl. ebd. XX,12
	singulis enim – non est: Ebd. XX,12 (Zitat)
	Id est qui otiositatem…: Vgl. Isid., Reg. mon. Kap. 16; Cass., Inst. IV,16
,12	*De omni – tale peccatum:* Smaragd, Exp. in reg. S. Ben. 23,5 (Zitat)
	Ergo qui – guttae pluviarum: Greg., Reg. past. III,33 (Zitat)
	De cotidianis – homini ignoscere: Aug., Ench. ad Laur. Kap. 71
	ac per – nostra peccata: Ebd. Kap. 72
	sed ea – vos persequuntur: Ebd. Kap. 73 (Zitat)
	Quisquis autem – peccata vestra: Ebd. Kap. 74 (Zitat)
	Sunt autem – concedatur infirmis: Ebd. Kap. 78 (Zitat)
	Sunt et – hilaritatis obnubilare: Cass., Conl. XXIII,7 (Paraphrase)
	Propter haec – debitoribus nostris: Aug., Ench. ad Laur. Kap. 78 (Zitat)
	Sine confessione – nequeunt dimitti: Beda, Super epist. cath.: In Iacobi epist. Kap. 5 (Zitat)
	Porro gravioris – purificare curemus: Ebd. (Zitat)
	pro his – indesinenter effundamus: Cass., Conl. XXIII,10 (Zitate)
,13	*qui summam – pondere praegravatos:* Ebd. XXIII,8 (Zitate)
	iugiter ad – indesinenter effundunt: Ebd. XXIII,10 (Zitat)
,14	*providendum est – inferat membro:* Fruct., Reg. mon. Kap. 15 – Codex regularum (Zitate)
,15	*Ammonendi sunt – totus cadet:* Greg., Reg. past. III,33 (Zitat)
,16	*Si quis tardius…:* Vgl. Benedict., Reg. Kap. 43; Cass., Conl. XXIII,7
…	
,18	*Si quis tempore…:* Vgl. Smaragd, Exp. in reg. S. Ben. 24,3
,19	*Si quis decantans…:* Vgl. Cass., Inst. IV,16; Smaragd, Exp. in reg. S. Ben. 24,3
…	
,21	*Si quis – privatus excommunicetur:* Dach. III,64
,22	*Si quis clericus…:* Vgl. Macarius, Reg. Kap. 14 – Codex regularum
…	
,24	*Clericum quem – dandum supplicio:* Dach. III,57
…	
,27	*Si quis – vitio excommunicetur:* Ebd. III,71
…	

II,29   *Clericus per – non ambulet:* Ebd. III,62

...

,37   *Si quis – et publicanus:* Basil., Reg. ad mon. Int. 73 – Codex regularum (Zitate)
,38   *Si quis – qui contristavit:* Ebd. Int. 74 (Zitate)

...

,43   *Si quis – poenitentiae subiacebit:* Fruct., Reg. mon. Kap. 5 – Codex regularum (Zitat); vgl. auch Smaragd, Exp. in reg. S. Ben. 39,11

...

,45   *Qui detrahit – excommunicari debet:* Basil., Reg. ad mon. Int. 43 – Codex regularum (Zitat)

...

,49   *Si quis Christianus…:* Vgl. Serapion, Macarius, Paphnutius et alter Macarius, Reg. Kap. 15 – Codex regularum

...

,51   *Si quis – arbitrium poeniteat:* Pachom., Reg. Kapp. 150, 151 – Codex regularum (Kompilation von Zitaten aus beiden Kapiteln)
,52   *Si quis – iocaverit, riserit:* Vgl. Isid., Reg. mon. Kap. 16 – Codex regularum
,53   *De cotidianis enim…:* Vgl. Aug., Tractatus CXXIV in Iohannis evang., Tract. LVIII,5

...

III,1   *Initium omnis – nisi superbia:* Iul. Pom., De vita cont. III,2 (Zitate)
Radix omnium – inveniri cupidus: Ebd. III,4 (Zitate)
Sane cavendum – congrua negligatur: Aug., Ench. ad Laur. Kap. 70 (Zitat)
sane qui – sibi blandiuntur: Ebd. Kap. 75 (Zitat)
Qui enim – placens deo: Ebd. Kap. 76 (Zitat)
Non ergo – non eget: Ebd. Kap. 77 (Zitat)
Sunt enim – in vobis: Ebd. Kap. 79 (Zitat)
peccata magna – lege frequentabantur: Ebd. Kap. 80 (Zitate)
Valde etenim – poena damnatur: Greg., Reg. past. III,25 (Erster Satz Paraphrase, dann Zitat)
Tristitia saeculi – erratibus tristamur: Basil., Reg. ad mon. Int. 50 – Codex regularum (Zitate)
Vae peccatis – prohibere faciamus: Aug., Expos. epist. ad Galatas I,35 (Zitat)
de ipsis – non remittuntur: Aug., Ench. ad Laur. Kap. 65 (Zitat)
At si – poenitentiam plangunt: Iul. Pom., De vita cont. II,7 (Zitate)
Nam et – eum dominus: Aug., Ench. ad Laur. Kap. 82
Porro illi – ignis incendia: Iul. Pom., De vita cont. II,7 (Zitat)
Multum enim – moras conversio: Dach. I,14 (Zitat)
Clementia enim – salvus eris: Dach. I,1 (Zitat)
quorum vitae – duram crudelitatem: Cyprian, Epist. XXX,8 (Zitat)
Orare oportet – animae liberantur: Cyprian, De lapsis Kap. 35 (Zitat)
mens est – quae sanet: Cyprian, Epist. LIX,13 (Zitat)
Haec omnino impoenitentia…: Vgl. Aug., Sermo LXXI,3–6
Utile est – imploratio medicinae: Aug., De civitate dei XIV,13, 14 (Zitate)

	Caveamus, inquit – esse venturos: Aug., De fide et operibus Kap. 26 (Zitat)
	Si quis – mortua est: Ebd. Kap. 14 (Zitat)
	Constituamus aliquem – et dei: Aug., De baptismo contra Donatistas libri VII, IV,18 (Zitate)
	semel generatus – voluntate consentit: Aug., Epist. IIC,1 (Zitat)
	Parentes autem – interfectores fiunt: Ebd. IIC,3 (Zitat)
III,2	*Humani generis creator…:* Vgl. Cass., Inst. VI,12
	Cum introduxerit – ad internecionem: Cass., Conl. V,16 (Zitat)
	quod vero – murmuratio, detractio: Ebd. (Zitate)
	Quod autem – corporis acquiruntur: Ebd. (Zitat)
	Quod vero – videntes deum: Ebd. V,23 (Zitate)
	cum Abraham – bella suscipiet: Ebd. V,22 (Zitate)
	primum gastrimargiae – octavum superbiae: Ebd. V,1 (Zitat)
	Primum superbia, secundum…: Vgl. Greg., Moral. XXXI,45
	Non solum – simulacrorum servitus: Cass., Inst. VII,7 (Zitat)
	In tantum unum…: Vgl. Iul. Pom., De vita cont. III,5
	Acedia, quam – est tristitiae: Cass., Inst. X,1 (Zitat)
	Licet morbus – primus est: Ebd. XII,1 (Zitat)
	cum sit – interfectricem virtutum: Ebd. XII,6 (Zitat)
	Vitia quippe – clamore confundunt: Hal., Paen. I,1 (Zitat)
,3	*Quem admodum – fruebatur, amisit:* Cass., Inst. XII,4 (Zitate)
	omnium etenim – peccati superbia: Ebd. XII,5 (Zitate)
	Non alicuius – est ipsa: Hal., Paen. I,2 (Zitat)
	de quo – homines pertransiit: Ebd. (Zitat)
,4	*Duo sunt – proprie pertinet:* Cass., Inst. XII,2 (Zitate)
	illos enim – spoliare contendens: Ebd. XII,24 (Zitat)
	Vitam eis facit…: Vgl. ebd. XII,25
,5	*Tantum malum – solis superbis:* Ebd. XII,7 (Zitat)
,6	*non opportunus – cordis elatio:* Ebd. XII,27 (Zitat)
,7	*His igitur – seniorum iudicio:* Ebd. XII,29 (Zitat)
	Hi, quos – pastus exsultat: Hal., Paen. I,2 (Zitate)
,8	*O infelix – obsequi spernunt:* Hilarius, Tractatus in psalmum CXVIII, Kap. 14 (Zitat)
	sed licet – revelationum extolleretur: Ebd. Kap. 15 (Zitate)
	Nil est – filios superbiae: Hal., Paen. I,2 (Zitat, dann Paraphrase)

…

,10	*Itaque hunc – cetera talia:* Cass., Inst. XII,9 (Zitat)
	ideoque universitatis – doceamur exemplo: Ebd. XII,8 (Zitat)
,11	*ferocissimam bestiam – festinamus extinguere:* Ebd. XII,32 (Zitat)
	nosmet ipsos – veritate credamus: Ebd. XII,33 (Zitate)
	impossibile est – omnibus vitiis: Basil., Reg. ad mon. Int. 61 – Codex regularum (Zitate)
,12	*Cenodoxia, quam – vix possit:* Cass., Inst. XI,1 (Zitat)
	multiplex et – vulnerare conatur: Ebd. XI,3 (Zitat)
,13	*Pulchre seniores – fuerint explicata:* Ebd. XI,5 (Zitat)

III,14	*Non solum – aculeos vanitatis:* Ebd. XI,2 (Zitate)
	insectatur, alium – prolixitate tentatur: Ebd. XI,6 (Zitat)
	solet autem – nobiles habeant: Ebd. XI,13 (Zitat)
,15	*cum quis – et veraces:* Basil., Reg. ad mon. Int. 59 – Codex regularum (Zitat)
,16	*monet dicens – sibi placentium:* Cass., Inst. XI,12 (Zitat)
,17	*Tali autem – praetulisse convicti:* Ebd. XI,18 (Zitate)
	ut omnia – hominum laudes: Basil., Reg. ad mon. Int. 56 – Codex regularum (Zitat)
	si certus – repromissae sunt: Ebd. Int. 60 (Zitat)
,18	*Nihil magis – magnitudo noscatur:* Cyprian, De zelo et livore Kap. 3 (Zitat)
	Hinc diabolus – parte eius: Ebd. Kap. 4 (Zitat)
	hinc parricida – quam credere: Ebd. Kap. 5 (Zitate)
,19	*existimet malum – unitas scinditur:* Ebd. Kap. 6 (Zitat)
	invidia animae – ignibus inardescit: Ebd. Kap. 7 (Zitat)
	quis facile – poena peccati: Iul. Pom., De vita cont. III,5 (Zitate)
	Inter invidum – excruciatque animum: Hier., Comm. in epist. ad Galatas III,5 vers. 21 (Zitate)
,20	*vultus minax – mentis armata:* Cyprian, De zelo et livore Kap. 8 (Zitat)
	odia intra – esse persuadeant: Iul. Pom., De vita cont. III,9 (Zitat)
,21	*Quicumque es – odisse felicem:* Cyprian, De zelo et livore Kap. 9 (Zitat)
	Si homo – similis existis: Ebd. Kap. 11 (Zitat)
	quid sub – itineris salutaris: Ebd. Kap. 12 (Zitat)
	Quapropter considera, o invide…: Vgl. Greg., Reg. past. III,10
,22	*meditationibus et – et armatum:* Cyprian, De zelo et livore Kap. 16 (Paraphrase, anschließend Zitate)
	qui fueras – vinculo coheredem: Ebd. Kap. 17 (Zitat)
	ea quae – curricula decurrere: Ebd. Kap. 18 (Zitat)
,23	*Ira enim – tranquillitatis amittitur:* Hal., Paen. I,1 (Zitat)
	quia qui – similitudinem serpentis: Basil., Reg. ad mon. Int. 159 – Codex regularum (Zitat)
	Inter iracundiam – tempore concitatur: Hier., Comm. in epist. ad Galatas III,5 vers. 19–21 (Zitat)
,24	*in nostris – insipientium requiescit:* Cass., Inst. VIII,1 (Zitat)
	Duplex autem – desiderat ultionem: Hier., Comm. in epist. ad Ephesos III,4 vers. 26 (Zitat)
,25	*adversus qui – solita colloquitur:* Cass., Inst. VIII,11 (Zitat)
,26	*Si ad – alienus existe:* Ebd. VIII,5 (Zitat)
	Omnis, inquit – nobis excepit: Ebd. (Zitat)
	iubet, nobismet – noxium perducere: Ebd. VIII,8 (Zitat)
,27	*Haec est – promittuntur aeterna:* Ebd. VIII,21 (Zitate)
,28	*Ex ira – moeror pascit:* Hal., Paen. I,1 (Zitat)
	Nonnumquam tamen – amaritudinis occupante: Cass., Inst. IX,4 (Zitat)
,29	*Praedicator egregius – futurae beatitudinis:* Ebd. IX,10 (Zitate)
	habens in – mansuetudo, continentia: Ebd. IX,11 (Zitat)
,30	*separat divinae – desperatione poenali:* Ebd. IX,1 (Zitat)
,31	*Haec vero – illa conferre:* Ebd. IX,11 (Zitate)

III,32	*sicut tinea – nocet cordi:* Cass., Inst. IX,2 (Zitat)	
,33	*Hanc ergo – transeuntia contemplantes:* Ebd. IX,13 (Zitate)	
,34	*Avaritia, quae – simulacrorum servitus:* Ebd. VII,7 (Zitat)	
	Radix omnium – doloribus multis: Ebd. VII,9 (Zitat)	
	nec superbus – omne peccatum: Hal., Paen. I,13 (Zitat)	
,35	*nummos per – sacello delectantur:* Hier., Comm. in epist. ad Ephesos III,5 vers. 5 (Zitat)	
	pecunias reponat – maior apponitur: Cass., Inst. VII,7 (Zitat)	
	Cum pecuniae – cupiditatis augetur: Ebd. (Zitat)	
	Unde beatus – servitutem pronuntiavit: Ebd. (Zitat)	
	solet namque – melius expendis: Hal., Paen. I,12 (Zitat)	
,36	*nullam enim – fertur infrenis:* Cass., Inst. VII,8 (Paraphrase)	

...

,38	*illud quod – cuius erunt:* Ebd. VII,30 (Zitate)	
,39	*Videamus qualiter – dolorem moritur:* Hal., Paen. I,14 (Zitat)	
,40	*horam canonicam – cibis delectatur:* Cass., Inst. V,23 (Zitate)	
	quatuor genera – festinationis accipitur: Isid., Sentent. II,42 (Zitat)	

...

,42	*Adversus vos, o gastrimargi...:* Vgl. Greg., Reg. past. III,19	
	non vini – abundantia comedebat: Cass., Inst. V,6 (Zitat)	
	et idem – animae destruit: Greg., Reg. past. III,19 (Zitat)	
	admonendi sunt – crudeliter astringantur: Ebd. (Zitat)	
,43	*non solum mentem...:* Vgl. Cass., Inst. V,23	
,44	*De corde – falsa testimonia:* Cass., Inst. VI,2 (Zitat)	
	cum a – superentur, exstinguitur: Ebd. VI,1 (Zitat)	
	superbiae exemplo – pudenda operuit: Isid., Sentent. II,39 (Zitat)	
	templum dei – membra meretricis: Hier., Comm. in epist. ad Galatas III,5 vers. 19–21 (Zitate, nach *meretricis* Paraphrase)	
	Christus ait – voluptate prostituatur: Isid., Sentent. II,39 (Zitat)	
	in veteri – omni immunditia: Hier., Comm. in epist. ad Galatas III,5 vers. 19–21 (Zitat)	

...

,46	*Quibus est enim...:* Ps.-Cyprian, De XII abusivis saeculi Kap. 5 (Paraphrase)	
,47	*Neque fornicatores – iudicabit deus:* Greg., Reg. past. III,27 (Zitat)	
	Ex corde – in lumbis: Isid., Sentent. II,39 (Zitat)	
	Non enim diceret...: Vgl. Hier., Comm. in epist. ad Ephesos III,5 vers. 3	
	Haec est – ignorant deum: Cass., Inst. VI,15 (Zitat)	
	ad Hebraeos – ut Esau: Ebd. VI,16 (Zitat)	
	sententiam sancti – integritatem cordis: Ebd. VI,19 (Zitat)	
	virginitatis carnis – fides incorrupta: Aug., Enarrationes in psalmos: Enarratio in psalmum CXLVII, Kap. 10 (Zitat)	
,48	*Duplex namque oppugnatio...:* Vgl. Cass., Inst. VI,1	
	illud enim – adulteria, fornicationes: Cass., Inst. VI,2 (Zitate)	
,49	*Gastrimargia graece, latine...:* Vgl. ebd. V,23	

III,50   *Fornicatio est – secunda verborum:* Isid., Sentent. II,39 (Zitate)
          Dominus dicit – corde suo: Ebd. (Zitat)
    ,51   *unde et – metu afficitur:* Ebd. II,41 (Zitate)
          Quamvis omni humano…: Vgl. Cass., Inst. VII,14
          aeterna lepra – morte mulctantur: Cass., Inst. VII,14 (Zu Beginn Zitat, dann Paraphrase)
          Haec est igitur…: Vgl. ebd. VII,28
          Habentes, inquit, victum…: Vgl. ebd. VII,29
          Stulte, hac nocte…: Vgl. ebd. VII,30
    ,52   *Taliter nos – periculum bibam:* Ebd. VIII,8 (Zitate, Paraphrase)
    ,53   *Duo sunt – legem tuam:* Basil., Reg. ad mon. Int. 50 – Codex regularum (Zitat)
          Fit vero – mortem operatur: Cass., Inst. IX,10 (Zitat)
          haec animum turbat…: Vgl. ebd. IX,13
    ,54   *Acedia graece – haec tristitiae:* Ebd. X,1 (Zitate)
          sicut beatus – animam dormitasse: Ebd. X,4 (Zitat)

…

    ,56   *lassitudinem corporis – lassus videatur:* Ebd. X,2 (Zitat)
          saepiusque ingreditur – crebrius intuetur: Ebd. (Zitat)
    ,57   *Audivimus, inquit – curiose agentes:* Ebd. X,13 (Zitate)
    ,58   *infelix anima – validissimo fatigata:* Ebd. X,3 (Zitat)
          De hac – gloriae tuae: Ebd. X,21 (Zitate); vgl. zum folgenden ebd. X,17

…

    ,60   *Cenodoxia graece, latine…:* Vgl. ebd. XI,2, 3
          in habitu – in longanimitate: Ebd. XI,3 (Zitat)
          omnia vitia – vivacius convalescit: Ebd. XI,7 (Zitat)
          de operibus – mercedem suam: Hal., Paen. I,4 (Zitat und Paraphrase)
          Cum enim pro…: Vgl. ebd. I,5
    ,61   *sicut est – sequitur culpa:* Isid., Sentent. II,38 (Zitate)
          Cuius duo – hominem exspoliat: Cass., Inst. XII,2, 3 (Zitate)
          non solum – sine ipsa: Hal., Paen. I,2 (Zitat)
          Qui morbus – diriore depascens: Cass., Inst. XII,1 (Zitat)
          ex eo – sunt, quaerit: Basil., Reg. ad mon. Int. 61 – Codex regularum (Zitat)
    ,62   *Haec igitur – familiariter coniugatur:* Cass., Conl. V,10 (Zitat)
    ,63   *Et ut – laudis inflamur:* Ebd. V,11 (Zitat)
    ,64   *Haec octo – singuli laboramus:* Ebd. V,13 (Zitat)
    ,65   *Quamobrem ita – penitus deleantur:* Ebd. V,14 (Zitat)
    ,66   *Horum igitur – atque tristitia:* Ebd. V,3 (Zitat)
    ,67   *Gastrimargia et – non poterunt:* Ebd. V,4 (Zitate)
    ,68   *Quamvis beatus – ad salutem:* Ebd. (Zitat)
    ,69   *De his – genera peccatorum:* Ebd. V,25 (Zitat)
    ,70   *Quapropter et – saturitatis ingluvie:* Ebd. V,26 (Zitat)
    ,71   *Sciendum tamen – plenitudinem pervenire:* Ebd. V,27 (Zitat)
    ,72   *Egressis enim – ad internecionem:* Ebd. V,16 (Zitate)
          una quidem – in desideriis: Ebd. V,19 (Zitate)

III,73 *adversus impetus – avaritiam largitas:* Isid., Sentent. II,37 (Zitate)
principalium enim – alterum oriatur: Ebd. (Zitat)
,74 *Quatuor modis – non noverunt:* Ebd. II,17 (Zitat)
,75 *Quamvis ab – occurrentibus delectemur:* Ebd. II,25 (Zitat)
Nam cogitationes – mea est: Beda, Homeliarum evang. libri duo, II,12 (Zitate)
Magna itaque – non incurrimus: Isid., Sentent. II,25 (Zitat)
,76 *Eologius nomine – communione Christi:* Vitae patrum VIII,75 (Zitat)

...

,79 *nonnumquam peius – merces comitatur:* Isid., Sentent. II,30 (Zitat)
,80 *Est, inquit – ac feminis:* Aug., De mendacio Kap. 14 (Zitate)
Nec perdam – atque constantius: Ebd. Kap. 13 (Zitat)
Octavum est – aliquem tueatur: Ebd. Kap. 14 (Zitat)

...

,82 *non solum – cavenda peccata:* Isid., Sentent. II,18 (Zitat)
,83 *Sunt enim peccantes....:* Vgl. ebd. II,17
Gravius namque – nec volumus: Ebd. II,19 (Zitat)
Maior est – omni malitia: Ebd. II,20 (Zitate)
Plerique non – esse mali: Ebd. II,22 (Zitate)
Nequissimum est – consuetudine repugnatur: Ebd. II,23 (Zitat)
Quidam et – opere gloriantur: Ebd. II,21 (Zitate)
,84 *Saepe peccatum – deteriores existant:* Ebd. II,19 (Zitate)

IV,1 Aug., Epist. LIV,4
,2 Basil., Reg. ad mon. Int. 134 – Codex regularum
,3 Dach. I,14
,4 Ebd. I,2
,5 Ebd. I,14
,6 Ebd. I,1
,7 Ebd. I,18
,8 Ebd. I,17
,9 Ebd. I,19
,10 Ebd. I,2
,11 Ebd. I,10
,12 Ebd. I,9
,13 Ebd. I,21
,14 Ebd. I,19
,15 Ebd. I,23
,16 Greg., Homiliae in evangelia XXXIV,16
,17 Dach. I,3
,18 Ebd. I,11
,19 Smaragd, Exp. in reg. S. Ben. 24,2
,20 Dach. I,15
,21 Ebd. I,12
,22 Ebd. I,16
,23 Ebd. I,24

IV,24	Basil., Reg. ad mon. Int. 27 – Codex regularum
,25	Ebd. Int. 18
,26	Ebd. Int. 28
,27	Dach. I,13
,28	Ebd. I,4
,29	Ebd. I,5
,30	Ebd. I,9
,31	Ebd. I,7
,32	Basil., Reg. ad mon. Int. 22 – Codex regularum
,33	Dach. I,45
,34	Ebd. I,46
,35	Vgl. Hier., Adversus Iovinianum libri duo, I,34
,36	Hal., Paen. V,6
,37	Ebd. V,7
,38	Ebd. V,5
,39	Ebd. V,3
,40	Ebd. V,4
,41	Reg. monast. Tarnatensis Kap. 4 – Codex regularum
,42	Basil., Reg. ad mon. Int. 174 – Codex regularum
,43	Dach. I,49
,44	Greg., Dialogi III,7
,45	(Nicht identifiziert)
,46	Hal., Paen. IV,19
,47	Ebd. IV,20
,48	2. Konzil v. Sevilla (a. 619) can. 11 – Collectio Remensis
,49	Basil., Reg. ad mon. Int. 197, 198 – Codex regularum
,50	Isid., Reg. mon. (in den Handschriften Kap. 24) – Codex regularum
,51	Konzil v. Karthago (a. 419) can. 38 – Collectio Remensis
,52	Dach. I,55
,53	Ebd. I,88
,54	Ebd. I,86
,55	Ebd. I,82
,56	Ebd. I,83
,57	Ebd. I,87
,58	Aug., De sermone domini in monte I,14
,59	Hier., Hom. in evang. sec. Matthaeum III,19 vers. 9
,60	Dach. I,74
,61	Ebd. I,73
,62	Ebd. I,75
,63	Ebd. I,76
,64	Aug., De adulterinis coniugiis II,8
,65	Dach. I,91
,66	Ebd. I,89
,67	Ebd. I,90
,68	Hal., Paen. IV,22

IV,69	Dach. I,81
,70	Ebd. I,69
,71	Ebd. I,70
,72	Ebd. I,71
,73	Ebd. I,68
,74	Reg. monast. Tarnatensis Kap. 13 – Codex regularum
,75	Hal., Paen. V,11
,76	Ebd. V,12
,77	Ebd. V,13
,78	Isid., Reg. mon. Kap. 4 – Codex regularum
,79	Dach. I,53
,80	Ebd. I,54
,81	Smaragd, Exp. in reg. S. Ben. 25,2
,82	Vgl. ebd. 25,1
,83	Pach., Reg. ad mon. Kap. 166 = Reg. Orientalis Kap. 18 – Codex regularum
,84	Ps.-Egbert, Paen. V,11
,85	Ebd. V,12
,86	Dach. I,101
,87	Ebd. I, 102
,88	Hal., Paen. VI,1
,89	Ebd. VI,3
,90	Cummean, Excarp. VI,13
,91	Vgl. ebd. VI,12; 5
,92	Hal., Paen. VI,5
,93	Dach. I,100
,94	Ebd. I,103
,95	Ebd. I,104
,96	Cummean, Excarp. VII,1
,97	Dach. I,105
,98	Ebd. I,106
,99	Ebd. I,107
,100	Cummean, Excarp. VI,4
,101	Ebd. VI,8
,102	Ebd. VI,9; 10
,103	Ebd. VI,11
,104	Ebd. VI,19
,105	Ebd. VI,20
,106	Ebd. VI,21
,107	1. Konzil v. Tours (a. 461) can. 7 – Collectio Remensis
,108	Dach. I,111
,109	Basil., Reg. ad mon. Int. 184 – Codex regularum
,110	Hier., Hom. in evang. sec. Matthaeum II,14 vers. 7
,111	Beda, Homeliarum evang. libri duo, II,23
,112	Hal., Paen. IV,28
,113	Vgl. ebd. VI,22

IV,114 Ebd. VI,24
   ,115 Cummean, Excarp. V,8
   ,116 Hal., Paen. VI,25
   ,117 Ebd. VI,22; 23
   ,118 Dach. III,71
   ,119 Hal., Paen. IV,29
   ,120 Cummean, Excarp. IV,1
   ,121 Ebd. IV,5
   ,122 Hal., Paen. VI,26
   ,123 Ebd. VI,28
   ,124 Ebd. VI,29
   ,125 Dach. III,66
   ,126 Ebd. III,49
   ,127 Smaragd, Exp. in reg. S. Ben. 25,2–3
   ,128 Hier., Comm. in epist. ad Titum Kap. 2
   ,129 Aug., Liber quaestionum exodi, Quaest. 39
   ,130 Ebd. Quaest. 71
   ,131 Hal., Paen. IV,30
   ,132 Vgl. Smaragd, Exp. in reg. S. Ben. 25,1
   ,133 Ebd. 23,5
   ,134 Dach. II,2
   ,135 Cyprian, Epist. II,1
   ,136 Dach. I,99
   ,137 Ebd. I,93
   ,138 Ebd. I,94
   ,139 Ebd. I,95
   ,140 Ps.-Ambrosius, Exp. epist. ad Galatas IV,10
   ,141 Greg., Epist. ad Hadrianum notarium (JE 1823) – Sammlung der Handschrift Bern, Burgerbibl. 425
   ,142 Dach. III,59
   ,143 Hal., Paen. IV,27
   ,144 Ebd. IV,26
   ,145 Ebd.
   ,146 Ebd.
   ,147 Ebd. IV,31
   ,148 Ebd. IV,32
   ,149 (Nicht identifiziert)
   ,150 (Nicht identifiziert)
   ,151 (Nicht identifiziert)
   ,152 Basil., Reg. ad mon. Int. 71 – Codex regularum
   ,153 Ebd. Int. 93
   ,154 Caesarius v. Arles, Reg. ad virgines Kap. 31 – Codex regularum
   ,155 (Nicht identifiziert)
   ,156 Pach., Reg. ad mon. Kap. 84 – Codex regularum
   ,157 Basil., Reg. ad mon. Int. 43 – Codex regularum

IV,158 Ebd. Int. 44
 ,159 Isid., Reg. mon. Kap. 16 – Codex regularum
 ,160 (Nicht identifiziert)
 ,161 Basil., Reg. ad mon. Int. 112 – Codex regularum
 ,162 Vgl. Fruct., Reg. mon. Kap. 15
 ,163 Isid., Reg. mon. Kap. 16 – Codex regularum
 ,164 Dach. III,57
 ,165 Vgl. Fruct., Reg. mon. Kap. 16
 ,166 Smaragd, Exp. in reg. S. Ben. 40,5
 ,167 Cummean, Excarp. I,1
 ,168 Vgl. ebd. I,5
 ,169 Smaragd, Exp. in reg. S. Ben. 4,35
 ,170 Dach. II,103 (bei d'Achery – de La Barre II,98)
 ,171 Smaragd, Exp. in reg. S. Ben. 39,11
 ,172 Ebd.
 ,173 Dach. II,20
 ,174 Ebd. II,25
 ,175 Isid., Sentent. III,55
 ,176 Isid., Reg. mon. Kap. 16 – Codex regularum
 ,177 Dach. II,26; 27
 ,178 Ebd. II,29
 ,179 Ebd. II,59
 ,180 (Nicht identifiziert)
 ,181 Dach. II,60
 ,182 Ebd. III,55
 ,183 Ebd. III,61
 ,184 Ebd. III,52
 ,185 Ebd. III,53
 ,186 2. Konzil v. Arles (a. 442–506) can. 14 – Collectio Remensis
 ,187 Dach. III,45
 ,188 Ebd. III,63
 ,189 Ebd. III,65
 ,190 Vgl. Coll. Hibernensis X,20
 ,191 Dach. III,71
 ,192 Ebd. III,35
 ,193 (Nicht identifiziert)
 ,194 Dach. III,70
 ,195 Ebd. III,68
 ,196 Ebd. III,87
 ,197 Ebd. III,69
 ,198 (Nicht identifiziert)
 ,199 Dach. III,146
 ,200 (Nicht identifiziert)
 ,201 Dach. III,47
 ,202 Ebd. III,46

IV,203	Ebd. III,25	
,204	Greg., Epist. ad Brunichildam reginam (JE 1491) – Sammlung der Handschrift Bern, Burgerbibl. 425	
,205	Dach. III,112	
,206	Greg., Epist. ad Marinianum Ravennatem episcopum (JE 1504) – Sammlung der Handschrift Bern, Burgerbibl. 425	
,207	Vgl. Smaragd, Exp. in reg. S. Ben. 64,1–6	
,208	Vgl. ebd. 64,6 sowie Konzil von Chalkedon can. 4	
,209	Greg., Epist. ad Marinianum Ravennatem episcopum (JE 1504) – Sammlung der Handschrift Bern, Burgerbibl. 425	
,210	Vgl. Basil., Reg. ad mon. Int. 13; 15	
,211	Vgl. ebd.	
,212	Ebd. Int. 15 – Codex regularum	
,213	Konzil von Chalkedon can. 24 – (Collectio Remensis?)	
,214	Innocent., Epist. *Etsi tibi frater* (JK 286) – Collectio Remensis	
,215	Vgl. Benedict., Reg. Kap. 62	
,216	Dach. III,147	
,217	Leo I., Epist. *Epistolas fraternitatis* (JK 544) – Collectio Remensis	
,218	Dach. I,48	
,219	Greg., Epist. ad Marinianum episcopum (JE 1770) – Sammlung der Handschrift Bern, Burgerbibl. 425	
,220	Gelasius I., Epist. *Necessaria rerum dispensatione* (JK 636) – Collectio Remensis	
,221	Basil., Reg. ad mon. Int. 7 – Codex regularum	
,222	Dach. III,79	
,223	Gelasius I., Epist. *Necessaria rerum dispensatione* (JK 636) – Collectio Remensis	
,224	Ebd.	
,225	Smaragd, Exp. in reg. S. Ben. 59,2	
,226	Ebd.	
,227	Dach. III,73	
,228	Konzil v. Karthago (a. 345–348) can. 14 – (Collectio Remensis?)	
,229	Dach. II,93	
,230	Ebd. III,26	
,231	Ebd. III,135	
,232	Hal., Paen. V,16	
,233	Dach. III,25	
,234	Smaragd, Exp. in reg. S. Ben. 66,8	
,235	Ebd.	
,236	Dach. III,7	
,237	Konzil v. Karthago (a. 397), Epist. Aurelii et Mizonii – (Collectio Remensis?)	
,238	Konzil v. Nicäa can. 2 – Collectio Remensis	
,239	Smaragd, Exp. in reg. S. Ben. 69,4	
,240	Ebd. 69,1–4	
,241	Ebd. 70,2	
,242	Ebd. 70,6	
,243	Dach. III,29	

IV,244	Smaragd, Exp. in reg. S. Ben. 29,3	
,245	Ebd. 61,14	
,246	Ebd.	
,247	Dach. III,29	
,248	Ebd. II,50	
,249	Smaragd, Exp. in reg. S. Ben. 24,3	
,250	Ebd. 23,5	
,251	Basil., Reg. ad mon. Int. 121 – Codex regularum	
,252	Smaragd, Exp. in reg. S. Ben. 26,2	
,253	Ebd.	
,254	Ebd.	
,255	Dach. II,11	
,256	Fruct., Reg. mon. Kap. 14 – Codex regularum	
,257	Konzil v. Antiochia can. 2 – Collectio Remensis	
,258	Konzil v. Orléans (a. 549) can. 2 – Collectio Remensis	
,259	Dach. II,9	
,260	Fruct., Reg. mon. Kap. 14 – Codex regularum	
,261	Vgl. Benedict., Reg. Kap. 3	
,262	Dach. II,28	
,263	Vgl. ebd. II,34	
,264	(Nicht identifiziert)	
,265	Konzil v. Epao (a. 517) can. 23 – Collectio Remensis	
,266	Konzil v. Orléans (a. 538) can. 9 – Collectio Remensis	
,267	Konzil v. Agde (a. 506) can. 10 – Collectio Remensis	
,268	Ebd. can. 11	
,269	Konzil v. Orléans (a. 538) can. 4 – Collectio Remensis	
,270	1. Konzil v. Tours (a. 461) can. 3 – Collectio Remensis	
,271	Konzil v. Vannes (a. 461–491) can. 14 – Collectio Remensis	
,272	1. Konzil v. Tours (a. 461) can. 5 – Collectio Remensis	
,273	Konzil v. Orléans (a. 511) can. 1 – Collectio Remensis	
,274	Ebd. can. 11	
,275	Ebd. can. 12	
,276	2. Konzil v. Arles (a. 442–506) can. 46 – Collectio Remensis	
,277	Ebd. can. 47	
,278	Ebd. can. 50	
,279	Ebd. can. 51	
,280	Konzil v. Agde (a. 506) can. 24 – Collectio Remensis	
,281	Ebd. can. 36	
,282	Ebd. can. 42	
,283	Konzil v. Orléans (a. 549) can. 20 – Collectio Remensis	
,284	1. Konzil v. Arles (a. 314) can. 13 – Collectio Remensis	
,285	Ebd. can. 12	
,286	Konzil v. Karthago (a. 419) can. 21 – (Collectio Remensis?)	
,287	2. Konzil v. Arles (a. 442–506) can. 32 – Collectio Remensis	
,288	Ebd. can. 33	

IV,289 Stat. eccl. ant. Kap. 30 (LXXXVII) – Collectio Remensis
,290 Ebd. can. 31 (XXIV) // Dach. II,95
,291 Konzil v. Orléans (a. 511) can. 26 – Collectio Remensis // Dach. II,95
,292 Dach. II,97
,293 Ebd. II,100
,294 Innocent., Epist. *Si instituta* (JK 311; Dion. Kap. 2)
,295 Ebd. (Dion. Kap. 4)
,296 Vitae patrum II,7
,297 (Nicht identifiziert)
,298 Greg., Epist. ad Ianuarium Caralitanum episcopum (JE 1525) – Sammlung der Handschrift Bern, Burgerbibl. 425
,299 Dach. III,96
,300 Ebd. II,79
,301 Ebd. II,81
,302 Ebd. II,80–83
,303 Ebd. II,85
,304 Ebd. II,93 (Bei d'Achery – de La Barre nicht gedruckt)
,305 Isid., Reg. mon. Kap. 18 – Codex regularum
,306 Dach. II,89
,307 Ebd. II,94 (Bei d'Achery – de La Barre teilw. gedruckt)
,308 Smaragd, Exp. in reg. S. Ben. 52,5
,309 Ebd.
,310 Ebd. 52,1
,311 Konzil v. Karthago (a. 419) can. 42 – Collectio Remensis
,312 Konzil v. Laodicäa can. 131 – Collectio Remensis
,313 (Nicht identifiziert)
,314 Cyprian, Epist. I,1; 2
,315 Ebd. I,1
,316 Ebd.
,317 Ebd. I,2
,318 Hal., Paen. V,9
,319 Dach. III,118
,320 Ebd. I,122
,321 Ebd. III,60
,322 Ebd. III,51
,323 (Nicht identifiziert)
,324 Smaragd, Exp. in reg. S. Ben. 43,3
,325 Ebd.
,326 Reg. monast. Tarnatensis Kap. 5 – Codex regularum
,327 Dach. III,50
,328 Ebd. III,48
,329 Konzil v. Epao (a. 517) can. 13 – Collectio Remensis
,330 Ebd. can. 22
,331 Ebd. can. 19
,332 Konzil v. Agde (a. 506) can. 38 – Collectio Remensis

IV,333 Konzil v. Epao (a. 517) can. 9 – Collectio Remensis
,334 Concilium incerti loci post a. 614 can. 11 – Collectio Remensis
,335 Greg., Epist. ad Marinianum Ravennatem episcopum (JE 1504) – Sammlung der Handschrift Bern, Burgerbibl. 425
,336 Ebd.
,337 Konzil v. Agde (a. 506) can. 27 – Collectio Remensis
,338 Stat. eccl. ant. Kap. 76 (LXII) – Collectio Remensis
,339 Ebd. Kap. 77 (LXIV)
,340 Ebd. Kap. 79 (LI)
,341 Ebd. Kap. 69 (XCIV)
,342 Ebd. Kap. 70 (XLIII)
,343 Ebd. Kap. 72 (L)
,344 Ebd. Kap. 71 (XLII)
,345 Ebd. Kap. 55 (LXVII)
,346 Ebd. Kap. 32 (LXXXIII)
,347 Greg., Epist. ad Ianuarium Caralitanum episcopum (JE 1525) – Sammlung der Handschrift Bern, Burgerbibl. 425
,348 Stat. eccl. ant. Kap. 39 (XCVII) – Collectio Remensis
,349 Ebd. Kap. 38 (XCVIII)
,350 Ebd. Kap. 37 (XCIX)
,351 Ebd. Kap. 41 (C)
,352 Ebd. Kap. 101 (XIII) (Nicht aus der Collectio Remensis)
,353 Ebd. Kap. 102 (CIII) (Nicht aus der Collectio Remensis)
,354 Ebd. Kap. 36 (CI) – Collectio Remensis
,355 Ebd. Kap. 68 (CII)
,356 1. Konzil v. Orange (a. 441) can. 27 – Collectio Remensis
,357 Ebd. can. 12
,358 Dach. II,112
,359 Ebd.
,360 1. Konzil v. Orange (a. 441) can. 13 – Collectio Remensis
,361 Ebd. can. 14
,362 Ebd. can. 15
,363 Stat. eccl. ant. Kap. 64 (XCII) – Collectio Remensis // Dach. II,112
,364 Konzil v. Arles (a. 442–506) can. 20 – Collectio Remensis
,365 Dach. I, 85
,366 Konzil v. Arles (a. 442–506) can. 30 – Collectio Remensis
,367 Ebd. can. 29
,368 Dach. II,61
,369 Konzil v. Orléans (a. 511) can. 30 – Collectio Remensis
,370 Dach. II,1
,371 Isid., Reg. mon. Kap. 14 – Codex regularum
,372 Ebd.
,373 Hal., Paen. V,17; Isid., Reg. mon. Kap. 14 – Codex regularum
,374 Dach. II,107
,375 Ebd. II,111

IV,376   Ebd. II,105
   ,377   Ebd. II,110
   ,378   Beda, Super epist. cath.: In Iacobi epist. Kap. 5 vers. 14–16
   ,379   Isid., Reg. mon. Kap. 23 – Codex regularum
   ,380   Dach. II,64
   ,381   Greg., Epist. ad Ianuarium Caralitanum episcopum (JE 1524) – Sammlung der Handschrift Bern, Burgerbibl. 425
   ,382   Stat. eccl. ant. Kap. 66 (LXXXI) – Collectio Remensis

VERZEICHNIS DER IN SPÄTERE SAMMLUNGEN ÜBERNOMMENEN KAPITEL DES QUADRIPARTITUS

In das Verzeichnis sind alle Kapitel derjenigen sieben Sammlungen aufgenommen worden, welche den Quadripartitus in größerem Umfang ausgeschrieben haben; lediglich die Rezeptionen durch Wulfstan und durch den Autor der Sammlung der Handschrift Vat. lat. 3830 (s. oben S. 69 Anm. 16) sind ihres geringen Umfangs wegen hier nicht aufgeführt. Fehlerhafte Angaben in der bisherigen Literatur sind stillschweigend korrigiert worden.

Die Zählung der Kapitel der Collectio Mediolanensis II folgt derjenigen der Handschrift Mailand A 46 inf., sofern diese auch sachlich zutrifft; in den Fällen, wo der Rubrikator dort eine unrichtige Zahl eingetragen hat, ist diese korrigiert worden. Die Zählung der Libri-duo-Kapitel entspricht der der Edition Wasserschlebens. Die Kapitel der Excerptiones Ps.-Egberti sind nach der Edition Aronstams gezählt. Für die Collectio Sinemuriensis sind nur die Buch- und Kapitelzahlen der 1. Version nach der Handschrift Semur-en-Auxois, Bibl. Munic. M 13 angegeben. Die Zählung der in die Collectio Tripartita übernommenen Kapitel konnte nicht aus den Handschriften übernommen werden, weil Ivo die Sentenzen der ersten beiden Teile dieser Sammlung nicht durchgezählt, sondern nach Quellengruppen mit jeweils eigenen Titeln geordnet hat und jeder Titel eine eigene Zählung besitzt. Um Ivos Übernahmen, die sich in zwei Gruppen von Väterzitaten im zweiten Teil der Tripartita zusammengestellt finden, dennoch eindeutig bezeichnen zu können, sind die Sentenzen mit »ISP« (= prima series patrum = die auf den Titel *Hucusque de conciliis* folgenden Bestimmungen; vgl. FOURNIER, Collections canoniques S. 692) oder mit »IISP« (= secunda series patrum = die auf den Titel *Ea quae sequuntur* folgenden Bestimmungen; vgl. a.a.O. S. 695) gekennzeichnet. Ein Beispiel: II,ISP,27 ist die 27. Sentenz in der ersten Gruppe der Väterzitate, welche sich im zweiten Teil der Tripartita findet. Die in die Handschrift Trier, Stadtbibl. 1098/14 aufgenommenen Kapitel des Quadripartitus sind dort ungezählt und deshalb im Verzeichnis nur mit einem Pluszeichen gekennzeichnet. Bei den Angaben für die Quadripartitus-Kapitel in der Handschrift Paris, Bibl. Nat., n.a.l. 352 stehen die römischen Zahlen für die Traktate und die arabischen Zahlen für deren Kapitel.

Quadr.	Coll. Mediolanensis II	Regino, Libri duo	Paris,, Bibl. Nat., n. a. l. 352
I,1			I,1
,2			,2
,3			,3
,4			,4
,5			,5
,6			,6
,7			,7
,8			,8
,9			,9
,10			,10
,11			,11
,12			II,2
,13			,3
,14			,4
,15			,5
,16			,6
,17			,7
,18			–
,19			–
II,1a	II,1		
,1b	,2		III,3
,2	,3		,4
,3	,4		,5
,4	,5		,6
,5	,6		,7
,6	,7		,8
,7	,8		
,8	,9		
,9	,9		,9
,10	,10		,10
,11	,11		
,12	,12		,11
,13	,13		
,14	,14		
,15			
,16			
,17			
,18			
,19			
,20			
,21			
,22			

Quadr.	Coll. Mediolanensis II	Regino, Libri duo	Paris,, Bibl. Nat., n. a. l. 352
II,23			
,24			
,25			
,26			
,27			
,28			
,29			
,30			
,31	II,146		
,32	,147		
,33	,148		
,34	,149		
,35	,150		
,36	,151		
,37	,152		
,38	,153		
,39	,154		
,40	,155		
,41	,156	I,174	
,42	,157		
,43	,158		
,44	,159		
,45	,160		
,46	,161		
,47	,162		
,48	,163		
,49	,164		
,50	,165		
,51	,166		
,52	,167		
,53	,168		
,54	,169		
,55	,170		
III,1	I,124		
,2	,125		IV,1
,3			,2
,4			,3
…			
,7			,4
,8			,5
,9			,6
,10			,7

Quadr.	Coll. Mediolanensis II	Regino, Libri duo	Paris,, Bibl. Nat., n. a. l. 352
III,11			IV,8
,12			,9
,13			,9
,14			,10
,15			,11
,16			,12
,17			,13
,18			,14
,19			,15
,20			,16
,21			,17
,22			,18
,23			,19
,24			,20
,25			,21
,26			,22
...			
,62	I,126		
,63	,127		
,64	,128		
,65	,129		
,66	,130		
,67	,131		
,68	,132		
,69	,133		
...			

Quadr.	Coll. Med. II	Regino, Libri duo	Ps.-Egbert, Excerpt.	Coll. Sinem.	Ivo, Tripart.	Trier, Stadtbibl. 1098/14
IV,1		I,330		II,20		
,2					II,ISP,8	
,3						
,4						
,5						
,6				,22		
,7						
,8	II,17	,113				
,9	,18					
,10	,19					
,11						
,12	,20	,114				
,13						

Quadr.	Coll. Med. II	Regino, Libri duo	Ps.-Egbert, Excerpt.	Coll. Sinem.	Ivo, Tripart.	Trier, Stadtbibl. 1098/14
IV,14	II,21	I,293				
,15		,115				
,16	,22	,322				
,17	,23	,323				
,18			XXI			
,19	,24				,9	
,20	,25				II,ISP,10	
,21			XVII			
,22						
,23	,26	,324				
,24	,27	,325	XVIII		,11	
,25	,28	,326			,12	
,26	,29	,328	XIX		,13	+
,27	,30		XX			
,28		,317				
,29		,318				
,30	,31	,321				
,31	,32	,319;320				
,32	,33				,14	
,33	,34					
,34	,35					
,35	,36					
,36	,37					
,37	,38					
,38	,39					
,39						
,40			12			+
,41						
,42	,40				II,ISP,15	
,43			10			
,44	,41	,98				
,45	,42	,99				+
,46	,43	II,170		II,23		+
,47						
,48		,168				
,49						
,50						
,51	,44	,169				
,52						
,53	,45					
,54						
,55	,46					

Quadr.	Coll. Med. II	Regino, Libri duo	Ps.-Egbert, Excerpt.	Coll. Sinem.	Ivo, Tripart.	Trier, Stadtbibl. 1098/14
IV,56	II,47					
,57	,48					
,58	,49					+
,59	,50					
,60	,51		106	II,24		
,61	,52					
,62	,53					
,63	,54					
,64	,55			II,25		
,65						
,66						
,67						
,68			115, 120, 121			
,69						
,70						
,71						
,72						
,73						
,74						
,75						
,76	,56					
,77	,57					
,78	,58	II,109			II,ISP,22	+
,79		,256				
,80		,257				
,81		,259	51		II,IISP,12	
,82		,260			II,ISP,30	
,83		,261				+
,84						
,85						
,86		,10				
,87		,15				
,88	I,101	,46				
,89	,102	,47	142			
,90	,103		142			
,91	,104	,52				
,92	,105					
,93		,62				
,94		,58				
,95						
,96		,83				

Quadr.	Coll. Med. II	Regino, Libri duo	Ps.-Egbert, Excerpt.	Coll. Sinem.	Ivo, Tripart.	Trier, Stadtbibl. 1098/14
IV,97		II,91	XXIV			
,98		,12				
,99		,26				
,100	I,106					+
,101	,107					
,102	,108					
,103	,109					
,104	,110	I,132				
,105	,111					
,106	,112					
,107	,113	II,72				+
,108		,327				
,109	,114				II,ISP,16	
,110	,115	,328				
,111	,116	,329		II,26		
,112	,117	,330				
,113	,118	,331				
,114	,119					
,115	,120	,332				
,116	,121;122	,333				+
,117	,123	,334				
,118						
,119		,266				
,120		,267	56			
,121		,268				
,122		,269				
,123		,269				
,124		,269	58			
,125		,270	58			
,126		,271				
,127		,272	52			+
,128		,273				
,129	II,59	,274				
,130	,60	,275		,27		+
,131		,349				
,132						
,133						
,134						+
,135	,61					
,136		,357	VIII			
,137		,356				

Quadr.	Coll. Med. II	Regino, Libri duo	Ps.-Egbert, Excerpt.	Coll. Sinem.	Ivo, Tripart.	Trier, Stadtbibl. 1098/14
IV,138		II,354				
,139		,355	,128			
,140	II,62	,372		II,28		
,141	,63	,358				
,142		,359				
,143						
,144		,373				
,145		,374				
,146		,375				
,147		,380				
,148		,381				
,149	,64					
,150	,65	,382				
,151	,66	,383				+
,152		I,166				
,153	,67	,167				
,154	,68	,158				
,155	,69	,159				
,156	,70	,160				
,157	,71					
,158	,72	,168	XII			+
,159	,73	,161			II,ISP,23	
,160	,74	,162			,24	
,161	,75	,163				
,162		,164				
,163		,165				
,164		,135				
,165	,76	,136				
,166		,137			II,IISP,6	
,167	,77	,138	XI			
,168		,139				
,169	,78	,140				
,170		,284				
,171			53			
,172					II,IISP,11	
,173		II,344				
,174						
,175					II,ISP,25	
,176					,26	
,177						
,178	,79					

Quadr.	Coll. Med. II	Regino, Libri duo	Ps.-Egbert, Excerpt.	Coll. Sinem.	Ivo, Tripart.	Trier, Stadtbibl. 1098/14
IV,179	II,80	II,387				
,180	,81	,388				
,181		,389				
,182		,390				
,183		I,169				
,184		,170				
,185	,82					
,186						
,187						
,188						
,189	,83	,155				
,190		,156				
,191		,157				
,192	,84	,154				
,193		,153				
,194		,152				
,195						+
,196	,85	,178				
,197		,347				
,198						
,199				II,29		
,200						
,201		,228				
,202		,229				
,203						
,204				II,30,1,2		
,205		,237		II,31		
,206	,16					
,207	,86		47			
,208	,87		48			
,209	,88			II,32		
,210	,89			II,33	II,1SP,18	
,211	,90				,19	
,212	,91				,20	
,213	,92					
,214	,93					
,215	,94					
,216	,95					
,217	,96		49			
,218	,97	II,164				
,219	,98	,162				

Quadr.	Coll. Med. II	Regino, Libri duo	Ps.-Egbert, Excerpt.	Coll. Sinem.	Ivo, Tripart.	Trier, Stadtbibl. 1098/14
IV,220	II,99	II,163				
,221	,100					
,222		,175	76			
,223	,101	,175	75			
,224	,102	,176				
,225	,103		77		II,ISP,17	
,226	,104		78	II,34	II,IISP,1	
,227						
,228				II,35		
,229	,105					
,230						
,231						
,232			B			
,233	,106		B			
,234			B			
,235						
,236	,107					
,237						
,238	,108					
,239	,109					+
,240	,110			II,36	II,ISP,21	+
,241		I,171				
,242	,111	,172			II,IISP,3	
,243						
,244		,434			,4	
,245						
,246					,5	
,247		,432;433				
,248						
,249		,435				
,250	,112			II,37		
,251	,113					
,252	,114	II,396				
,253	,115	,397	IX		II,ISP,27	
,254	,116	,398			,28	
,255						
,256	,117	,399			II,IISP,10	
,257	,118	,402				
,258	,119					
,259	,120					
,260	,121				,9	+

Quadr.	Coll. Med. II	Regino, Libri duo	Ps.-Egbert, Excerpt.	Coll. Sinem.	Ivo, Tripart.	Trier, Stadtbibl. 1098/14
IV,261	II,122		28			
,262	,123					
,263	,124					
,264	,125		29			
,265						
,266		II,339				
,267		I,101				
,268		,102				
,269		,103				
,270		,104				
,271		,185				
,272						
,273						+
,274						
,275						
,276						
,277						
,278						
,279	,126					
,280						
,281						
,282						
,283			91			
,284						
,285						
,286						
,287						
,288	,127					
,289						
,290		,199	69			
,291		,198				
,292						
,293		,133				
,294	,128					
,295	,129			II,38		
,296	,130			II,39	II,IISP,7	+
,297	,131				,8	
,298	,132					
,299						
,300						
,301						

Quadr.	Coll. Med. II	Regino, Libri duo	Ps.-Egbert, Excerpt.	Coll. Sinem.	Ivo, Tripart.	Trier, Stadtbibl. 1098/14
IV,302	II,133					
,303						
,304						
,305			54		II,ISP,29	
,306			55			
,307						
,308		I,54				
,309		,54				
,310		,55				
,311		,56				
,312		,57				
,313						
,314						
,315						
,316						
,317						
,318		,225				
,319		,231;232				
,320		,227				
,321		,179				
,322		,180				
,323		,181				
,324						
,325						
,326						
,327		,184				
,328						
,329		II,346				
,330	,134					
,331						
,332						
,333						
,334						
,335						
,336						
,337						
,338						
,339						
,340						
,341						
,342						

Quadr.	Coll. Med. II	Regino, Libri duo	Ps.-Egbert, Excerpt.	Coll. Sinem.	Ivo, Tripart.	Trier, Stadtbibl. 1098/14
IV,343						
,344						
,345		I,173				
,346						
,347						
,348						
,349			70			
,350			72			
,351	II,135					
,352			73			
,353						
,354						
,355						
,356						
,357			66			
,358			67			
,359						
,360						
,361						
,362			68			
,363						
,364						
,365						
,366			59			+
,367						
,368						
,369	,136					
,370	,137	II,437				
,371	,138					+
,372						
,373	,139				II,IISP,2	
,374						
,375						
,376	,140		22	II,40		
,377	,141	I,118		,44		
,378	,142	,119		,45		
,379	,143			,46		+
,380		,116		,47		
,381	,144	,123				+
,382	,145					

VERZEICHNIS DER ZITIERTEN HANDSCHRIFTEN

Antwerpen, Museum Plantin-Moretus
   82 (66): 15–18, 42f., 46, 49–52, 68, 69[11]
Berlin, Deutsche Staatsbibliothek
   Phill. 1743: 61, 66, 78, 85
–, Staatsbibliothek Preußischer Kulturbesitz
   Lat. fol. 197: 74[42]
Bern, Burgerbibliothek
   425: 56[15], 58, 61, 66, 85, 96, 98, 100ff.
Cambridge, Corpus Christi College
   190: 22[33]
   265: 21f.[32], 22[33]
Einsiedeln, Stiftsbibliothek
   196 (488): 28[58, 59]
Florenz, Biblioteca Medicea Laurenziana
   Ashburnham 82: 22[33]
Köln, Dombibliothek
   120: 27[53]
Leiden, Bibliotheek der Rijksuniversiteit
   Vulcanus 94 B: 17[11]
London, British Museum
   Cotton Nero A 1: 21f.[32]
Madrid, Biblioteca Nacional
   428: 73[37]
Mailand, Biblioteca Ambrosiana
   A 46 inf.: 70f., 102
   G 58 sup.: 22[33]
Metz, Bibliothèque Municipale
   236: 29[71]
Monte Cassino, Archivio dell'Abbazia
   541: 18ff., 37[103], 40–43, 45, 52f., 68, 69[11]
München, Bayerische Staatsbibliothek
   Lat. 6311: 22[33]
   Lat. 12673: 22[33]
   Lat. 14508: 34[92]
   Lat. 28118: 61, 66
Orléans, Bibliothèque Municipale
   306: 73
Oxford, Bodleian Library
   Barlow 37 (6464): 22[33], 69[16]
   Bodl. 718 (2632): 20–24, 37[103], 39, 43, 46, 48f., 52, 68, 69[11], 72
   Laud. misc. 436 (882): 27[53]
Paris, Bibliothèque Nationale
   Lat. 943: 20[21], 22[33]
   Lat. 1918: 16[4]
   Lat. 2341: 22[33]
   Lat. 2500: 16[4]
   Lat. 3182: 22[33]
   Lat. 3840: 27[53]
   Lat. 3851: 27[53]
   Lat. 3858 B: 74[42]
   Lat. 4280 A: 27[53]
   Lat. 4287: 29[71]
   Lat. 7561 pp. 33–46: 29[71]
   Lat. 8508: 69[16]
   Lat. 10575: 21f.[32]
   N.a.l. 352: 69, 75f., 102–105
Reims, Bibliothèque Municipale
   673: 16[4]
Rouen, Bibliothèque Municipale
   1382 (U 109): 21[32], 22[33]
Sélestat, Bibliothèque Municipale
   13 (99): 73[38]
Semur-en-Auxois, Bibliothèque Municipale
   13: 73, 102
St. Gallen, Stiftsbibliothek
   677: 22[33]
Stuttgart, Württembergische Landesbibliothek
   HB VII 62: 24f., 43, 46ff., 52, 68, 69[11]
Trier, Stadtbibliothek
   927/1882: 43[131], 75
   1084/115: 25ff., 37[103], 43, 46f., 52, 68, 69[11], 80
   1098/14: 69, 74f., 102, 105–114
Vatikan, Biblioteca Apostolica Vaticana
   Pal. lat. 294: 22[33]
   Pal. lat. 485: 21[29], 22[33]
   Pal. lat. 554: 22[33]
   Pal. lat. 579: 27[53]
   Reg. lat. 423: 27[53]
   Reg. lat. 849: 27[53]
   Vat. lat. 1347: 18ff., 27–30, 37[103], 38, 40–43, 45f., 52, 68, 78
   Vat. lat. 1352: 30ff., 37[103], 38, 43, 46, 48f., 52, 68, 79
   Vat. lat. 3830: 69, 102
Vendôme, Bibliothèque Municipale
   55: 21[32], 32ff., 39f., 43, 46, 49–52, 69[11], 80
Wien, Österreichische Nationalbibliothek
   Lat. 956: 38[106], 79
   Lat. 1286: 34f., 37[103], 43, 46ff., 52, 55, 68
   Lat. 2171: 23[34]
   Lat. 2223: 21[29]
Wolfenbüttel, Herzog-August-Bibliothek
   656 Helmst.: 38[106], 79

PERSONEN-, ORTS- UND SACHREGISTER

In das Register sind alle in der Untersuchung behandelten oder genannten historischen Personen, Orte, Landschaften, Länder und Sachen aufgenommen, soweit sie nicht durch das Inhaltsverzeichnis leicht erschlossen werden können. Die zitierten Kapitel des Quadripartitus sind sämtlich aufgeführt; lediglich auf die Nennung der Paragraphen, in die die längeren Kapitel der Sammlung im Zuge der vorbereiteten Edition eingeteilt worden sind, wurde im Register verzichtet.

Im Register verwendete Abkürzungen:

B.	= Bischof	Kl.	= Kloster
Eb.	= Erzbischof	P.	= Papst

acedia (Hauptsünde) 59[31]
→ Acht-Laster-Katalog des → Johannes Cassianus
Acht-Laster-Katalog 11f., 66, 76
– des Johannes Cassianus 59
– Papst Gregors I. 57[24], 59
→ Traktatsammlung der Handschrift Paris, Bibl. Nat., n.a.l. 352
Aelfric von Eynsham, Abt († 1020) 73[36]
Aeneas von Paris, B. († 870)
→ Hincmar von Reims
aetheldrytha (Etheldreda, Edeltraud), Äbtissin von Ely († 679) 20[24]
Agobard von Lyon, Eb. († 840) 61
– De privilegio et iure sacerdotii 54[2]
– Epistola II (post a. 816) 77[2]
Agustín, Antonio, Eb. von Tarragona († 1586)
– Bibliothek 27[52]
Alagus, Abt 10[8]
Alberich → Aubry
Ambrosiaster (Pseudo-Ambrosius)
– Expositio epistolae ad Galatas 56
Ambrosius von Mailand, B. († 397) 15[3]
→ Ambrosiaster
Anastasius, B. von Thessalonich († 451/457)
→ Dekretalen (Papst Leo I. JK 411)
Andreas, Apostel († 60) 15[3]
– Patrozinium 16[4]
Ansegis von Fontenelle, Abt († 833)
– Kapitulariensammlung 74
arbor consanguinitatis 30[76]
Archidiakon 69
Aubry de Trois-fontaines, Mönch († nach 1252) 80
Augustinus von Canterbury, Eb. († 604) 29[67]
Augustinus von Hippo, B. († 430) 15[3], 56f., 73[39]
– Enchiridion ad Laurentium 57, 70
– *expositio de secreto gloriosae incarnationis* 19, 29
– kleinere Werke 57
Autorensiglen
– bei → Beda Venerabilis 65

– bei → Claudius von Turin 65[75]
– bei → Hrabanus Maurus 65[75]
– in irischen Kommentaren des 9. Jh. 65[75]
– bei → Smaragd von Saint-Mihiel 65[75]
→ Quadripartitus
Autoritäten (Bibel, Kirchenväter, Konzilien, Papstbriefe) 13, 54, 84
avaritia (Hauptsünde)
→ Acht-Laster-Katalog

Ballerini, Pietro († 1769) und Girolamo († 1781) 35, 38, 69, 71f., 78
Baluze, Étienne († 1718) 36
Basilius von Cäsarea, Eb. († 379)
– Regula ad monachos 60
Beda Venerabilis, Mönch († 735) 62
– Super epistolas catholicas expositio 56
→ Autorensiglen
Belgien → Schriftheimat/Entstehungsraum
Benedikt von Aniane, Abt († 821)
– Codex regularum 60f., 66
– Concordia regularum 60f.
Benedikt von Nursia, Mönch († um 547) 59
– Regula 19, 29
→ Synonymenglossar
Bibelzitate 11
Bibliotheksheimat mittelalterlicher Handschriften
– Évreux 22[33]
– Exeter 20
– Monte Cassino, Kl. 27
– Reims, Saint-Remi, Kl. 62, 78
– Saint-André du Cateau, Kl. (nahe Cambrai) 16[4]
– S'Coningsdale, Kartause (bei Gent) 16
– Trier, Sankt Matthias, Kl. 25, 75
– – Sankt Paulin, Stift 25
– Vendôme, Saint Trinité, Kl. 32
Bibliothekskatalog → Sankt Matthias
Bischof 13, 69
– als Adressat der → Excerptiones Pseudo-Egberti 72
– als Adressat des Quadripartitus 79, 84

Bischofskapitular 72
  → Capitula Antwerpiensia
  → Ghärbald von Lüttich
  → Ruotger von Trier
Blotius, Hugo, Bibliothekar der Wiener Hofbibliothek († 1608) 34[95]
Bobbio, Kl. → Schriftheimat/Entstehungsraum
Bodenseegebiet → Schriftheimat/Entstehungsraum
Borghese, Fondo der Vaticana 30[75]
Bretagne → Schriftheimat/Entstehungsraum
Breviatio canonum 18[16], 19, 29[66]
  → Fulgentius Ferrandus
Brief → Hincmar von Reims
Burchard I. von Worms, B. († 1025)
– Decretum 30ff., 55, 71, 73, 76[48]
– – Rezeption in Italien 32[83]
Bußbuch, Bußbücher 9, 15[2], 62ff., 82ff.
Bußbücherreform 83f.
Bußsummen (der nachgratianischen Zeit) 76, 83

canon 19[18]
Canones apostolorum 19, 29
Capitula Antwerpiensia (Bischofskapitular) 17
Capitula a sacerdotibus proposita
  → Ghärbald von Lüttich
Cassian → Johannes Cassianus
Cassiodor, Flavius Magnus
  Aurelius († 580) 44[133], 56, 59
– Expositio in psalmum VI 56[15]
– Historia ecclesiastica tripartita 32[86]
Chrodegang von Metz, B. († 766)
– Regula 23[34]
Chrysostomus → Johannes Chrysostomus
Claudius von Turin, B. († 827)
– Matthäuskommentar 54[4]
  → Autorensiglen
Clemens I., P. (um 92–101) → Dekretalen
Codex Andaginensis 22[33]
Codex Iustinianus 31[82]
Coelestin I., P. (422–432) 73[39]
Collectio canonum concilium Arelatense II nuncupata 62[48]
Collectio (codicis)
– (Trier, Stadtbibl. 1098/14) 69, 74f.
– (Vat. lat. 3830) 69
– Dacheriana 11, 12[21], 27, 29, 40ff., 45, 50[163], 57[21], 58, 60–68, 70ff., 75, 77f., 84
– Dionysiana 29[69], 51
– – 2. Redaktion 19[18]
– Dionysio-Hadriana 40f.
– Farfensis 71[27]
– Hibernensis 23[37], 31[82]
– Hispana 41
– Mediolanensis II (Mailand, Bibl. Ambr. A 46 inf.) 69ff., 77f.

– quadripertita: Bezeichnung des → Quadripartitus
– 53 titulorum 33f., 39f., 44
– Remensis 61, 66, 78
– Sinemuriensis 69, 73
– Tripartita → Ivo von Chartres
– Vaticana: Bezeichnung des → Quadripartitus
– Vetus Gallica 34[92], 40, 44
Colvener, Georg († 1649)
– Drei-Bücher-Werk 37f., 42f., 79
– Druck des 3. Buches des Quadripartitus 46, 52f.
›commonplace-books‹ 22[33]
Computus ecclesiasticus → Helperic von Auxerre
Congregatio
– Sancti Mauri 32[85, 86]
– Sanctorum Vitoni et Hydulphi 76[51]
Constantinus, byzantinischer Kaiser (668–685)
  → Mansuetus, Bischof von Mailand
Cresconius
– Concordia canonum 18, 27, 44
– – Überlieferung 27[53]
Cummean von Clonfert, B. († 662)
  → Excarpsus Cummeani
Cyprian von Karthago, B. († 258)
– De lapsis 56f.
– De zelo et livore 12[19], 59[31], 56f.
– Epistolae 56f.
  → Pseudo-Cyprian

Dacheriana → Collectio Dacheriana
Dares Phrygius, spätantiker Schriftsteller 15[3]
de argumentis lunae
  → Helperic von Auxerre
de emphyteutico iure
  → Codex Iustinianus
Definitio fidei
  → Konzil von Chalcedon
  → Konzil von Konstantinopel
  → Konzil von Nicäa
Dekretalen
– Clemens I. (um 92–101)
– – JK † 11 17
– Gregor I. (590–604)
– – JE † 1366 29[66]
– Innocenz I. (402–417)
– – JK 286 51
– Leo I. (440–461)
– – JK 411 19, 28
– Leo IX. (1049–1054)
– – JL 4208 20[25]
– – JL 4269 29
Dekretalensammlung
  → Dionysius Exiguus

Deutsch-angelsächsisches Gebiet
  → Schriftheimat/Entstehungsraum
dicta patrum
– als Autoritäten → Halitgars und des → Quadripartitus-Verfassers 83
– der ersten drei Bücher des Quadripartitus 76
  → Kirchenväterzitate
Diözese 13
– als Verbreitungsebene des Quadripartitus 69
Dionysiana → Collectio Dionysiana
Dionysius Exiguus, Mönch († um 550) 19[18]
  → Collectio Dionysiana
Dorchester → Schriftheimat/Entstehungsraum
Durand, Ursin († 1771) 80
  → Martène, Edmond
Ebo von Reims, Eb. († 851) 78, 80 f.
Edeltraud → *aetheldrytha*
Edward der Bekenner, König von England († 1066)
  → Dekretalen (Leo IX. JL 4208)
Egbert von York, Eb. († 766) 21[30], 37, 69, 78, 81
  → Excerptiones Pseudo-Egberti
  → Paenitentiale Pseudo-Egberti
England, angelsächsisches
– als Entstehungsraum der
  → Excerptiones Pseudo-Egberti 72 f.
  → Schriftheimat/Entstehungsraum
Erzbischof 79, 84[9]
Etheldreda → *aetheldrytha*
Évreux → Bibliotheksheimat
Excarpsus Cummeani 62
Excerptiones Pseudo-Egberti 20[21], 21[28, 32], 22[33], 44, 72 f.
Exeter, Kathedralkirche
  → Bibliotheksheimat
  → Schriftheimat/Entstehungsraum
Exorcismus salis 34[93]
Expositio sancti Augustini 19, 27[53], 29
Expositio evangelii (→ Papst Gregor I. zugeschrieben) 19, 29
Exzerpte
– kanonistische und patristische 17, 23
– zum Thema Taufe 34
Exzerptsammlung(en)
  → Florilegium/Florilegien

Falsche Dekretalen
  → Pseudoisidorische Dekretalen
Flodoard von Reims, Chronist († 966)
– Historia Remensis ecclesiae 81
Florilegium/Florilegien 56 f.
– als Vorlagen des Quadripartitus 66
– der Handschrift Bern, Burgerbibliothek 425 58
– karolingischen Ursprungs 34[93]
Florio, Aemilio, Kustos der Biblioteca Vaticana 27[52], 30[75]

fornicatio (Hauptsünde)
  → Acht-Laster-Katalog
Fournier, Paul († 1935) 9, 55, 60, 62, 69, 74, 77
Frankreich (Nordost-, Ost-, West-)
  → Schriftheimat/Entstehungsraum
Fünf-Punkte-Schema *(natura et origo, vexatio, indicia, increpatio, remedia)* 12, 59
Fulgentius Ferrandus von Karthago, Diakon († vor 547) 19

gastrimargia (Hauptsünde)
  → Acht-Laster-Katalog
Gebet → Oratio
Ghärbald von Lüttich, B. († 810)
– 1. Bischofskapitular 21, 22[33], 33, 34[92], 40, 72[35]
Glossen
– zur Regula Sancti Benedicti 29
Gratian, Johannes, Mönch († nach 1140) 55
– Decretum 38, 71, 76
Gregor I., der Große, P. (590–604) 15[3], 29[67], 58
– Acht-Laster-Katalog 12, 63[56], 64
– Homiliae in Ezechielem 58
– Homiliae XL in evangelia 58
– Moralia in Iob 12, 63
– Register (Brief-) 58, 61, 66
– Regula pastoralis 57 f., 66
  → *Expositio evangelii*
  → Dekretalen
Gregor VII., P. (1073–1085) 57
Gregor von Nazianz, Kirchenlehrer († 390) 56 f.
– Liber apologeticus (in der Übersetzung des Rufinus von Aquileia) 57

Halitgar von Cambrai, B. († 831) 37, 47[150]
– Paenitentiale 9, 37 f., 41 f., 44 f., 50[163], 54[2], 55, 57, 58[26], 59, 62 ff., 65–68, 77–84
– – als Vorlage des Quadripartitus 62 f.
– – Einteilung 63
Hatto von Mainz, Eb. († 913)
  → Regino von Prüm
Hauptsünden, acht
  → Acht-Laster-Katalog
Heiligenberg, Benediktinerpriorat im Elsaß 76[51]
Helisachar, Abt von Sankt Maximin, Trier († um 836) 61
Helperic von Auxerre, Mönch († vor 900?)
– Libellus calculatoriae (Computus ecclesiasticus) 25[47]
Heribald von Auxerre, B. († 857)
  → Hrabanus Maurus
Hibernensis → Collectio Hibernensis
Hieronymus, Kirchenlehrer († 419/420) 15[3], 56 f.
– Brief an Lucianus 19, 28
– commentarii in IV epistolas Paulinas 57[19]

- Commentarius in epistolas ad Galatas 64⁶⁹
- Homilia in evangelium secundum Matthaeum 57¹⁹

Hilarius von Poitiers, B. († 367)
- Tractatus in psalmum CXVIII 56

Hincmar von Reims, Eb. († 882) 66, 77²
- Briefwechsel mit Aeneas von Paris 19, 27⁵², 30

Hispana → Collectio Hispana

Historia Remensis ecclesiae
  → Flodoard von Reims

Homer, Ilias Latina 15³

Hrabanus Maurus 37, 42, 64, 66, 78ff., 81, 83
- Bußbücher 9, 79
- De institutione clericorum 54⁴
- Matthäuskommentar 54⁴, 64⁶⁷
  → Autorensiglen

Identifikation (von Zitaten und Paraphrasen) 55
inanis gloria (Hauptsünde)
  → Acht-Laster-Katalog
increpatio → Fünf-Punkte-Schema
indicia → Fünf-Punkte-Schema
Innocenz I., P. (402–417)
  → Dekretalen
Investiturstreit 74
invidia (Hauptsünde) 59³¹
  → Acht-Laster-Katalog
Invokationen, angelsächsische 20²⁴
ira (Hauptsünde)
  → Acht-Laster-Katalog
Isidor von Sevilla, Eb. und Kirchenlehrer († 636) 59³¹
- De ecclesiasticis officiis 58, 66
- Etymologiae 34⁹³
- Regula 60
- Sententiae 57f., 66
Italien → Schriftheimat/Entstehungsraum
Ivo von Chartres, B. († 1115/1117) 55, 73f., 82
- Collectio Tripartita 55, 69, 73f., 80

Jakob von Jerusalem, Apostel († um 61)
  → Dekretalen (Clemens I. JK † 11)
Johannes Cassianus, Abt († 430) 44¹³³
- Acht-Laster-Katalog 12, 64
- Collationes patrum 57, 59, 64, 66
- De institutis coenobiorum 12, 57, 59, 64, 66
- Zitate aus seinen Werken 65
Johannes Chrysostomus, Kirchenlehrer († 407)
- De reparatione lapsi 56
Jonas von Orléans, B. († 843)
- De institutione laicali 54²
Julianus Pomerius, Priester in Arles († nach 498) 56f.
- De vita contemplativa 57

Kalendar 25⁴⁷
Kanones → Konzilskanones
Kanonessammlung(en) 19¹⁸, 65, 82, 84
  → Collectio
Kapitularien 70
Kirchenrecht
- altkirchliches und frühmittelalterliches 73
- vorgratianisches 35
Kirchenrechtssammlungen 10
  → Kanonessammlungen
Kirchenreform, karolingische 9, 61, 67, 72, 84
Kirchenschriftsteller 54, 56
- des Autoritätenkatalogs des → Quadripartitus 10
Kirchenväter 47, 54, 56–60, 82
- Zitate 34⁹³, 45, 55, 59²⁸, 66, 71
  → *dicta patrum*
  → *patres sancti*
Kleriker 13, 75
- Send → Sendgericht
Kloster
- als Schrift- oder Bibliotheksheimat der Quadripartitus-Handschriften 69
Klosterregeln 10, 60f., 82
Klosterregelkommentare 60f.
Kolophon 32⁸⁶
Konstantin → Constantinus
Konzil(ien)
- gallische 61f.
- kleinasiatische und afrikanische 19, 29
- ökumenische 61
- spanische (der → Collectio Tripartita) 74
- Zitate 34⁹³
- Tagungsorte
- – Ancyra (314) 19¹⁸, 50¹⁶³
- – Antiochia (341) 19¹⁸
- – Arles II (442/506)
  → Collectio canonum concilium Arelatense II nuncupata
- – Braga (563) 23³⁷
- – Chalcedon (451) 19¹⁸, 50¹⁶³
  - Definitio fidei 18, 28
- – Chalon-sur-Saône (813) 84¹²
- – (Concilium) incerti loci post a. 614 62⁴⁸
- – Karthago (419) 19¹⁸
- – Konstantinopel (381)
  - Definitio fidei 18, 28
  - in der → Collectio Tripartita 74
  - Symbol 18, 28
- – – Laodicea (2. Hälfte 4. Jh.) 19¹⁸
- – Mailand (680)
  - Symbol 19, 29
- – Neocäsarea (314/325) 19¹⁸
- – Nicäa (325) 19¹⁸, 62⁴⁸
  - metrische Vorrede 27⁵³

119

– Symbol 18, 28
– – Paris (614) 62[48]
– – Sardika (343) 19[18]
– – Sevilla (619) 60
– – Toledo X (656) 17
– – Worms (868) 68, 75
Konzilskanones 19[18], 50, 55, 61
– als Quelle des Quadripartitus-Verfassers 10
– als Quelle → Halitgars von Cambrai 63
– als Quelle → Reginos von Prüm 71
– der → Collectio Remensis 66
– der → Excerptiones Pseudo-Egberti 72
– dispositiver Teil 10, 65
– Versio Isidoriana 62[48]
Konzilsväter
– als Autoritäten der → Collectio Tripartita 74

Laien 12[22], 13, 75
– Send → Sendgericht
Laster → Acht-Laster-Katalog
Leo I., der Große, P. (440–461)
– Edition seiner Werke 35
    → Dekretalen
Leo IX., P. (1049–1054)
    → Dekretalen
Leofric, B. von Exeter († 1073) 20
Libellus calculatoriae
    → Helperic von Auxerre
Liber apologeticus 57[20]
    → Gregor von Nazianz
Libri duo de synodalibus causis
    → Regino von Prüm
Litanei 20[24]
Lorsch, Kl. → Schriftheimat/Entstehungsraum
Lucianus (Lucininus), spanischer Laie († nach 398)
    → Hieronymus

Maassen, Friedrich († 1900) 9, 37f., 55, 62, 77f., 82
Mansuetus, B. von Mailand († 681)
– Brief an Kaiser Constantinus (668–685) 19, 29
Martène, Edmond († 1739) 37, 80
Martin von Braga, Eb. († 580) 29[67]
Metropolit → Erzbischof
Mönche 13, 59, 75
Mönchsregeln → Klosterregeln
Mönchtum 29[67]
Monte Cassino, Kl.
    → Bibliotheksheimat
    → Schriftheimat/Entstehungsraum
Moretus, Balthasar († 1641) 16
Moyenmoutier, Kl. 76[51]

natura et origo
    → Fünf-Punkte-Schema

Nonnen 13
Nordfrankreich
– Entstehungsraum der → Collectio 53 titulorum 34[92]
    → Schriftheimat/Entstehungsraum
Nordostfrankreich
– Hauptverbreitungsgebiet des Paenitentiale
    → Halitgars von Cambrai 78[8]
– Verbreitungsgebiet der Concordia canonum des → Cresconius 27[53]
    → Schriftheimat/Entstehungsraum
Normandie → Schriftheimat/Entstehungsraum
Notre-Dame de Nogent-sous-Coucy (Dép. Oise) → Schriftheimat/Entstehungsraum

Oberitalien
– Verbreitungsgebiet der Concordia canonum des → Cresconius 27[53]
oblati 12, 77[2]
Österreich → Schriftheimat/Entstehungsraum
Oktonar → Acht-Laster-Katalog
Oratio
– *Omnipotens sempiterne deus* 34[93]
– *Supplico te dei sacerdos* 23[34]
Ordo
– für Beichte und Rekonziliation 22, 23[34]
Orléans → Schriftheimat/Entstehungsraum
Otgar von Mainz, Eb. († 847)
    → Hrabanus Maurus

Paenitentiale
– Columbani 83[5]
– Pseudo-Egberti 21f., 39, 48, 62
– Pseudo-Theodori 9
    → Bußbuch
    → Excarpsus Cummeani
Päpste 54
– als Autoritäten der → Collectio Tripartita 74
– im Autoritätenkatalog des Quadripartitus 10
Papstbriefe
– als Quelle des → Quadripartitus-Verfassers 10
– der Collectio Remensis 66
– dispositiver Teil 10, 65
    → Dekretalen
Paschasius Radbertus, Abt († 856/859) → Autorensiglen
patres sancti 13, 54, 59, 63
peccata levia 11
Persius, antiker Schriftsteller 15[3]
Pithou, Pierre († 1596) 80f.
Plantin-Moretus → Moretus
Poenitentiale → Paenitentiale
Predigt 11

Priester
- Bußpriester 63, 75, 83
- Lebensweise und Amtsführung 11, 83 f.
- Priestertum 29[67]
Prosper → Julianus Pomerius
Provenienzanalyse 55[13]
Pseudo-Ambrosius → Ambrosiaster
Pseudo-Clemens I.
  → Dekretalen (Clemens I. JK † 11)
Pseudo-Cummean → Excarpsus Cummeani
Pseudo-Cyprian
- De XII abusivis saeculi 56, 58[26], 61, 66
Pseudo-Egbert
  → Excerptiones Pseudo-Egberti
  → Paenitentiale Pseudo-Egberti
Pseudo-Gregor I.
  → Dekretalen (Gregor I. JK † 1366)
Pseudoisidor (Pseudoisidorische Dekretalen) 29[71], 41[123], 67 f., 70, 80
Pseudo-Theodor → Paenitentiale Pseudo-Theodori
pueri oblati → *oblati*

Quadripartitus
- Anonymität der Überlieferung 9, 13
- Archetyp 44
- Auftraggeber 84
- Autorensiglen 10, 13[24], 47, 52[171], 53 f., 64 f.
- - *Cass* 59[28]
- Bezeichnung ›Collectio quadripertita‹ 9
- Bezeichnung ›Collectio Vaticana‹ 9
- Bußbuchcharakter 9, 83 f.
- Capitulationes (Umfang) 43 f.
- Corpora (Umfang) 43 f.
- Erstform 39, 47, 55
- Gliederung 1. Buch 11
- - 2. Buch 11
- - 3. Buch 11 f., 59
- - des Gesamtwerkes 63
- Inskriptionen 10[11], 44, 50 f., 54, 65
- Quellengruppen 65
- Reformtendenz 9, 13, 83 f.
- Themen 11 ff.
- - des 3. Buches 64
- - des 4. Buches 12
- - des Gesamtwerkes (Generalthema) 13
- Titel *De vita sacerdotum* 9, 80
- - *Liber de vita sacerdotum* 26, 34[96]
- - *Liber Augustini de vita sacerdotum* 24
- Umfang 11
- - der Bücher 10
- - des Originals 82
- Verfasser
- - Arbeitsverfahren 10, 64 ff.
- - Auftrag 64

- - Bibliothek 55, 63, 66
- - Topoi 10[8]
- - Zeitmangel 66
- I,1 43
- ,1–11 11, 75, 77[2], 83
- ,2,3,4,5 58
- ,7–13 31[78]
- ,10,11 58
- ,12–17 75
- ,12–19 11
- II,1a,1b 36, 44[133]
- ,1b 64[69]
- ,1b–6 76
- ,1–11 11
- ,3–5 31[78]
- ,5 58
- ,9 54[1], 76
- ,10 76
- ,11 58
- ,12 57[23], 76
- ,12–55 11
- ,15 58
- ,16–50 45
- ,16–51 10[12], 11[16]
- ,17–52 36
- ,19–53 33[89], 36
- ,24,25 33[89]
- ,41 71[27]
- III,1 11 f., 53, 54[1], 55[6], 57[21,23], 59[29], 64[69]
- ,2 47, 52[171], 53, 55[6], 59[31], 63[56], 76
- ,3 76
- ,3–48 12
- ,4 76
- ,7–26 76
- ,10 26[49]
- ,11, 59[29], 76[49]
- ,13 64[70]
- ,14 65[74]
- ,17,19 64[69]
- ,24–26 31[80]
- ,28 47, 52[171]
- ,29 64[69]
- ,31 25[45]
- ,38, 54[1], 64[65]
- ,43 64[71]
- ,46 58[26]
- ,49–61 12
- ,54 54[1], 64[65]
- ,62 59[29]
- ,62–66 64[68]
- ,62–73 12
- ,72 54[1]
- ,73–84 58
- ,74–84 12
- ,80 55[6]

- ,84 54¹
- IV,1 12
- ,1–4 29
- ,2 12
- ,6 50¹⁶²
- ,11,12 23³⁷
- ,19 49
- ,23 65⁷²
- ,28 48, 52
- ,31 48
- ,35 51
- ,39 52
- ,48–50 60
- ,51 48
- ,52 49
- ,52–73 12²²
- ,53 49
- ,60 51
- ,63 65⁷²
- ,67 48
- ,73,76,79,80 17⁸, 50f.
- ,81 52
- ,83 48
- ,84 47
- ,90 62⁵²
- ,101 17⁸, 49
- ,104 49, 51
- ,110–118 12²²
- ,111 52
- ,113–128 35⁹⁷
- ,115 48
- ,129 35⁹⁷, 47
- ,132,133 47
- ,136 51
- ,138 47
- ,140 49
- ,141 48
- ,154–244 15³
- ,156–158 48
- ,163 52
- ,166 60³⁶
- ,169 49, 60³⁶
- ,172 60³⁶
- ,173 52
- ,177 48, 65⁷²
- ,181 52
- ,185 47
- ,190,191 17⁸
- ,192,193 23³⁷
- ,194 17⁸
- ,196,198 48
- ,206–224 12²²
- ,212,213 33⁹⁰
- ,214 51
- ,216 52
- ,222 48
- ,225–227 12, 77²
- ,243 49
- ,244 65⁷⁴
- ,245 49
- ,247 48 f.
- ,263,264 23³⁷
- ,285 17⁸, 52
- ,290,291 17⁸
- ,293 49
- ,298 52
- ,299–307 77², 84⁸
- ,301,302 31⁸²
- ,306 65⁷²
- ,320–322 33⁹⁰, 51
- ,330 49
- ,334 62⁴⁸
- ,335 31⁸²
- ,350,359 48
- ,365 47
- ,368 48
- ,370 49
- ,371 65⁷⁴
- ,374–382 12
- ,378 47
- ,380 30⁷³, 44¹³⁵
- ,381 30⁷³, 58²⁶
- ,382 33⁹⁰

Rainald, Abt von Saint-Trinité in Vendôme († 13. Jh.) 32⁸⁶
Rainaldi, Gebrüder, Kustoden der Vaticana 27⁵²
Ratbod von Trier, Eb. († 915)
 → Regino von Prüm
Recht
- kanonisches 63
- römisches 70
Reform
- der Bußbücher 83 f.
- gregorianische 72
Regino von Prüm, Abt († 915) 29⁷¹, 82
- Sendhandbuch 12²¹, 29⁷⁰, 35, 43¹³¹, 50, 55, 69, 71 f., 75, 77
- – dessen Auftraggeber Ratbod von Trier 71
- – dessen Empfänger Hatto von Mainz 43¹³¹, 71
- – Edition durch Étienne Baluze 36
Registri ecclesiae Carthaginis excerpta 23³⁸
Reichenau, Kl. → Schriftheimat/Entstehungsraum
Reims
- als Entstehungsort der → Collectio Sinemuriensis 73
- (Umgebung) als Schriftheimat der → Collectio Mediolanensis II 70
 → Schriftheimat/Entstehungsraum

remedia → Fünf-Punkte-Schema
Require-Verweise 50f.
Richter, Emil Ludwig († 1864) 36ff., 55
Rufinus von Aquileia, Kirchenschriftsteller († 410/411) 57[20]
  → Gregor von Nazianz
Ruotger von Trier, Eb. († 931)
– Bischofskapitulare 17

sacerdos 11, 13, 69, 77[2], 83
Saint-Amand-en-Pevèle, Kl.
  → Schriftheimat/Entstehungsraum
Saint-André du Cateau, Kl.
  → Bibliotheksheimat
  → Schriftheimat/Entstehungsraum
Saint-Mihiel, Kl.
– Entstehungsort der Expositio des → Smaragd 78[8]
Saint-Remi, Kl. in Reims
  → Bibliotheksheimat
Saint-Trinité, Kl. in Vendôme
  → Bibliotheksheimat
Sallust (C. Sallustius Crispius)
– Bellum Catilinae 25[47]
– Bellum Jugurthinum 25[47]
Salzburg → Schriftheimat/Entstehungsraum
Sammlung(en) → Collectio
– in 53 Titeln → Collectio 53 titulorum
– der historischen Ordnung → Breviatio canonum
– für katechetische Zwecke 33
– kirchenrechtliche 54, 61f.
– theologische 54
Sankt Eucharius → Sankt Matthias
Sankt Matthias, Kl. in Trier
– Bibliothekskatalog von 1530 25[47]
  → Bibliotheksheimat
Sankt Maximin, Kl. in Trier 61
  → Helisachar
Sankt Paulin, Stift in Trier
  → Bibliotheksheimat
Schriftheimat/Entstehungsraum mittelalterlicher Handschriften
– Belgien 27[53]
– Bodenseegebiet 24
– Bobbio, Kl. 22[33]
– Bretagne 22[33]
– deutsch-angelsächsisches Gebiet 22[33]
– Dorchester 20[25]
– England 20, 22[33]
– Exeter 20
– Frankreich 27[53]
– Italien 30, 48
– Lorsch, Kl. 22[33], 27[53]
– Monte Cassino, Kl. 18[14], 29[66]

– Nordostfrankreich 16, 22[33], 76
– Normandie 22[33]
– Notre-Dame de Nogent-sous-Coucy, Kl. (Dép. Oise) 16[4]
– Österreich 34
– Orléans 22[33]
– Ostfrankreich 27[53]
– Reichenau, Kl. 24
– Reims 16[4], 27, 58[26], 70, 78
– Saint-Amand-en-Pevèle, Kl. (Dép. Nord) 16[4]
– Saint-André du Cateau, Kl. (Dép. Nord) 16[4]
– Salzburg 22[33]
– Sherborne 20[25], 22[33]
– Süditalien 18, 52
– Weißenburg, Kl. 27[53]
– Westdeutschland 27[53]
– Westfrankreich 22[33]
– Worcester 22[33]
– Würzburg 27[53]
S'Coningsdale, Kartause bei Gent → Bibliotheksheimat
Sendgericht 71
Sendhandbuch → Regino von Prüm
Sententia de regulis devotarum 60
Septem sunt miracula mundi 25[47]
Sherborne → Schriftheimat/Entstehungsraum
Sigebert von Gembloux, Chronist († 1112)
– De scriptoribus ecclesiasticis 81
Smaragd von Saint-Mihiel, Abt († 825)
– Diadema monachorum 54[2]
– Expositio libri comitis 54[2]
– Expositio regulae Sancti Benedicti 60, 66, 78
  → Autorensiglen
Spelman, Sir Henry († 1641) 37, 78
Statuta ecclesiae antiqua 61, 66
statuta sacrorum canonum 54, 83
subditi 13
Süditalien → Schriftheimat/Entstehungsraum
superbia (Hauptsünde) 59[31]
  → Acht-Laster-Katalog
Symbol
  → Konzil von Nicäa
  → Konzil von Konstantinopel
  → Konzil von Mailand
Synonymenglossar 18[16], 19, 29

Taufe (-zeremonie) 12, 20, 34[93]
Tengnagel, Sebastian, Bibliothekar der Wiener Hofbibliothek († 1636) 34[95]
Theiner, Augustin († 1874) 37
Theobald, Abt von Monte Cassino († 1035) 18[14]
Theodor von Canterbury, Eb. († 690)
  → Paenitentiale Pseudo-Theodori
titulus 19[18]

Traktatsammlung der Handschrift Paris, Bibl. Nat., n.a.l. 352 75f.
Trier → Bibliotheksheimat
Tripartita → Ivo von Chartres
tristitia (Hauptsünde) → Acht-Laster-Katalog

Vetus Gallica → Collectio Vetus Gallica
vexatio → Fünf-Punkte-Schema
Victricius von Rouen, B. († um 407)
 → Dekretalen (Innocenz I. JK 286)

Vitae patrum 56

Wasserschleben, Ludwig Wilhelm Hermann 9, 12, 37f., 55, 62, 71, 77
Weißenburg, Kl. → Schriftheimat/Entstehungsraum
Westdeutschland → Schriftheimat/Entstehungsraum
Worcester → Schriftheimat/Entstehungsraum
Wulfstan, Eb. von York († 1023) 69, 73[36]

LIBRARY OF DAVIDSON COLLEGE